极简中国史

五代十国概述及帝王全览

罗致平◎编著

中国文史出版社

图书在版编目（CIP）数据

极简中国史·五代十国概述及帝王全览／罗致平编
著.—北京：中国文史出版社，2022.9
ISBN 978-7-5205-3838-1

Ⅰ.①极… Ⅱ.①罗… Ⅲ.①中国历史-五代十国时
期-通俗读物 Ⅳ.①K209

中国版本图书馆 CIP 数据核字（2022）第 188465 号

责任编辑：詹红旗

出版发行：**中国文史出版社**

社　　址：北京市海淀区西八里庄路 69 号　　邮编：100142
电　　话：010-81136606　81136602　81136603（发行部）
传　　真：010-81136655
印　　装：廊坊市海涛印刷有限公司
经　　销：全国新华书店
开　　本：787 毫米×990 毫米　1/16
印　　张：23.5
字　　数：210 千字
版　　次：2023 年 2 月北京第 1 版
印　　次：2023 年 2 月第 1 次印刷
定　　价：68.00 元

前　言

　　自秦始皇统一中国以来，作为最高统治者的历代帝王，常常集国家权力于一身，是一国重大决策、重大事件和重要利害的相关者。阅读和研究中国封建历史，如果能够系统了解历朝历代帝王的在位时间、传承次序、更迭过程及其主要功过，也就大体上理清了相关朝代的历史脉络，掌握了历史重点。然而，我们所要了解的所有帝王，都记录在浩如烟海的历史典籍中。暂且不论购买能力、存放条件等客观因素，单就其中包含的历史知识、天文历法、官职地名、纪年干支，以及帝王庙号、年号、谥号、尊号等等来讲，均十分繁杂。一般读者，如果没有深厚的专业知识、完备的工具书、充裕的时间和愚公移山的精神，实在力所难逮。本书旨在满足广大读者的需求，简明扼要、系统连贯地呈现五代十国时期诸位帝王的传承过程、在位时间和主要功过。在介绍每个朝代和帝王之前，简述该朝代的建立背景、疆域范围、立国时限、传承概况、历史贡献和败亡教训，让读者一目了然地对每个朝代和帝王有一个最基本的研判，最终达到快速了解相关朝代历史、增益知识、探究皇权传承过程和社会发展变化规律的目的。

诚然，心有所愿，尽力而为。由于学力水平等方面的限制，不足之处在所难免，真诚希望专家、学者和广大读者赐教。

作　者

2022 年 12 月

目　录

五代十国概述

五代十国，是中国历史上自秦统一之后的第二个大分裂时期。前一个大分裂时期即魏晋南北朝时期，其中包括五胡十六国。

五代十国为五代（907年—960年）和十国（902年—979年）等众多割据政权的合称，指中国历史上唐末至宋初的一段分裂时期。五代起始于唐朝灭亡的公元907年，结束于宋朝建立的公元960年。十国起始唐昭宗李晔封东面行营都统杨行密为吴王、杨行密名正言顺割据江淮的公元902年，结束于宋朝建立20年后，宋太宗赵光义消灭十国中最后一个割据政权北汉的公元979年。

五代十国这一称谓，出自北宋欧阳修的《新五代史》。欧阳修在《新五代史》中，在为后梁、后唐、后晋、后汉和后周这五个朝代各著《本纪》的同时，还为吴、南唐、前蜀、后蜀、南汉、楚、吴越、闽、南平、东汉（即北汉）著有《世家》及《十国世家年谱》。接着，北宋路振为吴、南唐、前蜀、后蜀、南汉、楚、吴越、闽、北汉撰写了《九国志》。

路振在《九国志》中，未记入南平。接着，路振孙路纶续作了《荆南志》，荆南即南平。路纶将《荆南志》与《九国志》合并，称作《十国志》。后来，参与编修《资治通鉴》的刘恕，又作了《十国纪年》一书。五代十国这一称谓，就这样传承下来。

五代十国形成的原因

追寻五代十国乱世形成的过程和原因，也许要从开创开元盛世的唐玄宗李隆基说起。李隆基雄才伟略，崛起于混乱的宫廷斗争之中，开创了唐朝最为繁荣的盛世。然而李隆基执政后期，怠慢朝政，沉湎酒色，宠用奸臣李林甫、杨国忠，宠信宦官高力士，放任安禄山等藩镇坐大，为长期困扰唐朝后期政局的政治腐败、藩镇割据、宦官专权三大祸患开了源头。

韦后乱政时，宦官高力士帮助李隆基铲除韦后有功，李隆基封高力士为将军，准与其参与议政。从此，宦官地位快速上升。安史之乱后，李亨在宦官李辅国协助下即位后，给了李辅国掌管禁兵的权力，并加任李辅国为兵部尚书。之后，又任命另一宦官鱼朝恩为观军容宣慰处置使。唐朝宦官乱政从此登峰造极，直至宦官随意任免将相、废立或杀害皇帝。唐朝后期，顺宗、宪宗、敬宗皆为宦官所杀，而穆宗、文宗、武宗、宣宗、懿宗、僖宗、昭宗均为宦官所立，在公元 805 年开始的一百多年时间内，宦官成为大唐王朝的实际统治者和重大祸患的制造者。

　　李隆基执政后期，放弃了唐初对守边大将实行轮换的制度，而且十多年不动边帅。更有甚者，李隆基还任命一些边帅兼任几镇节度使，并让节度使掌握地方行政大权。比如善于逢迎、极力讨好杨贵妃而获得李隆基信任的胡人安禄山，被李隆基任命为范阳、平卢、河东三镇节度使，后来还被封为王。李隆基的宠信和所提供的条件，为安禄山的坐大和野心膨胀提供了权力空间和物质基础，结果导致安禄山发动安史之乱。长达八年之久的安史之乱，不但将李隆基的皇位挑落，而且使唐朝迅速由盛转衰。在这个转衰的过程中，代宗李豫任投降归唐的安史旧将田承嗣、李宝臣、李怀仙、薛嵩分别为魏博、成德、幽州等要害之地节度使，又给予节度使政治、军事和财政自主权，其中史称河朔三镇的成德、魏博、幽州三镇可以自行招募军队，可以不奉朝命，可以不缴赋税，可以任命属官，成为几乎与唐王朝并驾齐驱的小朝廷。这几个最大的割据势力，垂范和引领着各地大大小小的割据势力，争相向着与唐王朝并驾齐驱的政治地位冲刺。

　　割据的藩镇，跋扈的宦官，混乱的朝政，无序的聚敛，置百姓于水火之中。及至公元859年，宦官们为更便于操控，选择了昏聩无能且又十分贪婪的李漼为帝，是为唐懿宗。唐懿宗挂名下的朝廷，更加奢侈，对外连年用兵，水旱蝗灾不断，州县上下相蒙，百姓流离失所，社会危如累卵，到处干柴等待火星。公元868年，曾被调遣戍守桂州（治始安，今广西桂林市）的徐州兵，推举粮料判官庞勋为都将，夺取监军院兵甲造反。庞勋乘船沿江东下，过浙西（镇江市），入淮南，经泗州（今江苏盱眙）渡淮。沿途招纳逃亡兵士和流民，进攻宿州（今安徽宿州），攻陷徐州，杀贪官污吏，一日接收逃难民众过万。庞勋遣将命师，分兵略地，先后攻取淮南道的漳州（治钟离，今安徽凤阳西北）、滁州（治清流，今安徽滁州）、和州（治历阳，今安徽和县），围攻江、淮要冲泗州，严重威胁到朝廷漕运，大有切断唐王朝经济命脉之势。惊恐的唐王朝内遣兵将，外请沙陀、吐谷浑等边外兵士镇压。在朝廷持续围歼和庞勋内部腐化的双重作用下，庞勋造反虽然失败，而唐末反对腐朽统治者的序幕就此彻底拉开。

继庞勋造反之后，浙西狼山（今江苏南通市南狼山）镇遏使王郢等，于公元875年四月举兵反唐。王郢攻破苏（州治吴，今江苏苏州市）、常（州治武进，今江苏常州），乘船往来，泛江入海，转攻两浙（浙东、浙西），南及福（州治侯官，今福建福州）、建（州治建安，今福建建瓯），严重威胁唐江南东道沿海航行的安全。后来，朝廷围剿招抚并用，费尽周折扑灭了王郢反叛。

公元874年冬末，濮州（治鄄城，今山东鄄城北）人王仙芝聚众数千，在长垣（今河南长垣县）发难。不久，王仙芝一众攻陷濮州、曹州（治济阴，今山东定陶西北），队伍发展到数万人。这时，冤句（今山东菏泽西南）盐贩黄巢聚众数千响应王仙芝，横行于山东各地，重敛之下的民众争相参加。黄巢王仙芝袭击东都洛阳外围地区，接连攻下阳翟（今河南禹州)、郏城(今河南郏县),于公元867年九月攻克离洛阳仅一百六十里地的汝州(治梁县,今河南临汝),活捉汝州刺史王镣。接着转攻唐(州治比阳,今河南泌阳)、邓(州治穰县,今河南邓州),连下郢(州治京山,今湖北京山)、复(州治沔阳,今湖北仙桃西南)二州,转战申(州治义阳,今河南信阳)、光(州治定阳,今河南潢川)、庐(州治合肥,今安徽合肥)、寿(州治寿春,今安徽寿县)、舒(州治怀宁,今安徽潜山)、蕲(州治蕲春,今湖北蕲春北)等州。公元877年正月攻克郓州,杀天平节度使薛崇;三月攻破沂州,围攻宋州(治宋城,今河南商丘北),南略蕲、黄(州治黄冈,今湖北黄冈),北扑濮州(治鄄城,今山东鄄城北)、滑州(治白马,治河南滑县东),进攻洛阳外围的叶(今河南叶县南)、阳翟(今河南禹州)。之后,黄巢被推为主,号冲天大将军,改元王霸,署置官属,南向渡江,连续攻下虔(州治赣县,今江西赣州)、吉(州治庐陵,今江西吉安)、饶(州治鄱阳,今江西鄱阳)、信(州治上饶,今江西上饶)四州。公元879年十月,黄巢自号百万都统,发表檄文,历数唐王朝宦官专权、官吏贪暴、考选不公等弊政,宣称即将入关。这时,黄巢军自桂州(治始安,今广西桂林)乘大筏,沿湘江顺流而下,经衡州(州治衡阳,今湖南衡阳)、永州(治零陵,今湖南零陵),攻下潭州(治长沙,今湖南长沙)城,五十万众占领江陵。

黄巢军渡淮之后,攻下申州(治义阳,今河南信阳),转战颍（州治汝阴，今安徽阜阳）、宋（州治宋城，今河南商丘）、徐（州治彭城，今江苏徐州）、兖（州治瑕丘，今山东兖州）诸州境界。公元 880 年十一月，黄巢大军进入汝州（治梁县，今河南汝州），黄巢自称天补大将军，率军攻克洛阳、虢州（治弘农，今河南灵宝北），攻破潼关。情急之中，宦官田令孜裹挟唐僖宗出长安逃往兴元（梁州南郑，今陕西汉中）；翌年正月，又逃奔成都。黄巢六十万大军入长安，黄巢于含元殿（大明宫正殿）即皇帝位，国号大齐，改元金统。

公元 882 年正月，唐政府任命首相王铎任诸道行营都统，兼义成节度使（镇滑州白马，今河南滑县东），指挥调度关中全线军事。王铎统领西川、东川、梁州（山南西道）三路兵马，驻军于盩厔（今陕西周至），泾原节度使（镇泾州安定，今甘肃泾川北）张钧率部驻扎在京西，易定节度使王处存与河中节度使王重荣两军驻扎在渭北，凤翔节度使李昌言驻扎在兴平，鄜坊节度使李孝昌和夏绥节度使拓跋思恭驻扎在渭桥，忠武节度使（镇许州长社，今河南许昌）的军队，由监军宦官杨复光率领，攻下邓州（治穰县，今河南邓州），并将兵锋推进至蓝田关（今陕西蓝田东南），进屯武功（今陕西武功西），唐军缩紧对长安的包围。黄巢大将、同州防御使朱温见黄巢军兵势日蹙，便杀监军严实投降唐朝。唐僖宗封朱温为右金吾大将军、河中行营招讨副使，并赐名全忠。

这时，西突厥余部沙陀部落酋长李赤心，因助唐镇压庞勋起义有功，官至振武（治单于都护府，今内蒙古和林格尔西北）节度使。后来，李赤心为吐谷浑大同节度使赫连铎所袭，逃奔塞外的鞑靼部落。李赤心子李克用骁勇善战，河中节度使王重荣和行营都监杨复光调李克用来镇压黄巢军。公元882年十二月，唐王朝任命李克用为雁门节度使（镇代州雁门，今山西代县），令其带领所部四万人开至河中。公元885年正月，李克用败黄巢弟黄揆于沙苑（今陕西大荔东南），王铎承制以李克用为东北面行营都统。二月，李克用进军乾阬（今陕西大荔西），与河中王重荣、易定王处存、忠武杨复光三道联军，同黄巢军决战，黄巢军损失惨重。李克用进围华州（今陕西华县），黄巢军一再失利，李克用及诸道军再次于渭南（今陕西渭南）大败黄巢军。四月初，沙陀、忠武、河中等军进入长安，农民军焚宫室向蓝田关撤退。唐军入城，再次将长安劫掠一空。

黄巢经过陈州（治宛丘，今河南淮阳），率众围攻陈州达三百天，士卒疲惫不堪，迁延时日太久，给淮河南北的方镇和唐军提供了机会。五月大雨，平地水深三尺，黄巢军营寨为大水所漂。黄巢引兵东北直指大梁，身为宣武节度使的朱温，急向沙陀酋长李克用求救。李克用追及黄巢军于中牟（今河南中牟），乘黄巢军渡河之机发动突袭，黄巢军大败。李克用率沙陀兵紧追黄巢，经过封丘（今河南封丘）、胙城（今河南延津北三十里）、匡城（今河南长垣南），直到冤句（今山东菏泽西南）。黄巢率余众东奔兖州（治瑕丘，今山东兖州），唐武宁节度使时溥遣部将李师悦率兵万人尾追不舍。六月十五日瑕丘一战，黄巢随身人马伤亡殆尽，于六月十七日自刎身亡。至此，历时十年、转战南北、两次攻破帝都并登基称帝的黄巢就此彻底失败，而在平定黄巢军过程中发展壮大的各路唐军首领及新旧藩镇，转身成为灭亡唐朝危害天下残害黎民的罪魁祸首。

公元873年七月，宦官拥12岁的李儇即位，是为唐僖宗，政事尽在宦官、枢密使、神策军中尉田令孜手中。一味喜好与内园小儿狎昵和蹴鞠斗鸡的李儇，称田令孜为阿父。本来，西川和江淮一样，一直是唐王朝的经济命脉所在。田令孜免去忠国安民的崔安潜西川节度使职位，任命自己兄长左神策大将军陈敬瑄为西川节度使，继而携僖宗逃蜀。贪婪的陈敬瑄，更加繁重地剥削蜀人，还派遣大批特务历县刺探寻事，到处诈取财物，西川很快大乱。

这时候的中原，本为许州（治长社，今河南许昌）衙将的蔡州上蔡（今河南上蔡）人秦宗权，拥有劲卒上万人。在黄巢入长安时，忠武（镇许州）监军杨复光提拔秦宗权为蔡州节度使（镇汝阳，今河南汝南）。黄巢失败后，势力得到发展的秦宗权四出掠地，所至屠剿焚荡，北至卫、滑，西及关辅，东尽青、徐，南出江淮，极目千里，几无烟火。公元885年秦宗权在蔡州自称皇帝，署置百官，直到公元888年才败降于朱温。秦宗权前后作乱六年，给中原地区带来的破坏罄竹难书。

公元885年，宦官田令孜因与河中节度使王重荣有过结，田令孜便向皇上进言，要调王重荣去兖州，任命定州王处存为河中节度使，并下诏李克用出兵护送王处存赴任。王重荣不受调任，于是，唐僖宗命邠州（今陕西彬县）朱玫、凤翔李昌符讨伐王重荣。这时，李克用出兵相助王重荣，在沙苑击败朱玫，引兵攻击长安。李克用兵到处纵火掠夺，唐僖宗出逃兴元（今陕西汉中），李克用退至河中，屯兵驻扎。

同年三月，唐僖宗回到长安。长安经过两次巷战和官军的烧掠，荆棘满城，狐兔纵横。而这时朝廷的号令，仅在河西、山南、剑南、岭南数十州尚可推行。这时，河中节度使王重荣联合太原节度使李克用声讨田令孜，京城再次告急，田令孜裹挟唐僖宗逃往凤翔。李克用与王重荣严词请诛田令孜，做贼心虚的田令孜又劫唐僖宗逃往宝鸡（今陕西宝鸡），并从宝鸡度大散关（今大散关）逃至兴元（今陕西汉中）。到兴元以后，田令孜自任西川监军使，丢下僖宗自己逃往成都去投靠其兄陈敬瑄。另一大宦官枢密使杨复恭兼任左神策中尉、观军容使，唐朝廷权力由大宦官田令孜转移到大宦官杨复恭。公元887年三月，僖宗由兴元返至凤翔。因为长安被严重破坏，僖宗暂时驻跸凤翔。次年三月，唐僖宗病逝，杨复恭立僖宗弟寿王李晔为帝，是为唐昭宗。

昭宗礼重大臣，有恢复祖业之志，然大宦官杨复恭总宿卫兵，专制朝政。为更大面积地专权，杨复恭收养六百干儿子，或典禁兵，或为方镇，或监诸道军事，宦官势力笼盖四野。昭宗任命其母舅王瓌为黔南节度使，王瓌行至利州，杨复恭令假子山南西道节度使杨守亮，将王瓌宗族所乘之舟覆于嘉陵江中，致其宗族宾客悉数溺死。昭宗知晓此事，出杨复恭为凤翔监军。杨复恭称病要求致仕，与假子密谋作乱。事败之后，杨复恭逃往兴元，联络诸假子举兵抗拒朝廷。

公元 890 年，李克用击败孟迁，夺取邢、洺、磁三州，后来在蔚州与李匡威、安金俊交战失败。李匡威、赫连铎、朱温等上书，意欲趁李克用兵败之机加以讨伐。唐昭宗认为李克用攻灭黄巢军功高，不该讨伐，于是召集台省四品以上官员讨论。论中多数官员也认为不应该讨伐李克用，而宰相张浚认为李克用曾逼僖宗逃难，罪该至死，应该讨伐。迫不得已的唐昭宗任命张浚为太原四面行营兵马都统，前去讨伐李克用。十一月，张浚与李克用在阴地（今陕西商县）交战，结果张浚三战三败，张浚等仓皇逃回。李克用纵军在晋绛一带大肆掠夺，直到河中，所到之处满目疮痍，一片凄凉。

这时，几经周折成为凤翔节度使的李茂贞攻陷兴元，自请镇守兴元，唐政府便任命李茂贞为山南西道节度使，另外任命宰相徐彦若为凤翔节度使。李茂贞明确要求兼有山南西道、凤翔两镇，因此不接受诏书，而且态度极为蛮横。公元 893 年，昭宗决意对李茂贞用兵，结果大败，昭宗被迫以杀宰辅来谢强藩李茂贞，又任命李茂贞为凤翔节度使，兼山南西道节度使。于是，李茂贞尽占凤翔、兴元、陇秦（天雄军）等镇十五州之地。

公元 895 年，河中节度使（镇河中府河东县，今山西永济蒲州镇）王重盈去世，军中请立行军司马王重盈弟王重荣子王珂为留后。一时之间，保义军节度使（即陕虢节度使，镇陕州陕县，今河南陕县西南）王重盈子王珙与绛州（治新平，今山西新绛）刺史王珙弟王瑶，联合举兵击王珂，并上表言说王珂非王氏子，不应袭职。王珂为李克用女婿，李克用上表请赐王珂河中节钺。为此，王珙厚结邠宁节度使王行瑜、凤翔节度使李茂贞、镇国军节度使（镇华州郑县，今陕西华县）韩建，以镇兵逼朝廷任命王珂为陕虢节度使、王珙为河中节度使。河中有盐池之富，同时又为要害之地，各家红眼相争。李克用毫不退让，坚决要求由王珂出任节度使。左右为难的朝廷，为了安抚李克用，不同意两镇易帅的要求。于是，王行瑜、李茂贞、韩建各率精兵入朝，杀死宰相韦昭度、李谿，强硬要挟昭宗改任王珙为河中节度使。李克用闻讯，亲率大军南下，直言讨伐三镇，遂长驱袭入同州（治冯翊，今陕西大荔），进而屯驻渭桥（在今陕西西安东北），遣大将李存信等屡破邠宁兵于黎园寨（在今陕西泾阳县西北），进逼邠州（治新平，今陕西彬县），王行瑜兵败出走，被部下所杀。公元895年七月，李克用率大军到河中，扬言要进攻长安。长安闻讯大乱，唐昭宗匆忙出逃。八月，李克用进军渭桥，声言只为讨伐三镇。之后，唐昭宗回到长安，授予李克用忠正平难功臣称号，并封其为晋王。公元896年正月，唐昭宗要任命张浚为宰相。因为张浚曾主张讨伐李克用，李克用便直接以带兵上朝廷相威胁，唐昭宗只得放弃对张浚的任命。

公元 896 年，昭宗置殿后四军，选补军士数万人，使延王李戒丕等分别率领，以期护卫近畿。李茂贞认为这是针对自己，即刻发兵进占长安。自公元 884 年以来，唐朝在极度艰难中修葺的宫室市肆，被李茂贞焚烧俱尽。万般无奈的唐昭宗在镇国军节度使韩建的一再恭请下，前往华州。而心怀不轨的韩建，强迫昭宗遣散诸王所领军士，撤销殿后四军。公元 897 年八月，韩建与宦官知枢密刘季述相勾结，发兵将延王、通王等唐室十一王驱遣至石堤谷（在华州西）杀死。昭宗心底厌恶宦官，刘季述配合韩建无辜杀十一王，使其更加愤恨，便与宰相崔胤谋诛宦官。刘季述、王仲先等于公元 900 年十一月陈兵殿廷，胁迫百官联名署状，废昭宗并将其幽禁于东宫少阳院，另立太子李裕为帝。两个月后，宰相崔胤外恃朱温为援，内结左神策指挥使孙德昭杀王仲先、刘季述、王彦范、薛齐偓等权臣，迎昭宗复位。

朱温自灭秦宗权以后，军势日盛。公元 893 年，朱温自将汴军破徐州。公元 897 年，朱温所属的汴军连破郓州（治须昌，今山东东平西北）、兖州（治瑕丘，今山东兖州），取天平军（镇郓州须昌）、泰宁军（镇兖州瑕丘）。公元 901 年，朱温进兵攻克河中，杀王珂。这时已经拥有强兵的朱温，要求朝廷任命自己为宣武（镇汴州浚仪，今河南开封）、宣义（镇滑州白马，今河南滑县东）、天平、护国（即河中）四镇节度使。而这时，佑国节度使（镇河南府洛阳）张全义，昭义节度使（镇潞州上党，今山西长治）丁会，河阳节度使（镇孟州孟县，今河南孟州南）孟迁，都是朱温心腹和部将。唐朝关东诸镇，已经尽属朱温。从此，朱温的全部注意力，转移到谋求控制朝廷。

时崔胤密谋尽诛宦官，便致书朱温，请朱温发兵迎昭宗回京。大喜过望的朱温，于公元901年十月从大梁（即汴州）发兵，率大军过华州，入长安，旋即进军凤翔。李茂贞自知不敌朱温，急忙向李克用求援。李克用出兵进攻河中，连破汴军。汴军主力十多万还击河东军，进围晋阳，李克用转而自顾。公元902年六月，朱温再次进兵凤翔城下，李茂贞屡战屡败。而这时唐朝的西川节度使王建，乘机以假道勤王为名，攻占了山南西道。而朱温一面围城，一面派兵攻取关中诸州镇。李茂贞困守无援，只得谋诛宦官，与朱温和解。公元903年，李茂贞派凤翔士卒杀韩全诲等四贵及其党羽，朱温又密令京兆尹捕杀留京宦官九十多人后撤兵，命兄子朱友伦统兵护送昭宗回长安。昭宗回京后，朱温、崔胤又杀宦官七百余人，只留品秩最低的幼弱宦官三十来人以备洒扫，唐代宦官典兵预政、危害天下的畸形局面方才结束。唐昭宗加封朱温为梁王，朱温留步骑一万人驻神策军旧营，以朱友伦为左军宿卫都指挥使，又以亲信将领为宫苑使、皇城使、街使，全面接管了皇宫和整个京城的禁卫任务，然后悠然回到大梁。

崔胤依靠朱温诛灭宦官，排除异己，专权自恣。朱温破李茂贞后，兼并关中州镇，挟制昭宗，威震朝野，意图篡位，崔胤大惧，奏请昭宗重建六军。公元904年正月，朱温命朱友谅率兵杀崔胤，强迫唐昭宗与百官、士人、百姓迁往洛阳。朱温部将张弘范督兵拆毁长安宫室、官廨、民宅，将建筑材料浮渭沿河而下，将长安彻底毁为废墟。百姓号哭满路，扶老携幼，月余不绝。这年四月，昭宗到达洛阳，左右侍从均为朱温亲信。至八月，朱温派人入宫杀害昭宗，立昭宗第九子、13 岁的辉王李柷为皇帝。公元 905 年二月，朱温杀昭宗子德王李裕等九王；六月，朱温杀唐朝旧相裴枢、独孤损、陆扆等三十余人于白马驿（在滑州白马县，今河南滑县东）。公元 907 年四月，李柷被迫退位。至此，后世多少热血男儿梦寐以求期望穿越的唐朝，就这样在万民痛苦官员易首士子朝夕无保的苦海中，结束！

同月，朱温在大梁即皇帝位。在朱温称帝的同时，王建在成都称帝建蜀，李克用在晋阳称晋王，李茂贞在凤翔称岐王。全国各地不断坐大的藩镇首领，也正在紧锣密鼓地谋划割据一方称王称帝。

五代十国时期的总体情况

总体而言，五代十国是唐朝末年藩镇割据混战的继续和发展。就中原来说，后梁、后唐、后晋、后汉、后周五个朝代依次更替。公元 907 年，朱温篡唐哀帝李柷皇位建立后梁，这是五代的开始。及后，公元 923 年，盘踞太原的晋王李克用之子李存勖攻陷开封灭后梁，后唐建国。后唐之后的后晋、后汉与后周，君王基本出自李克用的子孙或部属。后唐历经明宗李嗣源的扩张与整顿，国力强盛，但发生内乱以后，被石敬瑭乞引契丹军攻灭，后晋建立。后晋儿皇帝石敬瑭死后，契丹与后晋关系恶化，公元947年契丹军队南下灭后晋，建立辽朝。同时，刘知远在太原称帝，国号后汉。4年后，郭威篡后汉建后周。后周世宗柴荣苦心经营，灭后蜀，夺取南唐十四州，开创与辽作战大胜先例，并夺回契丹三州十七县，而且显示出一统天下的雄心壮志。然而，可惜柴荣天不假年，在北伐燕云十六州时，突发重病被迫班师，不幸病亡。柴荣幼子柴宗训即位不到半年，公元960年被赵匡胤取代建立北宋，前后共54年的五代结束。五代中除后唐定都洛阳以外，后梁、后晋、后汉、后周都定都于开封（汴京）。

中原以外的南北方，又有前蜀、后蜀、吴、南唐、吴越、闽、楚、南汉、南平、北汉等十个割据政权。这十个割据政权中，有九个在秦岭淮河以南。大致说来，沿长江由西而东，分成巴蜀、两湖、江淮、两浙，再加上福建、两广一共六个区域。南方九国，先后分别在这些区域中争霸称雄。巴蜀地区先有前蜀，后有后蜀。两湖则南平占有以湖北江陵为中心的区域，楚占有湖南。江淮先有吴，后有南唐，均为南方最为强大的割据势力。其余两浙的吴越，福建的闽，广东和广西一部分的南汉，各自占有一个地区。十国中只有一个在北方，即沙陀后裔刘崇建立的北汉。北汉皇室为后汉残余势力，只占有今山西省的部分地区。

除五代与十国之外，这一时期实际上处于独立割据状态的，还有北方的契丹，即辽；南方云南的大理；西部河西的曹氏等政权。河西曹氏指唐代后期，沙州（今甘肃省敦煌西）人张议潮摆脱吐蕃统治，以河西归唐，任归义军节度使。之后，唐朝无力经营西陲，张氏成为一个独立的地方政权。五代时，张家亲戚曹义金成为这个政权的首领。曹氏政权一直到北宋仁宗时的公元 1035 年，才被西夏所灭。

北方原有唐朝末年各据一方的许多藩镇，比如河东李克用。残唐和后梁时，朱温一直与李克用父子对峙。朱李两家与河北的旧藩镇时和时战，周边旧藩镇时而亲朱，时而亲李，关系极其复杂。朱温建后梁称帝时，旧藩镇多数已经被朱李两家吞并。然而，幽州和沧州的刘仁恭父子、陕西凤翔一带的李茂贞等，在五代初仍然保持着独立状态。卢龙节度使李可举部下将领刘仁恭，吞并义昌节度使卢彦威以后，割据河朔，称雄一隅。刘仁恭在幽州大安山兴筑宫殿，遴选美女，荒淫无度，直到后梁建立后的公元 914 年，刘仁恭父子才被李存勖剿灭。唐末割据西北的最大藩镇李茂贞，任凤翔节度使以来，势力波及四道十五镇四十余州，地域涉及今陕西大部、宁夏南部、甘肃西部、四川北部一带。李茂贞称岐王时，设置百官，以其所居为殿，称其妻为皇后，各种仪仗文书等同皇帝，一直延续到后唐建立李茂贞去世。

终五代之世，与中原王朝并存的，常有六七个甚至七八个政权，分裂程度几乎与五胡十六国时期不相上下。王朝更迭无不经过残酷战争，多国并立经常发生你争我夺。在这极度乱世之中，暴君独夫横行无忌，贪官酷吏剥削无度，兵祸匪患遍布各地，名城民居屡为灰烬，穷苦百姓朝不保夕，整个社会基本处于水深火热之中。

五代十国的政治经济文化科技

五代十国时期，北方持久而又剧烈的战乱，南方零碎而又频繁的割据，加之受到统治者文化背景、治国理念、情操格局等方面的限制，政治经济文化成就普遍不高。但是，五代十国毕竟前承大唐、后启北宋，有华夏浓厚的文化底蕴为支撑，仍然结出了比较可观的果实。

政治

五代十国的政治制度大体沿用唐朝制度，但是各朝均有变化，官职时常废置不常，其制度比较混乱。五代沿唐制设三省六部，中书门下为宰相办公之处。五代宰相职衔为同中书门下平章事、侍中和中书令，侍中、中书令及平章事为正宰相之职。十国中称帝诸国情况类似，称王诸国其宰相职衔多名为丞相或左、右丞相，诸国也常以参政事、参知政事作为任相前的过渡。

唐亡前夕，朱温诛戮宦官，解散了宦官所领的神策军。以后，朱温以宣武军节度使称帝，即以宣武镇兵为禁军，设置为马步军都指挥使。后唐改为侍卫亲军，置马步军都指挥使。后周又增置殿前司，也有马步军都指挥使，后来又置殿前都点检，位在都指挥使之上，而侍卫司分置马军和步军两指挥使，不置都指挥使。

唐代宗设内枢密使，由宦官担任，后设枢密院。后梁初废枢密院为崇政院，设崇政院使、判官。后重建枢密院，废崇政院。后晋、后汉、后周沿设，枢密院长官为枢密使或副使，大都为皇帝亲信担任。这一时期的军国大事主要是军事，实际形成枢密使主军事、宰相主日常行政事务，尚书省兵部职权几乎全为枢密院所夺。十国中大多亦设枢密使、内枢密使等，职权比五代的枢密使低。

后梁以建昌院管理全国财政，设判建昌院事，不久改以宰相分判度支或户部、盐铁、转运等使，又改置租庸使，由宰相兼判，统管财政。后唐亦设租庸使统领财政，后以三司使为最高财政官员。后晋、后汉、后周沿设。十国大多由户部管理财政，亦有设三司使者，常由宰相兼判。

五代以翰林学士草拟内制（诏令），中书省中书舍人草拟外制（中书门下制）。后晋、后汉、后周沿设。十国中称帝诸国亦采用此制，称王诸国设文苑学士、知辞制等草制。五代设弘文馆、史馆、集贤院，弘文馆大学士、监修国史、集贤殿大学士，也作为宰相所兼的职衔。

五代沿唐制设御史台，以御史大夫为长官，后不设御史大夫，遂以御史中丞为台长，后晋、后汉、后周沿袭。十国中除荆南和楚外，大多亦设御史台，以御史大夫或中丞为台长。

五代地方府、州分为节度使州、防御使州、团练使州和刺史州，州长官为刺史，通常由前三使分别兼任，单任刺史者较少。节度使兼任州刺史，本州以外的辖州，称为支郡，上述各类长官几乎都由武将担任。都城、陪都称府，长官称尹，陪都设留守兼任府尹。州、府下设判官、推官为上佐，录事参军掌庶务，户曹、仓曹等分理诸事。县设县令，下设主簿、县尉分理民事、刑狱。

经济

唐朝后期，因为安史之乱、藩镇割据与黄巢之乱，使北方一直处于战乱之中，人口流移南方，田园荒芜。到五代十国时期，北方战火始终未能平息，致使经济凋敝，人口锐减。直至后周后期才有所恢复，但经济实力始终不及南方。而南方相对比较稳定，持续吸收来自北方的流民，大批流民为南方带去劳动力及先进的耕织技术，加速了南方经济的发展。

在农业方面，长期战乱极大地破坏了华北地区的农业生产，五代时期不仅水利失修，连年战争使大批青壮年劳动力战死疆场，致使劳动力锐减；为躲避残酷的战争和繁重的赋税徭役，百姓或流离失所，或抛家他走，土地荒芜，耕种失时，农业生产遭到严重破坏。不过，五代王朝及部分地方官府，为巩固统治及增加赋税，尤其是后唐明宗和后周，致力于恢复发展农业生产。后梁建国前后，鼓励耕桑，薄收租赋，在直辖区发展农业生产，为后梁数十年的征战提供经济支撑。河南府（今河南洛阳）尹张全义招怀流散，劝之树艺，无严刑，无租税，流民大量投归。数年之后，河南府所属二十县桑麻蔚然，野无闲土。后梁建立后，张全义继续恢复与发展农业生产，河南成为后梁朝廷财政的重要基地。洛阳地区农业生产的发展，促使洛阳城市经济的复苏，为后唐建都洛阳奠定了基础。后唐明宗为解决军需，利用闲田兴置军屯，恢复营田，不仅用兵士，还用无地民户耕种，恢复农业生产，在解决军队粮食供应方面起到了一定作用。十国割据政权多数采取保境安民政策，招抚流亡，兴修水利，恢复发展农业生产。南唐、吴越在兴修水利方面很具特色，促进了农业生产的发展。南唐圩田每圩方圆数十里，中有河渠，外有门闸，旱则开闸引江水之利，涝则闭闸拒江水之害。浙西吴越常有营田军四都七八千人，专门导河筑堤以减水患。南唐、吴越兴修水利发展农业，促使两国社会经济兴盛，国力增强。闽虽小国，亦定租税，劝农桑，恢复发展农业生产。楚国在重视农业生产的同时，还重视经济作物的生产。南方九国都重视水利工程建设，较重要的水利工程，为吴越王钱镠时期修筑的捍海塘。钱镠在位于杭州候潮门外，即今杭州六和塔到畏山门一带，修筑了竹笼石塘，即造竹器，积巨石，树以大木，以抵海潮。从唐代土塘到五代竹笼石塘，在我国修筑海塘技术史上是一大进步。

本时期由于南方多国并存，而且多数君王重视发展经济，逐渐形成若干以大城市为中心的经济区域。蜀地是农业、工商业发达地区，仓库饱满。江南两淮重农桑、茶叶、水利与商业贸易，其中吴越、闽国与南汉的贸易最为兴盛。湖广靠卖茶和通商，运茶到黄河一带，交换衣料和战马，从中获得厚利。这些区域彼此互通有无，商业比较兴盛。多国混战虽然严重破坏了社会经济，但社会生产仍未中断。即使在华北地区，后梁建国初和后唐明宗在位时，都曾分别采取恢复生产的措施。后周时，手工业如纺织、造纸、制茶、晒盐煮盐等生产也有所发展。

文化

处在乱世中的五代十国时期，残酷地破坏和限制了文化的发展。但由于中华文化顽强的生命力和强大的吸引力，以及广袤大地上各地受到动乱破坏程度的不同，以及统治者文化根底和文化背景的差异，也在一些地区或一些时段，文化的发展呈现一定的可观之处。如江南的吴、南唐和吴越，巴蜀地区的前后蜀，相对富庶安定，一些统治者也有相当的文化根基，在一定程度上促进了文化的发展；作为传统文化根脉最深的中原地区，虽然屡经战乱，文化也不至于完全失色；五代十国时期，虽然割据称雄到处篱笆，但各个地区和各个政权之间，在政治、经济、文化上的联系一直没有断绝，而且相互影响、相互促进，一定意义上对文化的发展注入了新的元素；丧乱之中，唐末许多文人学士或隐遁山林，或流亡到比较安定的地区，但保存传播文化的良知和意愿，使他们能够坚持以文化传播和发展为己任；部分对文化发展有兴趣或者有责任的统治者，保护和任用文人学士，提倡或实践文化活动，在一定程度上推动了文化的发展；旧的士族门阀残余势力在动乱中被彻底摧毁，文化发展的束缚相对减少，也有利于促进文化的发展。

五代时期，佛教禅宗进入全兴期。北方从后梁到后汉，对于佛教多因袭唐代旧规，例行诞节诣寺行香、斋僧、僧道对论、赐紫衣师号、度僧等事，但对僧尼的管理比较严格。后来政令渐弛，寺僧浮滥，影响国家赋税兵役，后周对佛教予以沙汰，废除未经国家颁给寺额的寺院，禁止私度，出家必须通过严格的读经考验，禁止流行的烧身、炼指等残害肢体行为，在一定程度上规范了佛教的发展。南方如吴越、南汉、闽国等，社会日趋安定，经济有所发展，帝王多有浓厚的宗教情结，支持佛教的建寺、造像、读经、写经、刻经等有利弘扬佛教的行动，保存和创造了佛教文化典籍和艺术。吴越王钱弘俶效阿育王故事，铸造八万四千小铜塔，塔中纳《宝箧印陀罗尼经》印刷经卷，颁布境内；闽王王审知冶铜铁三万斤铸释迦、弥勒诸像；闽王室写金银字经书藏经等，在一定程度上弘扬了佛教文化。

文学在五代十国时期，总体上呈凋零态势。五代诗文沿袭晚唐遗风，崇尚词藻华丽，大多内容空洞。唯罗隐小品文《谗书》，讽刺现实，一针见血，鲁迅评价为抗争和愤激之谈，在五代文坛中独放异彩。后梁杜荀鹤、吴越罗隐、前蜀韦庄、后蜀僧可朋、荆南僧齐己等人，不少诗作反映了唐末战乱与民间疾苦，如韦庄的《秦妇吟》、杜荀鹤的《山中寡妇》等诗，基本为五代现实的写照。唐代中叶兴起的词，在前、后蜀和南唐得到提高和发展。后蜀赵崇祚将晚唐、五代以温庭筠为首的十八家词人的五百首词编为《花间集》，成为最早的一部词总集，而且引领词的创作形成流派。南唐词在五代词的发展中独树一帜，以中主李璟、后主李煜、宰相冯延巳为代表的南唐词派，词风比较清丽委婉，艺术风格有所创新，李煜是这一时期最重要的词人。晚唐五代的词大都是描写统治阶级的享乐生活，题材庸俗，境界狭窄，风格柔靡，花间派的作品就是这种风格的代表。李煜前期作品也是如此，但在国亡被俘以后，李煜的词或慨叹身世，或怀恋往昔，形象鲜明，语言生动，把伤感之情写得深挚感人，如《虞美人》《浪淘沙》等，突破了晚唐以来专写风花雪月、男情女爱的窠臼，在内容和意境两方面都有创新，提高了词的表现力和感染力，在使词作为一种独立文体、取得与诗同等地位方面做出了贡献。李煜不仅是五代、宋初最杰出的词人，在中国文学史上也占有重要地位。

五代十国时期，书法和绘画也有一定成就。帝王中如后梁末帝朱友贞，史称笔势结密，有王氏羲献帖法。南唐中主李璟、后主李煜，不仅是著名词人，也是著名书法家，李璟的楷书有名于当世，李煜的行书落笔瘦硬而风神溢出，成就仅次于杨凝式。中原杨凝式的行、草，纵逸雄强，独步五代。吴越诗人罗隐、前蜀诗人韦庄皆以行书名世。

五代山水画与花鸟画成就突出，后梁荆浩的山水画气势磅礴，笔趣并重，关仝以荆浩为师，强调师法自然，属北派山水画；南唐董源擅长画崇山峻岭，属南派山水画。南唐徐熙的花鸟画成就突出，前后蜀黄筌长于画鸟，对宋代花鸟画派产生了巨大影响。中原杰出的人物画家有张图、赵喦，南唐有周文矩、顾闳中，前、后蜀有贯休、黄筌，吴越有王道求、李群等，顾闳中的《韩熙载夜宴图》是传世名作。

史学在五代十国时期略有开拓。虽然战乱不断，中原五代皇朝仍沿唐制设史馆，后梁修撰《太祖实录》，敬翔又奉诏撰《大梁编遗》，与《实录》并行。后唐修撰《庄宗实录》《明庄宗录》《唐功臣列传》；后汉修撰《高祖实录》，后周修撰《太祖实录》等。后代为前代修撰实录，是五代史学的特色。后汉修成后晋《高祖实录》《少帝实录》。五代的各朝实录总数达 360 卷之多，为北宋初年薛居正等修撰《五代史》提供了基础。五代史学中最重要的著作，当属公元 941 年后晋宰相赵莹奉诏监修的《唐史》，史称《旧唐书》。《旧唐书》保存了大量唐代的原始资料，受到后世史学家的重视。此外，王仁裕撰《开元天宝遗事》，记载唐玄宗时的朝野逸事；王定保撰《唐摭言》，详述唐代贡举制度；尉迟偓撰《中朝故事》，记载唐末四朝的旧闻；刘崇远撰《金华子》；记叙唐末朝野故事；孙光宪撰《北梦琐言》，记载唐及五代士人逸事，这些撰著都有非常重要的史料价值。

科技

由于战乱与天灾，五代十国的科技发展不及前朝。相对而言，南方九国的科技发展较北方五代兴盛。在天文方面，朝廷的历书因为藩镇割据不能遍及全国，百姓为了有历书使用，纷纷采用民间历书。其中唐朝曹士所编的《符天历》流行于唐朝后期、五代与北宋民间达数百年之久。《符天历》是以显庆五年为历元，以雨水为气首，以一万为基本天文数据的分母，从而大大减轻了计算工作量。

医学方面，五代出现了官方医官，后唐于清泰年间增设翰林医官之职。后蜀本草学家韩保升，详察药品，深知药性，施药辄神效。在后蜀帝孟昶支持下，韩保升以唐朝《新修本草》为蓝本，重新编著成《蜀重广英公本草》，史称《蜀本草》，有很高的实用价值。

澄心堂纸是五代时期的名纸之一。五代南唐后主擅写诗词，工于书法，喜欢收藏书籍和纸张，为此将金陵官府一幢房子命名为澄心堂，作为作诗藏书之地。南唐后主令四川造纸工匠来到澄心堂，仿照蜀纸制成一种质地更加优良的新纸，并命名为澄心堂纸，从而在纸品中增加了备受行家追捧的佼佼者。

五代也为陶艺的重要蜕变期，制窑由民间走向官方，民窑与官窑争奇斗艳。官窑专门供应皇室和官员用瓷，在北方有后唐、后周的御窑，在南方有吴越的秘色窑，西南方有前蜀、后蜀的官窑。而民间如河北的定窑、吴越的越窑，其烧制技术优良，十分有名。南青北白是五代时期瓷业的主流，而制瓷技术则比唐朝更有发展，以越窑青瓷与定窑白瓷最为著名。多为贡品的吴越青瓷，胎质细腻，胎壁较薄，施釉均匀，釉色青润有光泽，造型和纹饰端整秀丽，证明了越窑瓷器在原料处理、烧造技术和装饰手法等方面的进步。浙江嵊县出土的青瓷七子纹盒，盒盖贴印栩栩如生的七子形象，装饰花纹层次分明，极为精美。吴越王墓出土的龙身涂金瓷罂，用金银装饰的金釦越瓷，为难得的珍品。五代越窑制瓷工艺的另一成就，是能够烧制缸、瓶等大件瓷器，突破了成型和烧成技术上的多道难关。五代时期，河北曲阳定窑的白瓷声誉超过了邢窑，河北曲阳涧磁村窑址出土的碗、盘、罐、盒、瓶等，胎质细腻，胎体较薄，釉色莹润。而后周时世宗时的柴窑瓷器，曾被列为五大名瓷之一。文献记载柴窑的"雨过天青"瓷器青如天，明如镜，薄如纸，声如磬，其碎片也与金翠同价，可见当时烧造技术的高超和瓷器的名贵。

冶金，在五代十国时期，连年战乱中的北方矿冶业凋敝停滞，而南方矿冶生产则有新的发展，徐州、江陵等地上贡后唐、后晋、后汉、后周的九炼钢刀剑，炼制水平非同一般。五代轩辕述在所撰的《宝藏畅微论》中说，"铁铜以胆苦水浸至生赤煤，熬炼成，而黑坚"，证明五代时期已经用胆水浸铜。公元 953 年所铸的沧州大铁狮，长 6.3 米，高 5.4 米，宽3 米，重达 40 吨，从狮足至脊分为 15 段，依次接铸成型，用范达多 344 块，工艺复杂，制作精良。

雕版印刷在五代开始盛行，这一时期不仅民间印刷业有所发展，而且出现了由朝廷提倡和组织的较大规模的刻印书籍活动。后唐宰相冯道等奏准刻版印制儒家群经，作为儒生学用的标准文本。世称《五代监本九经》的《易经》《书经》《诗经》《三礼》和《春秋三传》，是在冯道倡议下，将儒家经书雕印出版。这是我国出版史上首次运用国家政权的力量，有计划有组织地进行大规模出版事业的开端。蜀、南唐、吴越、闽等地区，印刷业也很发达。在四川成都，前蜀雕印贯休的《禅月集》，后蜀雕印增广的《蜀本草》等都很著名。在杭州，吴越王钱弘俶雕造《宝箧印经》达八万多卷。从湖州天宁寺等处发现的钱弘俶所印经卷，扉画线条明朗精美，文字清晰悦目，纸质洁白，墨色精良，千年如新，证明吴越印刷品不但数量多，而且质量高；钱弘俶出资绢印二万幅二十四种应现观音像，则是我国最早用丝织品印刷的版画。后来的开封、杭州、成都、建康、福州等，都发展成为重要的印刷出版中心。

五代概述

从唐朝灭亡到北宋建立的五十多年间，中原先后出现了后梁、后唐、后晋、后汉、后周五个朝代。

一、**后梁** 唐朝在黄巢军的打击下分崩离析，名存实亡。原为黄巢将领的朱温叛变投降唐朝以后，被朝廷封为左金吾卫大将军，赐名全忠，任宣武军节度使，治汴州（今河南开封）。公元901年，朱温被封为梁王。公元904年，朱温杀唐昭宗李晔，另立李柷为帝，是为唐哀帝。公元905年起，朱温大肆贬逐朝官，并将宰相崔枢等被贬的朝官30多人杀死在白马驿，酿成历史上骇人的白马驿之祸。在政治上的阻力全部扫除以后，朱温于公元907年四月废唐哀帝李柷自立，改国号梁，史称后梁，改汴州为开封府，定为都城，朱温被称为梁太祖。公元912年六月，朱温第三子朱友珪杀朱温自立为帝。公元913年二月，朱温第四子朱友贞以讨逆之名杀朱友珪自立，称梁末帝。公元923年十月，朱友贞被后唐所灭。后梁共3帝，立国17年，在中原五朝中存国时间最长。

二、**后唐** 公元908年，沙陀人李存勖继其父晋王李克用之位，上任为河东节度使，袭晋王。后来，李存勖大败卢龙攻破幽州，尽收河北之地。公元 923 年四月李存勖称帝，改国号大唐，史称后唐，李存勖为后唐庄宗。同年，李存勖攻占开封，后梁灭亡。因李存勖与朱温有世仇，而且一直不承认后梁，遂弃开封定都洛阳。公元 925 年，李存勖出兵灭前蜀，基本统一黄河流域。公元 926 年四月，李存勖在洛阳被乱兵所杀，李克用养子李嗣源入洛阳称帝，为后唐明宗。李嗣源于公元 933 年十一月去世，次月，其三子李从厚嗣位，被称为后唐闵帝。四个月后，李嗣源养子李从珂杀李从厚称帝，即后唐末帝。李嗣源另一养子、女婿石敬瑭勾结契丹，于公元 936 年闰十一月逼死李从珂，后唐亡。后唐传 4 帝，历 14 年。

三、**后晋**　沙陀人石敬瑭于公元 932 年任北京（太原）留守、河东节度使。李嗣源去世前后，拥有重兵的石敬瑭一直觊觎帝位。公元 936 年夏，石敬瑭勾结契丹，尊小自己 11 岁的契丹主耶律德光为父。两年后，石敬瑭将幽云十六州割送于契丹，耶律德光在太原册立石敬瑭为大晋皇帝，改元天福，国号晋，史称后晋。丧权辱国认敌为父的石敬瑭，在国人和方镇的白眼中，胆战心惊地做了 6 年半儿皇帝，于公元 942 年六月去世，其侄石重贵即位。石重贵只向契丹称孙而不称臣。公元 947 年初，契丹军攻入开封，后晋灭亡。后晋前后 2 帝，历 11 年。

四、**后汉**　沙陀人刘知远本为石敬瑭部下，曾与石敬瑭合谋反后唐。后唐灭亡以后，刘知远为河东节度使，居太原。公元947年，后晋亡。刘知远便改国号汉，定都于汴京（开封），史称后汉，刘知远为后汉高祖。公元948年正月刘知远去世，第二子刘承祐嗣位，称隐帝。公元950年，李守贞等藩镇叛乱，刘承祐命郭威平叛，郭威势力坐大。刘承祐猜忌郭威，遣人杀郭威未果，郭威起兵造反，刘承祐为溃军所杀，后汉亡。后汉传2帝，历4年。

五、后周　公元950年，后汉大将郭威起兵入汴。公元951年正月，郭威灭后汉即帝位，改国号为周，史称后周，定都开封，郭威为后周太祖。郭威针对前朝弊政，减轻刑罚赋税，部分官田散于佃户，一定程度上减轻了对百姓的剥削。公元954年正月郭威病逝，郭威养子柴荣嗣位，是为周世宗。后周世宗柴荣，为五代时期很有作为的皇帝。柴荣改革了不少前朝积弊，将自己统一全国的雄心付诸具体行动之中。然天不假年，公元959年六月，39岁的柴荣突然病逝，其子柴宗训嗣位，称恭帝。公元960年正月，边境报告辽兵南侵，殿前都点检赵匡胤率军出征。赵匡胤行至陈桥发动兵变，代周建宋，后周灭亡。后周传3帝，历10年。至此，历时54年的五代结束。

一、后 梁

（907 年—923 年）

后梁，五代时期的第一个中原王朝。公元907年四月，唐昭宗李晔所封梁王朱温，废唐哀帝李柷篡唐称帝，国号大梁，建都开封（今河南省开封市），史称后梁。后梁历3主，存国17年，辖地有今河南、山东两省，陕西、湖北大部，河北、宁夏、山西、江苏、安徽等省、自治区一部分，疆土在中原五代中最小，但存国时间相对最长。

公元852年十二月，朱温出生于宋州砀山（今安徽砀山），父亲朱诚为乡间私塾教员。朱诚有子三人，长子朱昱，次子朱存，朱温为三子。朱诚不幸早年去世，在衣食无着的情况下，朱温母亲王氏带着三个儿子前往萧县（今安徽），投奔同乡富户刘崇。曾与朱诚交好的刘崇见朱温母子走投无路，就收留在家中帮工。于是，王氏在刘家为佣，三个儿子为刘家干农活。老大朱昱老实本分，尽心为刘家出力。朱温与二哥朱存并不安心农活，尤其是朱温，整天舞枪弄棒，练拳习武，打架滋事，搅得邻里不得安生，经常受到刘崇责罚，母亲王氏也无可奈何。

时关东地区连年灾荒，到处饥民流离失所，成群盗贼呼啸相聚。公元 874 年冬末，濮州（治鄄城，今山东鄄城北）贩卖私盐、混迹江湖的王仙芝聚众数千起事，一路攻州破县，渐成气候。公元 875 年六月，曹州冤句（今山东省菏泽市牡丹区）人黄巢响应王仙芝。黄巢出身盐商家庭，粗通文字笔墨，善于聚众领兵。公元 877 年，黄巢攻陷郓州，杀死天平节度使薛崇，声名大振，饥民追随者数万。这时黄巢军过萧县，朱温辞别刘家，拉二兄朱存一起投奔黄巢军，随军转战岭南。朱存随黄巢军攻打广州时战死，朱温却力战屡捷，很快从小头目历练成黄巢军名将。公元 880 年十二月，黄巢军攻陷唐都长安，宦官挟唐僖宗李儇逃往成都。黄巢派遣朱温领兵驻扎在东渭桥。这时，夏州节度使诸葛爽率领部队驻扎栎阳，黄巢派朱温前去招安诸葛爽。朱温说服诸葛爽招降成功，更被黄巢看重。次年二月，朱温被黄巢任命为东南面行营都虞候，受命攻占邓州（今属河南），俘刺史赵戒，有力阻扼了由荆襄地区北攻的唐军。六月朱温返回长安时，黄巢前往灞上亲迎。七月，黄巢调朱温到长安西面的兴平（今属陕西），抗击从邠（今彬县）、岐（今凤翔南）、鄜（今富县）、夏（今靖边北）等州调集的唐军，朱温成功阻遏，大获胜利。公元 882 年二月，黄巢任朱温为同州防御使，命朱温攻取唐军控制的同州。朱温从丹州领兵南下，很快攻克同州。

这时，唐河中节度使王重荣屯扎数万军队，纠合其他诸侯决意收复同州。在与王重荣的交战中，多次败北的朱温，屡次向黄巢求援无果。这时，朱温研判黄巢军队内外受困，军心涣散，知道其前途堪忧。于是，朱温与心腹密谋，决定背叛黄巢，并于同年九月杀黄巢监军使严实，携同州投降王重荣。王重荣即日写奏章上报朝廷，逃难在蜀郡的唐僖宗李儇看到奏章喜不自胜，下诏授予朱温左金吾卫大将军官职，授任河中行营副招讨使，赐名全忠。公元883年三月，唐朝廷任朱温为汴州刺史、宣武军节度使，于是，朱温抓紧时间联合各路唐军围攻长安。四月，黄巢退出长安，经蓝田关（今蓝田境）东出，攻入蔡州（今河南汝南），唐蔡州节度使秦宗权投降。七月，朱温占据汴州。从此，朱温以汴州（宣武军）为大本营，统率旧部及河中兵士，抓住一切机会劫掠财富和民众，抢占地盘，不择手段扩大自己实力。

公元883年七月，当时的蔡州刺史秦宗权纠合黄巢，一同包围陈州。唐僖宗任朱温为东北面都招讨使，命去支援陈州。公元884年春天，朱温分兵扑灭包围陈州的黄巢军队，经历大小四十多次战斗，陈州解围。这时，河东节度使李克用奉唐僖宗诏令，统骑兵数千与朱温合兵，在中牟北大败黄巢军队，黄巢将领霍存、葛从周、张归厚、张归霸等率部投降朱温。同年五月十四日，朱温与李克用回到汴州，朱温安置李克用住在上源驿客馆，接着大摆宴席。席间，李克用出言不逊惹怒朱温。这天晚上，朱温命令士兵火攻李克用住地，李克用部下三百余人被杀，李克用趁雷电交加大雨倾盆，越墙逃奔回到军中。李克用向唐僖宗诉讼此事，请求对朱温用兵。唐僖宗从中调和，并未治朱温之罪，只加封李克用为陇西郡王以作安抚。从此，李克用与朱温不共戴天。

公元886年冬，滑州（治白马，今河南滑县东）军乱，义成节度使安师儒为部下所杀，朱温乘机出兵，袭取滑州。这时，秦宗权据蔡州称帝，兵力十倍于朱温。朱温以诸军都指挥使朱珍为淄州（治淄川，今山东淄博市西南淄川）刺史，募兵万余人，又使牙将郭言募兵于河阳、陕、虢，也得万余人，实力充实以后的朱温，屡败秦宗权。至公元889年，秦宗权被部将执送至汴州投降朱温。朱温押送秦宗权至长安，罪大恶极的秦宗权被斩，淮西诸镇全被朱温兼并。

在此前一年，即公元888年，李克用发兵攻河阳（今河南孟州南），河南尹兼领河阳节度使张全义闭城自守，城中食尽，求救于朱温。朱温出兵败李克用，分兵欲断其太行路（在河阳北）。李克用担心后路被切断，紧急退军。从此，洛阳、河阳一带也落入朱温之手。这时的朱温，已经无有西顾之忧，便转而专意向东扩张。

农民出身的张全义，在黄巢属下任过吏部尚书。黄巢军失败后，张全义投降唐朝，公元887年据有洛阳，为河南尹。当时洛阳屡遭兵灾，特别是经过秦宗权及其部将孙儒的破坏之后，白骨遍野，荆棘满地，居民不满百户，田地尽归荒芜。张全义带一百多人上任后，挑选十八人为屯将，在洛阳十八个属县插旗张榜，招揽流民，劝以农桑，恢复生产。张全义规定开始不收租税，犯法除杀人者外，其余酌情只打板子。前来耕食者无租税，无严刑，流民大量归附。数年之后，都城坊曲，渐复旧制，诸县户口，基本恢复，桑麻蔚然，野无闲土，户户有蓄积，凶年不受饥，遂成富地。然张全义兵力单弱，不能自存，只能依附朱温，成为朱温应急粮草的供应基地。

淮南久经战乱，唐朝廷于公元887年一度任命朱温兼淮南节度使。朱温以宣武行军司马李璠为淮南留后，率兵千人前往淮南。李璠兵过泗州时，感化节度使（镇徐州彭城，今江苏徐州市）时溥出兵袭击，李璠返回汴州，汴、徐二镇结下仇怨。朱温连年进攻徐、泗、濠三州，民不得耕种。复值水灾，民死者十六七。公元893年四月，朱温终于攻下徐州，时溥举家登燕子楼，自焚而死。徐、泗、濠三州同时被朱温兼并。

朱温兼有徐州以后，又欲夺取兖、郓，天平节度使（镇郓州须昌，今山东东平西北）朱瑄，与其弟泰宁节度使（镇兖州瑕丘，今山东兖州）朱瑾并力抵抗，长期攻战。公元897年朱温攻下郓、兖，朱瑄被杀，朱瑾逃奔淮南。当时郓、齐（州治历城，今山东济南）、曹（州治济阴，今山东定陶西南）、棣（州治厌次，今山东惠民东南）、兖、沂（州治临沂，今山东临沂）、密（州治诸城，今山东诸城）、徐、宿（州治甬桥，今安徽宿州）、陈、许（二州属忠武镇）、郑（州治管城，今河南郑州）、滑、濮（州治鄄城，今山东鄄城北），凡十四州全被朱温兼并。朱温几度想进占淮南，被杨行密堰淮水灌汴军，朱温大败，终未得逞。

公元 896 年四月黄河暴涨，滑州城墙有被冲坍的危险。为保住城墙，朱温下令决开黄河河堤，任河水脱出故道滔滔东流，使下游泽国一片。就是从这时候开始，黄河下游水患越来越频繁，受灾越来越严重。《水浒传》中所描写的梁山水泊的形成，即有朱温的功劳。

朱温经营东方告一段落，便提兵西向。公元 900 年十一月，宦官刘季述等幽禁唐昭宗，立太子李裕为帝。次年初，与朱温关系密切的宰相崔胤与护驾都头孙德昭等杀刘季述，拥昭宗复位，朱温被进封为东平王。此后，崔胤想借朱温之手诛杀宦官，而韩全诲等宦官则以凤翔李茂贞、邠宁（今彬县、宁县）王行瑜等为外援，与崔胤抗衡。这年十月，崔胤矫诏令朱温带兵赴京师，朱温乘机率兵 7 万，由河中攻取同州、华州（今华县），兵临长安近郊，韩全诲等劫持昭宗，西奔凤翔投靠李茂贞。朱温追至凤翔城下，要求迎还昭宗，韩全诲矫诏令朱温返镇。公元 902 年，朱温在一度返回河中之后，二次围攻凤翔，多次击败李茂贞。前来救助李茂贞的鄜坊节度使李周彝被朱温拦截后，归降了朱温。凤翔镇被围日久，城中食尽，冻饿而死者不可胜计。李茂贞无奈，于次年正月杀韩全诲等 20 名宦官，与朱温议和，朱温挟昭宗回长安。从此，大唐皇帝成为朱温手中的棋子。不久，朱温杀宦官 700 多人，彻底结束了唐代中期以来宦官势力长期专权的局面，唐昭宗加封朱温为太尉、兼中书令、宣武等军节度使、诸道兵马副元帅，进爵为梁王，并加赐回天再造竭忠守正功臣荣誉头衔。

公元 903 年，朱温子朱友宁攻博昌（今山东博兴），强迫十多万民夫牵牛赶驴搬运土石，堆筑土山。为加快堆筑土山的进度，朱温军队将人畜一并杀死，同土石混在一起加高土山，哀号之声传出数十里。同年朱温又进军淄青（即平卢，镇青州益都，今山东青州），平卢节度使王师范力竭出降，朱温取淄（州治淄川，今山东淄博西南）、青、登（州治蓬莱，今山东蓬莱）、莱（州治掖县，今山东莱州）、齐（州治历城，今山东济南）等州，朱温辖区东接大海。

公元 905 年，朱温调动大军，进攻山南东道节度使（镇襄州襄阳，今湖北襄樊）赵匡凝，攻破襄、唐（州治比阳，今河南泌阳）、邓（州治穰县，今河南邓州）、复（州治沔阳，今湖北仙桃西南）、郢（州治京山，今湖北京山）、随（州治随州，今湖北随州）、均（州治武当，今湖北丹江口西北）、房（州治房陵，今湖北房县）八州，赵匡凝弃镇沿汉水逃往扬州。赵匡凝弟荆南节度使（镇江陵，今湖北江陵）赵匡明也弃荆（州治江陵）、峡（州治夷陵，今湖北宜昌）、归（州治秭归，今湖北秭归）三州，逃奔成都，上述州镇尽被朱温占领。

魏博镇（镇魏州贵乡，今河北大名东北）自中唐藩镇田承嗣以来，选募六州（魏、博、相、卫、贝、澶六州）骁勇五千人为牙军，以丰厚赏赐稳固军心，培植腹心。魏博牙军组建以来，父子相继，亲党胶固，凶悍骄横。公元 899 年前后，身为魏博节度使的朱温亲家罗绍威，为了能够遏制牙军，便倾心结附朱温，欲利用朱温军降服牙军。公元 906 年，罗绍威儿媳即朱温女病逝，朱温遂选骁卒，诈称会葬前往魏州，与罗绍威合击牙军。朱温痛下杀手，举营尽诛，八千牙军及家小妇孺无遗。朱温罗绍威既杀牙军，天雄诸军惊惧，牙将史仁遇聚众起事，天雄巡属诸县纷纷响应，均遭朱温汴军镇压。朱温统兵坐镇魏州半年，魏博蓄积为之一空，兵力更是衰弱到难以自保，后悔不迭的罗绍威无法送神。从此，朱温将魏博收入囊中。

公元 907 年四月，朱温更名为晃，即皇帝位，国号大梁，改元开平，以汴州为开封府，名曰东都，以故东都洛阳为西都。废故西京（长安），以京兆府为大安府。朱温废枢密院，以其职事归崇政院，不用宦官，改由士人知崇政院事，后改称院使。朱温以宣武掌书记、太府卿敬翔知崇政院事，以备顾问，于禁中承皇上旨意，传于宰相执行。

朱温背叛黄巢军以后，以武力兼并诸方镇，频繁的战争给民众带来了深重的灾难。然朱温出身穷困，了解民间疾苦，施政略有可行之处。朱温比较爱惜人才，称帝即遣官吏到民间搜寻贤良之人，特别针对身居下位有能力的人才，朱温往往特加擢拔任用。对于权豪横行的现象，朱温也能进行压制。朱温在称帝前，曾规定如果将校阵亡，所属士卒全部斩首；全部军士面部刺字，以记录所在军号。这些残酷规定致使逃亡士兵难容他处，从而造成士卒因主将战死只能结伙山林川泽为盗，从而成为众多州县大害。朱温称帝后，随即废除这套军法，颁诏赦免逃亡士卒罪过，允许他们回乡种地，使强盗减少十之七八。为保证地方行政顺利，朱温命令手下将领不论军阶多高，也不论拥有多少人马，政务方面一律听从地方官员管理和安排。这样明确权责，有利于国家安定。由于常年战乱造成大批青壮年劳动力损失，百姓为躲避战乱以及繁重的赋税徭役，纷纷流离失所，导致大量农田荒芜。朱温建国之后，奖励农耕，减轻租赋，而且向农户租借耕牛。这一系列宽容政策，为后梁数十年的征战提供了经济支柱。

朱温称帝以后，继续与晋王李克用及其子李存勖争战。至公元 908 年五月，在与晋王李存勖争夺潞州的夹寨之战中大败、梁晋双方实力发生逆转之后，朱温猜疑日甚，荒淫也向着不顾人伦的离谱方向发展。各种矛盾的累积，尤其是继承人问题的持续发酵，至公元 912 年六月二日，朱温被亲生子郢王朱友珪刺杀于宫中，朱友珪在洛阳自立即皇帝位。

朱友珪杀父夺位，群臣不服。公元 913 年二月，朱温第三子均王朱友贞得到北面都招讨使、天雄节度使杨师厚支持，在大梁起兵，朱温女婿赵岩、外甥袁象先为内应。朱友贞未至洛阳，袁象先等已率禁兵起事，朱友珪穷迫自杀，洛阳诸军十余万，大掠都市。朱友贞即位于大梁，是为末帝。

均王朱友贞这次政变成功，出力最多的天雄节度使杨师厚被赐爵为邺王。杨师厚晚年矜功恃众，擅割财赋，选军中骁勇，置银枪效节都数千人，给赐优厚，大有复活旧日牙兵之势。朱友贞虽外加尊礼，内实忌惮。公元 915 年三月杨师厚病逝，梁廷私相庆贺。租庸使赵岩等认为魏博地广兵强，担忧朝廷难以管理，主张分六州（魏、博、贝、卫、澶、相）为两镇，削弱其实力。朱友贞乃以贺德伦为天雄节度使，管魏（州治贵乡，今河北大名东北）、博（州治聊城，今山东聊城东北）、贝（州治清河，今河北清河西北）三州；又于相州置昭德军，以张筠为昭德节度使，管相（州治安阳，今河南安阳）、澶（州治顿丘，今河南清丰西）、卫（州治汲县，今河南卫辉）三州。朱友贞还派遣开封尹刘鄩将兵六万，送贺德伦、张筠二人赴镇。

魏博军队皆父子相承数百年，族姻盘结，不愿分徙，于是乘夜作乱，攻破牙城，杀贺德伦亲兵五百人，劫持贺德伦，迫使贺德伦一并投降李存勖。晋王李存勖亲率大军入魏州，自兼天雄节度使，收银枪都为亲军。梁将刘鄩统兵与晋军相持，欲以持久战对付李存勖；末帝朱友贞则要求速战速决，便派中使前去督战。公元916年二月，刘鄩出兵与晋军会战，结果大败，刘鄩引数十骑突围出走，全军步卒七万损失殆尽，刘鄩只得收拾散卒自黎阳（今河南浚县）渡河退保滑州（治白马，今河南滑县东）。

李存勖取得河北，便以魏州为基地，谋划进攻黄河以南地区。公元917年冬，黄河冰冻，李存勖引步骑渡河，攻占后梁河防要津杨柳城（今山东东阿北杨村）。次年春，梁将谢彦章率部数万反攻杨柳城，掘开黄河口，大水弥漫，企图阻止晋军前进。至六月，李存勖率亲军涉水渡河，大破后梁军，河水被染成赤色。这年秋天，李存勖集结全部兵力，从杨柳城循河而上，后梁将贺瓌、谢彦章率大军屯驻濮州（州治鄄城，今山东鄄城北）北行台村，与晋军相持百余日。贺瓌妒忌谢彦章，竟诬以通敌，擅加杀害。李存勖乘机率主力西进，行至胡柳陂（今山东甄城西南），贺瓌弃营追击而来。两军激战，双方损失惨重。公元919年春，晋将李存审在澶州南，夹黄河两岸筑南北两城以利攻守。从此，德胜继杨柳城之后，成为晋军攻击后梁的据点。后梁也发兵五万自黎阳渡河，掩击魏、澶二州，不能得手，就在德胜上游十八里处杨村夹河筑垒，造浮桥通南北。晋军也造船桥，连通德胜两城。两军大小百余战，互有胜负。

朱温养子朱友谦，在朱友珪杀朱温后以河中镇降晋，以后又反复于后梁和晋之间。末帝朱友贞命大将刘鄩进攻河中，刘鄩败归。刘鄩与朱友谦为儿女亲家，后梁近臣诬蔑刘鄩徇私，朱友贞信以为真，命人将刘鄩鸩杀。刘鄩为后梁名将，朱友贞信谗，自剪羽翼，政权危机进一步加深。

后梁天平节度使（镇郓州须昌，今山东东平西北）戴思远率郓州兵屯杨村，郓州城内守兵不满千人，李存勖命大将李嗣源率精兵五千，沿黄河北岸自德胜北城而东至杨刘渡口，连夜渡河至郓州城下，攻下郓州。这次奇袭得胜，使李存勖在河南获得一个重要的军事据点，对攻灭后梁起了重要作用。

末帝朱友贞知郓州失守，大梁垂危，于是以大将王彦章为北面招讨使，指挥全局。公元923年，王彦章引精兵数千自杨村循河南岸，攻下德胜南城。又引十万众攻杨刘，百道俱进，昼夜不息，连巨舰九艘，横亘河津以绝援兵。王彦章意在切断黄河南北两岸的联系，然后回军反攻郓州，消灭李嗣源的军队。李存勖一方面亲率大军救援杨刘，一方面命部将郭崇韬率精兵万人急趣博州（治聊城，今山东聊城东北），渡河筑城，使郓州与河北的联系不至中断。王彦章为了使自己的军队不被敌人牵制，解杨刘围，退保杨村。末帝朱友贞听信近臣建议，撤销王彦章北面招讨使职务，改任段凝为北面招讨使。段凝非大将之才，朱友贞以段凝为主帅，无异于自掘坟墓。

公元 923 年十月，李存勖自杨刘渡河，至郓州，以李嗣源为先锋，连破后梁兵，生擒王彦章。这时，后梁将康延孝投降，密告后梁军数道出兵，大梁空虚。李存勖决定直趋大梁，命李嗣源率前军昼夜兼程，八天后直抵大梁城下。朱友贞彷徨无计，命亲军将领将自己杀死。李嗣源、李存勖不战而入大梁，后梁百官纷纷迎降，段凝亲率全军五万将士解甲降晋，后梁亡。

1. 太祖朱温

公元 907 年四月十八日，曾被唐昭宗赐名为全忠并封为梁王的黄巢军降将朱温，废唐哀帝李柷自立为帝，国号大梁，史称后梁，朱温为后梁太祖。

朱温是宋州砀山（今安徽砀山）人，出生于公元 852 年十二月二十一日，父亲朱诚在乡村教书，母亲王氏在富人家做佣人。朱诚有子三人，朱温排行最小。朱温父亲朱诚不幸早逝，为了三个儿子的活路，母亲前往萧县（今安徽）投奔同乡富户刘崇。曾与朱诚有过交情的刘崇收留朱温母子。于是，王氏在刘家为佣，三个儿子为刘家干活。经常舞枪弄棒、打架滋事的朱温于公元 877 年投奔黄巢军，随军转战南北，因力战屡捷而成为名将。公元 882 年九月，朱温叛黄巢投降唐朝，唐僖宗为之赐名。在后来围剿黄巢军和与大小割据势力的争霸中，朱温广收地盘、扩张势力，成为中原地区最大的军阀，直到公元 902 年，朱温围攻凤翔，多次击败割据一方的李茂贞，逼李茂贞杀宦官韩全诲与朱温议和。次年，朱温杀宦官 700 多人，彻底结束宦官左右唐朝政的局面，挟唐昭宗回到长安，唐昭宗加封气焰熏天的朱温为太尉、兼中书令、宣武等军节度使、诸道兵马副元帅，进爵为梁王，并加赐回天再造竭忠守正功臣荣誉头衔。

公元 904 年，朱温为了更有效地控制朝廷，决意要将唐昭宗迁至洛阳。由于担心唐室大臣反对，于是密令养子朱友谅假托昭宗诏令，诛杀丞相崔胤、京兆尹郑元规等大臣。朱温下令长安百姓迁移，拆毁长安宫室、房屋，将木料顺渭水漂下，在洛阳营建宫室。从长安至洛阳途中，昭宗身边小黄门及内园小儿二百多人，朱温命人灌醉后全部坑杀。唐昭宗到达洛阳时，唐廷六军侍卫已经散亡殆尽，昭宗身边卫士及宫中之人均为朱温亲信。在这种情况下，昭宗已经彻底成为朱温笼中的一只小鸟。

　　朱温强迫昭宗迁都洛阳以后，河东李克用、凤翔李茂贞、西川王建、襄阳赵匡凝等地方势力组成联盟，以兴复唐室为名讨伐朱温。朱温决定举兵西讨，又担心昭宗轻举妄动，便于公元904年八月十一日，指示左龙武统军养子朱友恭、右龙武统军氏叔琮及蒋玄晖等人，以入宫奏事为名，率兵进入内宫将唐昭宗李晔弑杀。

　　昭宗被弑，朱温立昭宗年仅13岁的嫡次子李柷为帝，史称唐哀帝。次年，朱温在洛阳九曲池设宴，授意蒋玄晖以皇帝名义邀请唐昭宗的九位皇子，即德王李裕、棣王李祤、虔王李禊、沂王李禋、遂王李祎、景王李祕、祁王李祺、雅王李禛、琼王李祥等人到宫中赴宴。朱温殷勤款待，众伎热情劝酒，九位皇子酩酊大醉，被蒋玄晖全部捆住手脚丢入水池淹杀。急于篡位的朱温，见朝臣中仍有不少人忠于李唐皇室，成为自己建立新王朝的障碍。于是，朱温在滑州白马驿一举屠杀裴枢为首的朝臣三十多人，并投尸于黄河。经此白马驿之祸，大唐王朝统治中心的执政人才已经被完全清除。公元907年四月，朱温以接受唐哀帝禅位的名义正式篡皇帝位，更名为朱晃，改元开平，国号大梁。废17岁的唐哀帝为济阴王，迁往曹州济阴囚禁，次年二月将其杀害。

　　朱温称帝前后，针对唐朝后期的弊政做出不少改革。朱温厌恶宦官，拒绝在南方避难的宦官返回京城；讨厌唐廷高级官员，起用低层有能力的士人如李振、敬翔等。这些来自低层的士人重实际而轻名义，是五代政治人物的代表。经济方面重视农业发展，致力减轻赋税。然朱温残暴成性，战争中滥行杀戮，与据有太原的李克用、李存勖父子连年作战，使黄河两岸遭到严重破坏。

朱温虽然成功篡唐建立后梁，自己成为至高无上的皇帝，但周边仍有很多势力与之对抗，尤其是曾经从朱温火阵中逃出的李克用。公元 907 年五月，后梁潞州（今山西长治）被李克用占据，而潞州又是进击太原的必经之地。于是，朱温任康怀贞为潞州行营招讨使，率领将兵 8 万攻伐潞州。六月，康怀贞率军抵达潞州，挥动大军昼夜猛攻。但苦战多日，依然毫无起色，于是大动土木，环潞州城深挖沟壕，多筑堡垒，使潞州城与外界完全隔绝，准备长期围攻。李克用闻讯立刻率大军救援潞州，几乎调动境内全部兵马。同时又派兵攻打潞州南面的泽州（今山西晋城），欲切断后梁军队的退路和军需补给线，朱温派范居实统兵增援泽州。八月，李克用的援军到达，驻扎在离潞州仅二十里的高河镇，不断派出骑兵袭击围城的后梁军，朱温则改派李思安取代康怀贞。

公元 908 年一月李克用病逝，其子李存勖继位，朱温以为这是李克用的诱敌之计。这年三月，朱温亲自来到泽州，指挥部队从潞州撤军。后来确定李克用已死无诈，又召回军队继续包围潞州。因为李思安久攻潞州毫无建树，反而损失将校四十余人，士卒损失数以万计，于是将李思安召到泽州，革除其全部官爵，另任命刘知俊为潞州行营招讨使。刘知俊率精兵万余进攻，小胜而骄。五月，李存勖亲率大军驰援潞州，正好黎明大雾，后梁将士尚在梦中，李存勖分兵一攻西北隅，一攻东北隅，填堑烧寨，鼓噪而入，后梁兵大溃，大批将校士卒伤亡，丢弃的资粮器械堆积如山。

公元911年，河北赵王王镕归附李存勖，朱温派遣王景仁征讨，王镕请求李存勖援助。这年冬天，王景仁与李存勖的部队在柏乡相遇，在同李存勖的交战中，朱温又一次惨败而归。同年七月，燕王刘守光称帝，李存勖前去讨伐。刘守光不敌李存勖，写信请求朱温援助。朱温深知幽燕一旦落入李存勖手中，后果不堪设想，于是决定围魏救赵，以攻打王镕解救刘守光。公元912年二月，朱温率领号称五十万的大军从洛阳出发到达魏州（今河北大名县东北），命杨师厚等围枣强（今枣强东），贺德伦等围蓨县（今景县）。杨师厚昼夜急攻，枣强城小，很快被攻陷，尽杀城中老幼。当时蓨县还未破城，朱温督杨师厚军进击蓨县（今河北景县），驻军城西。驻屯赵州（治平棘，今河北赵县）的李存勖军先锋六百骑，伪装成后梁兵，黄昏时冲入后梁军营，纵火鼓噪，后梁军大乱。惊恐中的朱温烧营夜遁，急奔一百五十里，损失军资器械无数。既而，朱温得知晋兵只以少数游骑噪扰，不胜惭愤，扶病回到洛阳。

朱温曾为黄巢同州刺史时的公元882年，娶砀山富室女张氏为妻。张氏贤明有礼，朱温有时军谋国计都听张氏意见。公元904年张氏病逝，本不安分的朱温放手纵意声色，屡破人伦底线。公元912年六月，朱温病危，召养子博王朱友文回京，而要将亲生子郢王朱友珪外放为莱州刺史。朱友珪大惧，便与左龙虎军统军韩勍合谋，于同年六月二日伏兵宫中，夜半闯入寝殿将朱温刺杀。朱温在位6年，终年61岁。

2. 郢王朱友珪

公元912年六月五日，弑杀后梁太祖朱温的朱友珪，在父亲灵柩前即皇帝位。朱友珪为朱温次子，母亲为亳州营妓。还是在朱温镇守宣武时，曾到宋州、亳州一带扩大地盘。一次，朱温率军经过亳州，召一营妓陪侍。此后朱温准备离去，该营妓差人告诉朱温生一男孩。朱温大喜，为男孩取小名遥喜，并接到身边，该男孩即朱友珪。朱友珪长大后，狡猾多智谋。朱温篡位称帝建立后梁政权，同年五月封朱友珪为郢王。公元910年，朱温任命朱友珪为左右控鹤都指挥使。

朱温长子郴王朱友裕早逝，朱温一直未立太子。朱温养子博王朱友文多才多艺，而且年长，朱温有意立朱友文为嗣君，但一直没有确定。公元912年六月朱温病重，安排任命朱友珪为莱州刺史，准备外放出京，却要召在东都的朱友文回京。朱温平时性格刚烈残暴，病中更加喜怒无常，当时降职者往往很快被下诏处置。非常恐惧的朱友珪秘密到左龙虎军，与统军韩勍一番密谋。韩勍连夜带领牙兵五百人，随朱友珪混在控鹤卫士中进入内宫。六月二日夜三更，朱友珪韩勍斩关入万春门，至寝宫，侍奉者见势逃跑，朱温惊惧中坐起，朱友珪亲信冯廷谔剑刺朱温。朱友珪秘不发丧，拿出府库钱财大赏群臣，并派丁昭浦假传诏书前往东都杀害朱友文。朱友珪又以朱温名义，假传诏书委自己主持军国大事，并在朱温灵柩前即皇帝位，升任韩勍为忠武军节度使，然后发丧。

朱友珪即位以后，继续以大量赏赐将领大臣收买人心，然而众多大将老臣并不领情，加之朱友珪向来荒淫无度，不得人心，民怨四起。时怀州龙骧军三千人劫持其将刘重霸，占据怀州，声言讨贼。朱温外甥袁象先、女婿驸马都尉赵岩、四子均王朱友贞与将领杨师厚等人密谋政变。公元913年二月十七日，袁象先首先发难，率领禁军数千人杀入宫中，朱友珪被杀。朱友珪在位9个月，生年不详。

3. 末帝朱友贞

公元913年二月十七日，朱友贞发动政变杀兄自立为皇帝，是为后梁末帝。朱友贞为后梁太祖朱温嫡三子，母亲张惠。

朱友贞容貌俊美，沉稳寡言，喜好结交儒士，唐末时被授为河南府参军。公元907年朱温篡唐称帝，朱友贞被封为均王。不久，朱温在禁军中组建亲信牙军天兴军，以朱友贞为左天兴军使。公元910年，朱友贞进位检校司空，并充任东京马步军都指挥使。公元912年六月，郢王朱友珪发动政变弑父篡位，命供奉官丁昭溥赶赴东京汴州（治今河南开封），矫诏密令朱友贞杀博王朱友文，并任朱友贞为检校司徒、东京留守、代理开封府尹。

朱友贞即位时，晋王李存勖割据河东，兼并幽州镇，并与成德镇、义武镇结成联盟，以复兴唐朝的名义对抗后梁。而魏博节度使杨师厚矜功自傲，不听朝命，控制所管六州财赋，挑选数千悍卒组建银枪效节军，作为私人护卫部队。后梁外有强敌窥伺，内有强藩跋扈，形势非常严峻。而朱友贞一开始就大肆赏赐协助夺取皇位的禁军将校，花费巨额钱财。加之连年征战，军费开支巨大，使后梁财政日趋紧张。为了满足需要，朱友贞任用贪吏，搜刮民财，致使社会矛盾更加激化。

朱友贞用人唯亲，宠信姐夫赵岩以及张德妃兄弟张汉鼎、张汉杰、张汉伦、张汉融等人，忠信老臣敬翔、李振虽然仍居相位，但所言不被采用，李振干脆称病不出家门，塞耳不问政事。赵岩及张氏兄弟德薄才浅，把持朝政手握大权以后，便卖官鬻爵，离间将相，致使朝中人心涣散，朝政混乱。朱友贞又猜忌宗室，屠杀诸王，自毁长城。康王朱友敬曾遣刺客潜入寝宫，企图刺杀朱友贞。事情败露，朱友贞诛杀朱友敬。从此，朱友贞更加不信任宗室，以致将衡王朱友谅、惠王朱友能、邵王朱友诲一同幽禁于东京，后下令将三王处死，同时被杀者还有贺王朱友雍、建王朱友徽。

公元915年杨师厚病逝，朱友贞趁机要将魏博六州分割为魏博、昭德两镇，以削弱藩镇势力。作为朝廷，这不失一项好的措施，但朱友贞准备不足，操作失当，结果引发魏博兵变。变兵囚禁朱友贞新任的节度使，连同魏博投降了李存勖。李存勖乘势进占魏州，兼并魏博镇，随后又攻取德州、澶州（治今河南清丰西）。公元916年，朱友贞命王檀、谢彦章、王彦章兵出阴地关（在今山西灵石西南），要前去攻打李存勖后方重镇太原，结果劳师一场，空有声势却无功而返。不久，李存勖在故元城（今河北大名东北）大败后梁军，随后又接连攻占卫州（今河南卫辉）、磁州（今河北磁县）、相州（今河南安阳）、洺州（今河北永年东南）、邢州（今河北邢台）、沧州、贝州（今河北清河西）等地。黄河以北除黎阳（今河南浚县东）一地外，全部被李存勖占领。

公元917年十二月，朱友贞不顾宰相敬翔劝阻，赶赴洛阳，准备举行祭天大典。李存勖乘机率军东进，攻陷魏州通向郓州（治今山东东平）的重要渡口杨刘城（在今山东东阿北）。当时流言皆称晋军要攻打东京，朱友贞惊慌失措，放弃祭天仓皇返回东京。公元918年，李存勖调发河东、魏博、幽州等镇军队，准备一举灭后梁。晋军沿黄河东进，屯于濮州（今山东鄄城北）麻家渡。梁将贺瑰、谢彦章则进驻濮州以北的行台村，与李存勖军对峙。然而，对面强敌虎视眈眈，大将贺瑰却因私人恩怨，于同年十二月将谢彦章杀死。李存勖趁机决定奔袭汴州，遂进兵临濮（治今山东鄄城西南）。贺瑰率军追击，与晋军在胡柳陂（在今山东鄄城西北）交战，被李存勖打败，贺瑰军伤亡近三万。

公元920年，河中节度使冀王朱友谦攻取同州（今陕西大荔），请求以其子朱令德为忠武节度使。对朝廷来说，这既是正常任命，又是顺水人情，却被朱友贞断然拒绝。朱友谦气恨不过，转身投降李存勖。朱友贞命刘鄩、尹皓、温韬、段凝征讨同州，结果又被李存勖援军击败，河中镇、忠武镇从此脱离后梁。

公元923年，李存勖昭义节度使李继韬在潞州（今山西长治）叛乱，遣使到东京，表示愿意归附朱友贞。李继韬部将裴约时为泽州（今山西晋城）刺史，据城自守不肯投降后梁。朱友贞命董璋攻打泽州，意图吞并整个昭义镇。而李存勖瞅准郓州守军多随戴思远屯驻黄河前线、城中防守空虚的机会出兵，连夜冒雨渡河，一举袭破郓州。

郓州失陷，后梁腹心暴露，东京无障可守。朱友贞急忙起用王彦章为北面行营招讨使，率军阻止唐军西进。王彦章兵出杨村寨，攻克德胜南城，进围杨刘城。杨刘守军顽强抵抗，李存勖又亲率大军来援，王彦章一时难以突破。这时，朱友贞却命段凝接任北面招讨使，将尚能抗衡李存勖的大将王彦章调离前线。公元923年八月，攻战无能的段凝，自高陵津（在今河南范县东南）渡河，进军澶州，下令掘开滑州（治今河南滑县东南）南面的黄河大堤，要以河水阻挡唐军。从此以后，河患成为下游生民的致命威胁。滑、澶两州在后晋、后汉、后周三朝的二十多年间，决河六次；同一时期怀州决两次，郑州决五次。滑州向东，水害尤其严重。下游动辄大水弥漫数百里，原来的大野泽（在今山东巨野北）水面向北蔓延，包围梁山，形成梁山泊。洪水继续东流，冲决古堤，直到海边，淹没田地，漂失人畜，民不聊生。

这时的朱友贞，不顾国家大计，放弃京城防御，尽派所有大军，分四路要向李存勖发动总攻。结果李存勖得到后梁京城空虚的情报，便率军长驱直入杀向东京。朱友贞急命张汉伦赶赴黄河前线，催促段凝回军勤王。结果，张汉伦面对被段凝决开黄河后的一片汪洋，只能摇头兴叹。这时东京已经无险可守，也无兵可防，有大臣建议朱友贞西奔洛阳，再集中各地军队后与李存勖抗衡。朱友贞担心一旦离开东京，属下皆会背叛自己，于是拒绝西逃。不久，宫中开始大乱，连朱友贞藏在寝宫的传国玉玺，也在混乱中不见了踪影。

朱友贞知道亡国已经难免，而朱李两家世仇似海。为避免落入敌人手中受辱，朱友贞于同年十月八日，召控鹤都将皇甫麟到建国楼，命皇甫麟成全自己。皇甫麟宁死不肯下手，并要举剑自刎。朱友贞上前握住佩剑，剑刃刺向自己而亡。朱友贞在位 11 年，终年 36 岁。

二、后　唐

（923 年—936 年）

后唐，五代时期的第二个中原王朝。公元 923 年四月，唐僖宗李儇所封晋王李克用长子李存勖自立为帝，国号大唐，史称后唐，定都洛阳（今河南洛阳）。同年后唐灭后梁，公元 925 年灭前蜀，并基本统一黄河流域。后唐全盛时期统治范围包括今河南、山东、山西三省，四川、重庆、河北、陕西等省、市大部，甘肃、宁夏、湖北、江苏、安徽等省、自治区一部分，东接海滨，西括陇右川蜀，北带长城，南越江汉，是五代十国时期统治区域最广的一个朝代。后唐传 4 帝，历 14 年。公元 936 年闰十一月，后唐河东节度使石敬瑭以割让燕云十六州为代价，乞请契丹兵攻入洛阳，后唐亡。

后唐是五代十国时期，由沙陀人建立的四个王朝之一，另外三个分别是后晋、后汉和北汉。

沙陀又名处月，以朱邪为氏。原为西突厥十姓部落以外的一部，游牧于今新疆准噶尔盆地西南（今巴里坤）一带，隶属轮台，因其地有碛，即大沙丘，故而得名。

至唐代，沙陀人为突厥别部，又被称为沙陀突厥。唐朝初年，处月部散居于今新疆准噶尔盆地东南、天山山脉东部一带。公元633年，处月部首领曾随西突厥贵族阿史那弥射至长安朝见唐太宗李世民。后来，处月隶属于西突厥乙毗咄陆可汗。公元642年，乙毗咄陆可汗攻唐伊州（今新疆哈密市），曾遣处月、处密二部围天山军（治所在今新疆托克逊县东北）。唐安西都护郭孝恪击退西突厥军，并攻克处月俟斤（官号）所居城市。公元648年四月，西突厥叶护阿史那贺鲁降唐。公元653年，唐朝撤销瑶池都督府，在征讨西突厥阿史那贺鲁叛乱过程中，于处月地置金满、沙陀二羁縻州。公元662年，漠北铁勒九姓反叛，处月首领沙陀金山跟随左武卫将军薛仁贵败铁勒于天山，沙陀金山因功被授予墨离军讨击使之职。公元702年，沙陀金山升任金满州都督，封张掖郡公。金山去世后，其子朱邪辅国嗣位。公元712年处月部为避吐蕃进逼，迁居北庭（治所在今新疆吉木萨尔县北破城子），辅国率其部属至长安朝见唐玄宗李隆基。公元714年辅国复任金满州都督，唐玄宗封其母为鄯国夫人，后来进封朱邪辅国为永寿郡王。朱邪辅国去世后，子朱邪骨咄支承继。公元742年唐朝任命朱邪骨咄支兼任回纥副都护。安史之乱暴发，朱邪骨咄支参加平叛有功，唐肃宗李亨授予朱邪骨咄支特进、骁卫上将军。朱邪骨咄支去世，子朱邪尽忠嗣位，唐廷升任朱邪尽忠为金吾卫大将军，封酒泉县公。

之后的20多年间，吐蕃占据河西走廊等地，沙陀七千帐归于吐蕃。吐蕃攻掠唐朝边境，经常以沙陀军为前锋。后来回鹘取凉州（治所在今甘肃省武威县），吐蕃首领怀疑朱邪尽忠暗通回鹘，准备迁沙陀人至黄河以西地区。朱邪尽忠与其子朱邪执宜，率3万沙陀部人东迁。吐蕃军追击，沙陀人且战且走，沿洮水（今甘肃省黄河支流洮河）至石门关（位于今宁夏固原市西北），战斗数百次，朱邪尽忠阵亡。朱邪执宜率余众近万人逃至灵州（治所在今宁夏灵武市西南），唐朝安排沙陀部在盐州（治所在今陕西省定边县）居住，并为之设置阴山府，任命朱邪执宜为阴山府兵马使。随后，流散各地的沙陀人相继来会，沙陀势力增强。

唐朝以沙陀邻近吐蕃，虑其反复，且部众增多，故在灵盐节度使范希朝迁河东节度使的时候，诏沙陀人跟从范希朝迁徙河东。范希朝选沙陀骁勇一千二百骑，号之为沙陀军，余众则安置在定襄川（今山西牧马河一带）。后来，唐宪宗对强藩成德王承宗、淮西吴元济用兵，唐武宗对泽潞刘稹用兵，以及唐宣宗对抗吐蕃、党项、回鹘，都诏请沙陀军相助。唐懿宗李漼时，朱邪执宜子朱邪赤心率骑兵，帮助唐朝镇压桂林戍卒庞勋叛乱，因功被授予大同军节度使，赐姓李，名国昌。李国昌即唐末北方边患制造者、河东割据势力头目晋王李克用的父亲。五十年后，李国昌孙李存勖灭后梁建立了后唐。

公元872年，唐懿宗转任李国昌为云州刺史、大同军防御使，李国昌拒绝任命。李国昌三子李克用杀大同军防御使段文楚，占据云州（今山西大同），自称留后。唐廷任命太仆卿卢简方为振武节度使，会同幽、并两州之兵讨伐李国昌。卢简方半途军队溃散，李国昌父子乘机占据代州（今山西忻州代县）以北地区，成为唐朝北部最大边患。

之后李国昌出击党项，遭吐谷浑赫连铎突袭。李克用急忙从云州出发，前去解救父亲李国昌。当李国昌父子返回云州时，云州紧闭关卡，拒绝他们进入。无处可归的李国昌父子袭击蔚州（今河北蔚县一带）、朔州（今山西朔县），收编兵士，抢夺财物。李国昌驻守蔚州，李克用回军占据新城。唐僖宗遂任命赫连铎为大同军使，任命李钧为代北招讨使，继续讨伐李国昌父子。公元878年，李国昌父子先击破遮虏军，后又击破岢岚军，唐军数次败北，沙陀北面占据蔚、朔两州，南面侵入忻、代、岚、石等地，直达太谷，势力愈加强盛。公元880年，招讨使李琢会同幽州李可举、云州赫连铎出击沙陀。李克用叔父李友金携蔚、朔两州投降李琢，李可举大败李克用于药儿岭，李国昌父子流亡鞑靼。

公元881年，黄巢军攻陷唐都长安城。北起军使陈景思率领沙陀降军及吐谷浑、安庆军队万余人前往长安救援。陈景思行军至绛州（今山西运城新绛县），沙陀军大肆抢劫掠夺周边后，扬长而去。陈景思认为，只有李克用能够节制沙陀军。于是，陈景思奏请唐僖宗下诏，从鞑靼召回李克用，任命李克用为代州刺史、雁门以北行营节度使。李克用率领蕃汉军队上万人出石岭关（今山西太原阳曲县大盂镇北），路过太原时，李克用要求朝廷发给军饷。因河东节度使郑从谠所给军饷未能如愿，李克用遂纵兵大掠一番后返回。

后经多方协调，公元882年十一月，陈景思、李克用再以步骑兵一万七千前往京师长安。次年正月，李克用出兵河中，屯兵乾坑；二月在石堤谷击败黄巢军将领黄邺；三月在良田坡击败黄巢军赵璋、尚让，黄巢军横尸三十里。这时，各地军队陆续来到长安，在渭桥与黄巢军大战，黄巢军败退入城，李克用乘胜追击，从光泰门进城，与黄巢军战于望春宫升阳殿，黄巢军败退，向南逃到蓝田。唐朝收复长安，李克用军功居首，唐僖宗任命李克用为检校司空、同中书门下平章事、河东节度使；任命李国昌为雁门以北行营节度使。十月，李克用父李国昌去世。十一月，李克用派其弟李克修攻打在昭义的孟方立，夺下泽、潞二州。为时黄巢向南败走蔡州，降服秦宗权，攻打陈州。公元884年，李克用率兵五万援救陈州（今河南周口淮阳县）。四月，李克用在太康（今河南周口太康县）击败尚让，又在西华（今河南周口西华县）击败黄邺。黄巢且败且退，退至中牟（今河南郑州中牟县）正渡黄河，李克用率兵趁机追杀，黄巢军惊恐溃败。黄巢到封丘（今河南新乡封丘县），再次被李克用击败。黄巢脱身逃跑，李克用追击，一个昼夜奔袭三百里。

公元884年，李克用讨伐黄巢路过汴州，在封禅寺休整。朱温在源驿宴请李克用。晚间酒席散后，李克用醉酒沉睡，朱温埋伏的士兵放火烧房，要置李克用于死地。李克用仆人郭景铢将李克用藏于床下，用水泼醒。幸好天降大雨，火势渐微，李克用与随从薛铁山、贺回鹘借着闪电的光亮，用绳索从尉氏门坠城逃脱，从此与朱温誓不两立。

同年七月，李克用将朱温暗杀之事上告唐僖宗，请求出兵汴州，并派其弟李克修领兵一万驻扎河中待命。唐僖宗百般劝解，并以李克用击破黄巢之功，封李克用为陇西郡王。之后，李克用袭诸侯，震朝廷，稍不如意，则举兵向京都，几次逼皇帝离京逃难，多次干预朝廷任用地方官吏，甚至皇帝任用宰相，也要依李克用的眼色行事。

公元 893 年，李克用击败成德节度使王镕，次年大破卢龙节度使李匡筹等，攻陷幽州（治今北京城西南）。公元 895 年率兵入关中，平息凤翔李茂贞、邠州王行瑜及华州韩建三镇进犯长安的叛乱，护卫昭宗返京。昭宗赐李克用号忠贞平难功臣，进爵晋王。

之后的几年中，李克用因与朱温接连攻战，兵势渐衰。成德、义武两镇归附于朱温，幽州亦不听李克用调遣，东部边境直接受到朱温汴军的攻击。公元 901 年，李克用婿王珂失守河中，晋阳亦受汴军围攻。次年，汴军又攻晋阳城，李克用欲退守云州，为部将劝止。此时的李克用，虽然还能纵横驰骋，但在与朱温的较量中，已经不占上风。公元 907 年冬，李克用病重。同年，朱温篡唐建后梁，年号开平。李克用仍用唐哀帝天祐年号。次年，即公元 908 年正月，53 岁的李克用去世，其子李存勖继承晋王位，继续与后梁太祖朱温争雄。

李存勖嗣位之初，大将李嗣昭被梁军围困潞州将近一年。

李存勖亲率大将周德威等救援潞州，夹寨交战的结果，后梁兵大溃，解了潞州之围。李存勖回晋阳，厉行改革，命州县举贤才，黜贪残，宽租赋，抚孤寡，禁奸盗，训练士卒，境内遂有起色。

成德节度使（镇恒州真定，今河北正定）王镕、义武节度使（镇定州安喜，今河北定州）王处直，反复于梁、晋之间。公元910年，朱温命大将王景仁、韩勍等统兵屯魏州，谋攻镇、定。李存勖遣周德威前往增援，驻兵赵州（治平棘，今河北赵县）。王景仁等进军柏乡（今河北柏乡县），李存勖乃亲赴赵州。次年正月，李存勖大破后梁军，斩首二万级，缴获大量资财、粮食、器仗。

公元894年，李克用曾攻取幽州（治蓟，今北京），以降将刘仁恭为卢龙留后，后任命为卢龙节度使。刘仁恭逐步扩充实力，并摆脱了李克用的控制。公元898年，李克用率兵征讨刘仁恭，在木瓜涧（今河北涞源东南）中伏大败。从此，刘仁恭利用晋、汴两大势力之间的矛盾，乘隙扩张地盘。公元898年，刘仁恭攻并义昌军（镇沧州清池，今河北沧州东南），兼有幽、沧两镇，遂欲并吞河朔。次年，刘仁恭发兵进攻魏州（治贵乡，今河北大名东北），为汴军所败。至公元906年，朱温以幽、沧首尾相倚为患，亲率大军围攻沧州，刘仁恭屡战屡败，令境内能执兵器者悉数从军，得兵十万。刘仁恭在从军者脸上刺"定霸都"，在腕、臂上刺"一心事主"，驱赶上阵以抵抗朱温，又遣使者向李克用求救。李克用乃释嫌与刘仁恭言和，联兵攻取朱温控制下的河东屏藩潞州（治上党，今山西长治）。朱温闻潞州失守，方才解沧州围而去。刘仁恭骄奢贪暴，其子刘守光淫虐更甚。公元907年，刘仁恭为子刘守光所囚，刘守光自名为卢龙节度使，后自称燕王。刘守光残虐成性，每用刑，必置受刑者于铁笼中，用大火烧烤。公元911年，刘守光自称皇帝，国号大燕。同年十一月，刘守光将兵二万，攻易（州治易县，今河北易县）、定（州治安喜，今河北定州），义武节度使王处直告急于晋，晋王李存勖命大将周德威率兵攻燕，晋军破幽州城，李存勖杀刘仁恭、刘守光父子，幽州为晋所有。其后，李存勖又趁乱消灭后梁精锐七万，河北除黎阳一地外，尽为李存勖所有。

公元917年，李存勖攻下杨刘城（今山东东阿北杨柳村）。次年于澶州之南筑德胜北城（即今河南濮阳县城），于黄河之南筑德胜南城。李存勖知后梁郓州（治须昌，今山东东平西北）守备单薄，命大将李嗣源率精兵五千，袭取郓州。公元923年十月，李存勖亲率大军自杨刘渡河，至郓州与李嗣源合军，以八天时间径取大梁。大梁破，后梁末帝朱友贞自尽，后梁就此灭亡。

李存勖在攻下大梁之前，于魏州（治元城，今河北大名北）即皇帝位，国号大唐，史称后唐，改元同光，迁都洛阳，李存勖即后唐庄宗。

庄宗以沙陀部落精兵于马上取天下，但不懂政治的李存勖，在建立后唐称帝之后，之前与朱温争霸时的精明，很快被贪婪、残暴、多疑、低俗、吝啬所取代。李存勖宠信伶人，重用宦官，搜抢美女，索贿敛财，听信谗言，妄杀忠臣，自酿危局，致使人心很快涣散。

魏博军队是后梁后唐之际的劲旅，李存勖以魏博银枪效节都为亲军，攻取汴、洛，银枪都屡立战功。灭后梁之后，李存勖不念魏博军旧劳，反而处处加以猜忌。公元926年二月，戍守瓦桥关（今河北雄县西南）的魏博士兵期满回镇，在到达贝州（治清河，今河北清河西北）时，李存勖以邺都（治魏州，今河北大名东北）空虚，恐魏博兵至生变，即命令魏博士兵留屯贝州。魏博兵士皇甫晖乘人心浮动，率众哗变，杀魏博指挥使杨仁晸，奉银枪效节指挥使赵在礼为帅，焚掠贝州，兼程南下，攻破邺都。李存勖得到消息，派骁将元行钦率骑兵三千前往招抚，乱军守城拒战，元行钦攻城失利。不得已的李存勖，起用宿将李嗣源，命李嗣源率领一支亲军进讨邺都。这支亲军号称从马直，曾为李存勖挑选军中骁勇士卒组成。亲军指挥使郭从谦，曾认郭崇韬为叔父。郭崇韬被李存勖冤杀并诛族以后，郭从谦涕泣不平，散私财交结从马直军校，鼓动亲军作乱。公元926年三月初六日，李嗣源率亲军至邺都城下，次日下令军中，要在明晨攻城。当夜，从马直军士哗变，拥李嗣源入城。李嗣源借口收抚外兵，出城至魏县，收镇州（治真定，今河北正定）兵五千，南奔相州（治安阳，今河南安阳）得马数千匹，遂组织成军。

元行钦从邺都退保卫州（治汲县，今河南卫辉），上表李存勖，奏李嗣源与邺都叛兵通谋，李存勖更起杀心。李嗣源屡次上表申诉，都被元行钦扣留。李嗣源听从女婿石敬瑭建议，于三月二十六日率领大军进入大梁。李存勖率扈从兵二万五千，也从洛阳东往大梁。兵至万胜镇（在中牟县），闻李嗣源已经占领大梁，李存勖神色沮丧，即命回军，士卒趁机逃散过半。李存勖率残兵回到洛阳，四月初一日，从马直指挥使郭从谦发动兵变，率领所部兵士攻入兴教门（皇宫南面三门，左曰兴教门）。李存勖率宿卫军校十余人力战，被流矢射中身亡。身经百战统一黄河南北的后唐庄宗李存勖，就这样在众叛亲离的情况下，结束方才 42 岁的生命。

洛阳兵变李存勖去世，曾和李存勖一样分文不舍的刘皇后，携带金宝逃往晋阳。诸军大掠都城。李嗣源引军入洛阳，称监国。魏王李继岌率征蜀大军至兴平，进退失据。李继岌行至渭南，被宦官李从袭杀害，任圜代领全军二万六千人归降李嗣源。宗室诸王多被李嗣源部下所杀，李存勖诸幼子也下落不明，李克用家族几乎灭绝。拥金簇银的刘皇后在晋阳为尼，也被李嗣源派人杀死。

李存勖晚年，命宦官为诸道监军使。李嗣源下令罢诸道监军使，以李存勖因宦官亡国，命诸道尽杀宦官。在洛阳兵变时逃出洛阳的数百名宦官，或藏匿山林，或落发为僧。有七十余人逃到晋阳，全部被捕杀。四川行营都监李从袭，也在华州被杀。发动兵变的从马直指挥使郭从谦，外调为景州（州治弓高，今河北景县东北）刺史。郭从谦刚到景州，就被李嗣源杀死，并诛其族。

后唐明宗李嗣源，少名邈佶烈，沙陀人，以能骑善射事李克用，被李克用收为养子，乃姓李，名嗣源。李嗣源在庄宗李存勖时累立战功，曾以五千骑渡河取郓州，李存勖因之取大梁，灭后梁建后唐，累迁李嗣源宣武节度使（镇大梁），兼蕃汉内外马步军总管（三军统帅），徙镇成德节度使（镇镇州真定，今河北正定）。李存勖晚年，军食不足，谣言四起，李嗣源位高名重，遭到李存勖的疑忌。后李嗣源入朝洛阳时，被李存勖留居在洛阳。邺都兵变，李存勖命李嗣源率亲军北讨而亲军哗变，李嗣源被迫引军渡河，占领汴州（大梁城）。随后进军洛阳，自称监国。公元926年四月二日，众将拥李嗣源即皇帝位，仍以唐为国号，改元天成，李嗣源是为后唐明宗。

李嗣源即位后，减租赋，慎兵革，重农业，百姓略得安生。然其统治，仍不离残酷惯性。公元926年，诏发汴州控鹤指挥使张谏等三千人戍瓦桥。军士出城复还，焚掠坊市，杀权知州、推官高逖。马步都指挥使李彦饶尽杀张谏及乱兵四百人。李嗣源命枢密使孔循知汴州，复诛杀兵士三千家。同年，滑州都指挥使于可洪等纵火作乱，诏斩于可洪于都市，其首谋滑州左崇牙全营族诛，右崇牙将校百人亦族诛，死者达数千人。公元927年三月，李嗣源发魏州牙兵三千五百人，使军校龙晊率领，戍芦台军（今天津宁河）以备契丹。龙晊所部杀河北道副招讨使乌震，戍守芦台的骑兵杀乱兵，得免者十无一二。四月，李嗣源命令满门处斩芦台乱兵在营家属，凡三千五百家一万余人丧命，永济渠为之变色。

李嗣源目不知书，四方奏章皆令枢密使安重诲诵读。安重诲粗识文墨，也不能尽通，因奏请选用文臣以备应对，李嗣源乃命翰林学士冯道、赵凤为端明殿学士。安重诲少事李嗣源，原为成德军中门使，李嗣源监国时任枢密使，参决大小机务，是李嗣源创业的佐命功臣。这时候的安重诲，恃功矜宠，专权自恣。公元926年，李嗣源以任圜为宰相。任圜简拔贤俊，杜绝侥幸，期年之间，府库充实，军民皆足，朝纲粗立。但因其与安重诲议论不合，次年被放磁州，不久被安重诲杀害。

公元930年，董璋据东川，孟知祥据西川，同拒朝廷。李嗣源派石敬瑭率军伐蜀，因川路险阻，粮运甚艰，每费一石，而致一斗，石敬瑭主张退兵，安重诲自请前往督战。安重诲日驰数百里，督运钱帛、刍粮，日夜不绝，人畜死亡无数，远近惊骇，李嗣源遂召安重诲还京。石敬瑭以战事失利，粮运不继，引兵北归。安重诲在还京途中被解除枢密使职务，为护国节度使。安重诲惶恐不安，请求致仕，遭李嗣源疑忌而被杀。任圜刚愎，安重诲专横，但都尽忠职守。两人相继身死，奸佞得势，祸乱从此不可遏止。

李嗣源长子李从璟，为李存勖所杀。次子秦王李从荣，公元930年为河南尹，兼判六军诸卫事，后又加封为天下兵马大元帅，虽未立为太子，实际为皇位继承人。三子宋王李从厚，公元933年出镇邺都。四子李从益，年幼。公元933年十一月，李嗣源病重，李从荣以为李嗣源已经去世，急率河南府牙兵千人列阵天津桥，准备入宫。宫中骑兵出击，李从荣逃至府第被杀。李嗣源经此大变，病情加剧，后数日病逝。宋王李从厚至洛阳即位，是为闵帝。

李嗣源养子李从珂骁勇善战，少从李嗣源征伐，积功为凤翔节度使，封潞王。闵帝李从厚猜忌潞王，命移镇河中，潞王李从珂拒命。李从厚以西都（长安）留守王思同为西面行营马步军都部署，率禁军合六镇兵围攻凤翔。羽林指挥使杨思权率诸军哗变，拥潞王李从珂为主。李从珂允诺事成之后，以杨思权为节度使。为激励军士效力，李从珂抢夺城中吏民之财犒军，整众东向，至长安，西都副留守刘遂雍迎接。李从厚也在洛阳慰问宿卫将士，掏空府库以劳军，许以平凤翔者人均再赏二百缗。而朝廷前后所发诸军，遇到李从珂军皆迎降。西军长驱入陕州（州治陕，今河南陕县西南），迫近洛阳。

李从厚闻李从珂将至，欲奔魏州。至卫州（治汲县，今河南卫辉）驿，遇要入朝的河东节度使石敬瑭，石敬瑭部下牙内指挥使刘知远尽杀李从厚左右五十骑。不久，李从珂使人至卫州缢杀李从厚。李从珂即皇帝位，是为后唐末帝。

李从珂从凤翔出兵时，允许入洛后军士每人赏钱百缗。及至洛阳，见库中金帛所剩无几，而犒军费用需要五十万缗，即命三司使百般搜括京城民财。凡输财稽违者，下狱督责，狱中人满，贫民多赴井自杀，或投缳自尽。尽管这样，犒军费用依然不敷。当时尽括所藏旧物及诸道贡献，以至太后、太妃器服簪珥，也不过二十万缗。李从珂无法，只好减少赏金，禁军将领杨思权等各赐二马、一驼，钱七十缗；军士钱二十缗；在京军士钱十缗，军士愤怒。五代时期的骄兵悍将，为邀功请赏，升官发财，今日事左，明天奉右，发动兵变，弃旧拥新，毫无节操，由此可见一斑。

石敬瑭要窥测李从珂意图，多次上表自陈身染重病，请求解除北面马步军都总管之职。公元 936 年五月，李从珂与枢密直学士薛文遇商议河东石敬瑭之事。薛文遇认为，石敬瑭反叛只是时间问题，与朝廷信任与否无关。李从珂接受这个意见，以石敬瑭为天平节度使（镇郓州），以宋审虔为河东节度使，以代石敬瑭，石敬瑭不答应。李从珂下制削夺石敬瑭官爵，以张敬达兼太原四面排陈使、兵马都部署、知太原行府事，包围太原。张敬达将兵三万营于太原晋祠南晋安寨，石敬瑭遣使求救于契丹。九月，契丹主耶律德光将五万骑入援，大败后唐军，步兵死者近万人。不久，晋安寨兵乱，张敬达被杀，契丹遂与石敬瑭联军南袭，李从珂率家属登洛阳玄武楼自焚，后唐亡。

1. 庄宗李存勖

公元 923 年四月二十五日，李存勖在魏州（今河北省邯郸市大名县）称帝，改元同光，沿用唐国号，追赠父祖三代为皇帝，并与唐高祖、唐太宗、唐懿宗、唐昭宗列为七庙，以示自己为唐朝合法继承人，史家称之为后唐，李存勖为后唐庄宗。

公元 885 年十一月，李存勖生于西突厥沙陀部世家，本姓朱邪，母亲曹氏。李存勖祖父朱邪赤心因镇压桂林庞勋兵变有功，被唐懿宗赐姓李，赐名国昌，父亲李克用被唐昭宗封为晋王。李存勖自幼善于骑射，胆略过人，深得父亲宠爱。李存勖喜读《春秋》，略通大义，而且迷恋音律，可谓有文有武。公元 895 年，邠宁节度使王行瑜联合凤翔节度使李茂贞、镇国节度使韩建攻入长安，欲废唐昭宗。李克用率军勤王，讨平三镇叛乱。时年十一岁的李存勖随军征战，后随父入朝，受到唐昭宗的夸奖与赏赐。不久，李存勖被授为检校司空，遥领隰州刺史，后改领汾州、晋州。

公元 908 年正月，李克用病逝前，拿出三支长箭交给 24 岁的李存勖，嘱咐儿子一要攻克幽州讨伐背叛盟约的刘仁恭，二要征讨契丹解除北方边境威胁，三要消灭世敌后梁朱温。李存勖供奉三箭于祠堂，每次征伐必带箭上阵。李克用去世后，李存勖继任河东节度使，袭晋王位。当时，河东内忧外患，局势不稳。一方面后梁大军频频发起攻势，河北诸镇纷纷归附后梁，重镇潞州（今山西长治）被后梁军围攻已达一年之久，情势危急。另一方面，自己内部人心浮动，李存勖叔父李克宁掌握兵马大权，李克用养子李存颢、李存实等人都手握军权，而且年龄长于李存勖，个个不满李存勖袭位，暗中怂恿李克宁发动叛乱。李存勖沉着应对，首先取得监军张承业、大将李存璋等人的支持，而后抢先行动，在府中埋伏甲士，擒杀李克宁、李存颢等人，稳固了政局。随后，李存勖亲率大军赶赴潞州战场，乘迷漫大雾以奇兵突袭，斩敌统帅符道昭，后梁军死亡过万，丢弃大批粮草、器械，河东边防得以巩固，而且向南可以威胁后梁统治中心。

李存勖消除内忧外患回到晋阳之后，开始整顿吏治，罢免贪官污吏，任用有识之士；减轻农民赋税，鼓励生产；整顿军纪，裁汰老弱，选其精锐，日夜操练，将沙陀兵训练成精锐之师。公元 911 年正月，李存勖命周德威率三百精骑到后梁军营前挑战，激怒后梁大将王景仁，并将后梁军诱至鄗邑以南的旷野地带。李存勖利用地形优势，率领骑兵突击，大破后梁军，后梁军伏尸数十里，后梁龙骧、神威、神捷等精锐禁军全军覆没，成德镇、义武镇归于李存勖。

同年，燕王刘仁恭子刘守光称帝，国号大燕。李存勖派大将周德威讨伐燕国，连克燕地。公元 913 年十一月，李存勖率军攻破号称拥甲 30 万的幽州，擒获刘守光和被其囚禁的父亲刘仁恭，灭亡后燕。李存勖斩刘仁恭父子，以其首级祭父亲李克用，成功向父亲还得一愿。

公元 916 年，李存勖声言回师太原，以引诱后梁守将刘鄩出战。刘鄩果然中计，欲趁机夺回魏州，结果遭到李存勖、李嗣源、符存审三面夹击。元城一战，刘鄩全军溃败，逃奔滑州（今河南滑县）。此后，李存勖又遣军接连攻取后梁卫州（今河南卫辉）、洺州（今永年东南）、相州（今河南安阳）、邢州（今河北邢台）、沧州、贝州（治今河北清河西）等地，后梁与晋攻防形势从此发生逆转。

公元 917 年，寿州刺史卢文进叛附契丹，并引契丹军南下。契丹皇帝耶律阿保机亲率五十万大军入寇幽州。幽州守将周德威孤军坚守，李存勖命符存审、李嗣源、阎宝统领七万步骑北上救援。同年八月，李嗣源率援军抵达幽州城外，大败契丹军，俘斩契丹军以万计，缴获牛羊、辎重无数。公元 921 年，李存勖率领十万晋军，在幽州大破号称三十万的契丹骑兵。次年李存勖再次率铁骑北上，先后在新城（今河北高碑店）、望都大败契丹军，将辽主耶律阿保机赶回北方，基本解除了北境边患。

公元 923 年四月，李存勖在魏州称帝，建立后唐。同年闰四月，李存勖命李嗣源率五千步骑，冒雨连夜渡河，一举袭破郓州。后梁末帝朱友贞听闻郓州失守，命王彦章率军阻止后唐军西进。王彦章率军急攻博州新城，并用十余艘巨舰置于黄河中流配合作战。郭崇韬据城坚守，李存勖亦率军自杨刘增援，王彦章退保邹家口。七月，王彦章复攻杨刘，再次被后唐军击败，遂撤师西归，退保杨村，不久被后梁召回汴州，以段凝接任主帅。八月，朱友贞命段凝攻澶州、董璋攻太原、霍彦威攻镇州、王彦章攻郓州，兵分四路向后唐发动总攻，从而造成汴州防守空虚。十月，李存勖自杨刘渡河进抵郓州，以李嗣源为前锋，攻破中都，俘杀王彦章。李存勖决意趁虚袭汴，命李嗣源率前军倍道兼程，向汴州进发。十月初九日李嗣源抵达汴州，挥军攻城，后梁末帝朱友贞自杀，梁将王瓒开城投降。李存勖同日抵达，由大梁门进入汴州，还父愿，灭后梁。

李存勖与后梁抗衡，一直打着为唐复仇的旗号。攻灭后梁，李存勖拆毁朱氏宗庙，追贬后梁二帝朱温、朱友贞为庶人。李存勖以诛杀逆臣之名，族灭后梁宰相敬翔、李振以及权贵赵岩、张希逸、张汉杰等人，但对后梁所署节度使、观察使、防御使、团练使、刺史等武臣，只要归附后唐，李存勖都会予以承认。如宣武节度使袁象先、镇国军留后霍彦威、宣义军留后段凝等，不但赦罪留任，还被赐以李姓。李存勖这一举措，在当时有利于缓和矛盾，顺利推行了后唐的统治。之后，李存勖吞并岐国，灭亡前蜀，平凤翔、汉中及两川，震动多方割据诸国。

李存勖在战场上勇猛无敌，但在治国方面却极其昏庸。在攻灭大梁之后，李存勖骄傲自矜，闭口不谈将士功劳，只认为自己凭十指取得天下，而且纵容皇后干政、宠信伶人、重用宦官、猜忌功臣、荒淫好色、贪婪悭吝，导致朝政腐败，将士寒心，众叛亲离。

李存勖纵容皇后干政，可谓登峰造极。李存勖在位期间，皇后刘氏权力极大。刘氏所发懿旨与皇帝诏敕具有同样效力，各地官府必须执行。刘氏生性贪婪吝啬，不但和李存勖一同聚敛钱财，还派人到各地经商，连柴火果蔬之类都要贩卖，只求从中获利。四方所贡钱财，刘氏据为己有，吝啬不出分文。公元 926 年国内饥荒，洛阳府库空竭，禁军无有粮饷，亲族家眷冻饿而死者不计其数，很多军士被迫典卖妻儿。而这时正逢邺都兵变，形势非常不利。于是，宰相率百官上表，请李存勖开内库赈灾，刘氏却不答应，并将三个年幼的皇子送到宰相面前，声言任由宰相卖掉以筹军饷，吓得宰相惶恐而退。降将段凝通过伶官景进纳赂刘皇后，因此受到优宠，李存勖任命段凝为泰宁军节度使（镇兖州瑕丘，今山东兖州）；后梁宋州节度使（镇宋城，今河南商丘）袁象先为朱温外甥，后唐灭后梁，袁象先运送珍货数十万贿赂刘皇后，不久炙手可热。而郭崇韬为后唐知名功臣良将，只因不拘小节，不善行贿，刘皇后竟出手诏，密令魏王李继岌将这一后唐军队核心人物杀害在平蜀的征途上。

李存勖幼善音律，故宠信伶人。早在称帝之前，李存勖曾任用伶人杨婆儿为刺史，留下伶人胡乱理政贻误战事的笑话，但李存勖宠信伶人的嗜好不改。伶人周匝在胡柳陂之战中被后梁俘虏，因伶人陈俊、储德源的保护而免于一死。李存勖灭梁后，竟然要授陈俊、储德源二人为刺史，以报答二人对同行周匝的救命之恩。郭崇韬等大臣极力劝阻，李存勖承认郭崇韬等一干大臣言之有理，但仍然任命陈俊二人为刺史。当时，亲军中很多身经百战的将领得不到提拔，对此无不义愤填膺。在李存勖身边，伶人随意出入宫禁，欺凌大臣，群臣敢怒不敢言。久而久之，许多大臣转身巴结伶人，以保全富贵；就连藩镇节度使，也争相重金贿赂伶人。在众多伶人中，景进为害最深。李存勖以景进为耳目，命其刺探群臣言行，而且经常屏退左右，单独询问景进，与景进商议对策。景进由此大进谗言，干预朝政，口吐百官生死祸福，满朝文武无不忌惮，三司使呼景进为八哥。

唐末诛宦官，宫内各执事以士人代替；后梁也用士人，宦官势力本已衰微。后唐建立后，李存勖诏命各地将前朝宦官送回京师洛阳，以致宫中宦官增至千人。这些宦官或担任诸司使，或充作藩镇监军，被李存勖视为心腹。宦官们恃宠争权，肆意干预军政，凌慢将帅。李存勖听从宦官建议，分天下财赋为内府和外府，州县上供者入外府，充国家经费；方镇贡献者入内府，充宴游及赏赐。于是外府常虚竭，内府则山积。

为了满足荒淫生活，李存勖命令景进到民间挑选秀女，以充实后宫。景进到了哪里，就在哪里大肆搜刮，连当地军士妻女也不放过。抢来的女子马车装运不下，就征用牛车。后来，到了魏州（今河北大名一带），景进竟然抢走驻防将士们的妻女1000多人。魏州将士自降后唐，屡立大功，在灭后梁战争中发挥了重要作用，现在天子不思抚恤，反而夺妻抢女，使将士们大有起兵反叛之意。

后唐李存勖的很快失败，虽然原因众多，而杀害郭崇韬，无疑加速了这一失败的来临。后唐有精锐部队六万人，在公元925年九月的灭蜀战役中，均随郭崇韬入蜀，而且将士们佩服并拥戴郭崇韬的将帅之才。主帅魏王李继岌心生妒忌，而在李继岌身边的多位宦官，因郭崇韬的存在而得不到所过州县的供奉，便集中向李继岌诅咒郭崇韬；本来心胸狭窄的李继岌，对郭崇韬在军人中的威望愤愤不平；连连听信谗言，加之刘皇后杀害郭崇韬的手诏到来；同时，李存勖默许儿子的行动。就这样，郭崇韬在李继岌的刀下丧命。李继岌能杀郭崇韬，却控制不住这支大军，危亡之势立刻显现。并且当时朝廷经济拮据，如果西川掌握在朝廷手中，经济情况尚可改善，而李继岌率领军队离开成都，东西川的统治权力落入董璋和孟知祥的手中，蜀地丰原财源就此一断，中原经济危机也随之更为严重。

公元 926 年二月，魏博戍卒在贝州哗变，推裨将赵在礼为首领，攻入魏州。接着邢州、沧州也相继发生兵变，一时河北大乱。元行钦带兵进讨，却连连失利。李存勖本欲亲征，被宰臣劝阻，只得起用扣留在京的李嗣源，让其率侍卫亲军北上平叛。李嗣源在魏州城下遇到哗变亲军，并被劫持入城。李嗣源本无反意，但迫于内外形势，又深知李存勖怀疑日久，自己又无法证明，只得率变兵南下。三月，李存勖率军亲征，欲坐镇汴州指挥平叛，不料李嗣源已抢先占据汴州，并且得到大批后唐军将领拥戴。李存勖知道局势已不可挽回，行至万胜镇（在今河南中牟西北）便下令回师。途中，李存勖再三抚慰士卒，并许以厚赏，但士卒并不领情，沿途逃散过半。四月一日，李存勖决定前往汜水关（今河南荥阳西北）与李继岌会合，联兵平蜀归来的大军进剿李嗣源。李存勖命扈从军兵士候于宫门外，自己在内殿进餐。突然，亲军从马直指挥使郭从谦发动叛乱，率所部攻入兴教门。李存勖亲率宿卫出战，不幸被流矢射中，死于绛霄殿。李继岌军至渭南，因部属溃散，被迫自缢。征蜀大军则在副使任圜率领下，归附李嗣源。李存勖在帝位 3 年，终年 42 岁。

2. 明宗李嗣源

公元 926 年四月二十日，后唐中书令、蕃汉内外马步军总管、成德军节度使李嗣源，在洛阳西宫李存勖灵柩前即位称帝，即后唐明宗。

李嗣源为晋王李克用养子，代北沙陀人，公元 867 年生于应州金城（今山西应县），原名邈佶烈，母亲刘氏。李嗣源父亲李霓原为代北节度使李克用父李国昌部下，镇守雁门（今山西代县）。父亲去世时，李嗣源 13 岁。但李嗣源虽然年少，却骑射娴熟，武艺出众，行事恭谨，李克用爱其才，遂收为养子，赐予姓名。从此，李嗣源追随李克用征战沙场，屡立大功。公元 884 年，李克用被宣武节度使朱温围困在汴州（治今河南开封）上源驿，17 岁的李嗣源拼死保护李克用，在乱兵飞矢之中救李克用翻过城垣，逃出虎口，被李克用任命为侍卫长，统率其精锐骑兵。

公元 896 年，朱温与朱瑄、朱瑾争夺山东地区，派军攻打兖州、郓州（治今山东东平）。朱氏兄弟向李克用求援，李克用命李存信率三万兵马前去救援。李存信屯兵莘县，命李嗣源率骑兵驰援兖州。李嗣源在任城（今山东济宁）大败汴军，解除兖州之围。不久，魏博节度使罗弘信偷袭莘县，击败李存信。李嗣源率麾下五百骑兵横冲直撞，斩杀敌军，掩护李存信撤退。李克用为嘉奖李嗣源，将其所率骑兵命名为横冲都，从此两河地区称李嗣源为李横冲。

公元 898 年，李嗣昭出兵青山口，欲攻打邢州（今河北邢台）、洺州（今河北永年），结果被梁将葛从周击败。李嗣源率部赶到，纵马驰入后梁军阵，冲锋陷阵，身中四箭，鲜血染红征衣，仍入阵杀敌不辍。李嗣昭随后进击，终于反败为胜，击退梁军。这次交战，更让李嗣源名震天下。

公元 901 年，梁将氏叔琮率五万大军围攻太原，占领河东所属多处州县，李克用被困太原城内。当时大雨连绵，城墙多有颓坏，太原危在旦夕。李嗣源与李嗣昭分兵四出，不时攻击梁军营垒，迫使梁军撤退。李嗣源又奋勇追击，接连收复失陷州县。

公元 908 年，李克用病逝，世子李存勖袭任河东节度使、晋王。同年五月，李存勖亲自援救潞州（治今山西长治），命李嗣源与周德威分兵两路，攻打梁军所筑夹城。李嗣源指挥士卒砍鹿寨，填沟堑，攻入夹城，在夹城大捷中功居第一。

公元 911 年，李嗣源随李存勖参加柏乡之战。李存勖见梁军军容强盛，担心晋军怯战。李嗣源遂挺身上马，率部直冲梁军白马都，生擒两员骑校。晋军士气大振，奋勇向前，终于击溃梁军，取得柏乡大捷，李嗣源因功升任代州刺史。

公元 916 年，李存勖与梁将刘鄩在故元城（在今河北魏县东）交战。李嗣源率三千骑兵挥刀奋击，与李存勖内外夹攻，大败梁军。随后又攻占后梁所属的磁州（治今河北磁县）、洺州、相州（治今河南安阳）等地，被改任为相州刺史。九月，李嗣源安抚沧州守将毛璋降晋，被任命为安国军节度使，出镇邢州。

公元 917 年，契丹围攻幽州（治今北京），守将周德威遣使告急。李嗣源率五千骑为前锋救援，率军翻越大房岭（在今北京周口店西），沿山涧东进，与养子李从珂拼死血战。李嗣源纵马冲入敌阵，舞槌奋击，所向披靡，生擒契丹队帅，终于大败契丹，解除幽州之围。九月，李嗣源班师，进拜检校太保。公元 921 年十月，李嗣源在戚城（在今河南濮阳）大破梁将戴思远，斩首二万级，升任蕃汉内外马步副总管，并加授同平章事。

公元 923 年四月，李存勖称帝，建立后唐，李嗣源进拜检校太傅，兼任侍中。当时，后梁后唐两军主力对峙于黄河沿岸，一路梁军正急攻泽州（治今山西晋城），而后唐潞州守将李继韬却叛附后梁。李存勖与李嗣源商议后，李嗣源亲率五千步骑渡过济水，趁梁军不备袭破郓州，被拜为天平军节度使。同年九月，梁将王彦章率军进逼郓州。李嗣源命李从珂率骑兵迎战，在递坊镇大败梁军前锋，迫使王彦章退屯中都（治今山东汶上）。十月，李存勖自杨刘（在今山东东阿北）渡河，进抵郓州，并以李嗣源为前锋，攻破中都，擒获王彦章。李嗣源力排众议，建议李存勖奔袭汴州，攻取后梁国都。李嗣源率前军日夜兼程，八天抵达汴州，挥军攻城，梁帝朱友贞自杀，梁将王瓒迎降，后梁正式灭亡。不久，李存勖迁都洛阳，升任李嗣源为中书令。次年，唐庄宗李存勖在南郊祭天，赐李嗣源铁券。不久，李嗣源平定潞州叛乱，擒获叛首杨立，被调为宣武军节度使，兼任蕃汉内外马步军总管。同年十二月，契丹南侵。李嗣源又率军北征，在涿州大败契丹。

公元 925 年，李嗣源调任成德军节度使，移镇镇州（今河北正定）。此时，李存勖早已荒怠政务，纵容宦官、伶人乱政，妄杀郭崇韬、朱友谦等功臣。李嗣源因位高权重，早已成为李存勖猜忌对象。十二月，李嗣源自镇州入朝，李存勖命诸军马步都虞候朱守殷监视李嗣源，李嗣源深知处境危险。

公元 926 年二月，魏博戍卒在贝州（今河北清河）哗变，推赵在礼为首领，攻入邺都。李存勖命大将元行钦前往征讨，元行钦连连失利。李存勖权衡再三，只得起用李嗣源，命李嗣源率皇帝亲军从马直北上，会合元行钦平叛。三月，李嗣源抵达邺都，驻扎于城西南，确定明日攻城。谁知从马直突然哗变，劫持李嗣源，声称要与邺都叛军联合拥李嗣源称帝河北。赵在礼率将校出城，将李嗣源迎入邺都。李嗣源借口收抚散兵，从邺都逃出抵达魏县，命牙将张虔钊前往元行钦营中，召其前来一同平乱。元行钦率一万步骑退至卫州（治今河南卫辉），诬奏李嗣源与叛军合谋叛乱。

李嗣源初抵魏县，部下不满百人，后召集霍彦威所部五千镇州军，欲返回成德藩镇，等待皇帝降罪。霍彦威、安重海建议返回朝廷，直接向皇帝当面自辩。李嗣源遂率军南归，并数次上表申诉，皆被元行钦阻遏。当时，李嗣源长子李从璟被元行钦扣留在卫州。疑惧不安的李嗣源，采纳女婿石敬瑭的建议，决定先攻取汴州，以待时变。齐州防御使王晏球、贝州刺史房知温、北京右厢马军都指挥使安审通、平卢节度使符习皆率部前来，齐心拥戴李嗣源，李嗣源兵力大增。

后唐庄宗李存勖亲率大军东征，欲坐镇汴州指挥平叛。李存勖命龙骧指挥使姚彦温率八百马军为前锋，又命指挥使潘环率军护卫粮草。姚彦温、潘环皆投降李嗣源。这时，李嗣源已经抢先占据汴州。李存勖知道局势已经很难挽回，行至万胜镇（在今河南中牟西北），便下令回师，沿途士卒大半逃散。李存勖决定前往汜水关（在今河南荥阳西北），会合长子李继岌统率的征蜀大军，再联兵进剿李嗣源。岂知从马直指挥使郭从谦突然发动叛乱，率所部攻入兴教门。李存勖亲率宿卫出战，结果中流矢而亡。当时洛阳大乱，通王李存确、雅王李存纪等宗室诸王逃散。马步军都虞候朱守殷遣使请李嗣源速入京城，安定局面。

同年四月，李嗣源率军入洛阳，命诸将平定京中乱势，让百官各安其职，等待李继岌回京继位。李嗣源表示，在安葬庄宗以后，自己将归藩成德。宰相豆卢革、韦说与枢密使李绍宏、张居翰率百官劝进，皆被李嗣源拒绝。百官改请李嗣源监国，李嗣源遂入居大内兴圣宫，以监国的名义接受百官朝拜。安重诲暗中派人杀死李存确、李存纪。申王李存渥、永王李存霸被乱军所杀，薛王李存礼、皇子李继嵩、李继潼、李继蟾、李继峣皆不知所踪。不久，魏王李继岌在渭南自缢，征蜀大军在任圜的率领下，归附李嗣源。公元926年四月二十日，李嗣源身穿斩衰之服，即位于李存勖的灵柩之前。

李存勖统治期间，宦官专权，伶官乱政，忠臣见疏于内，贪官盘剥于外，导致后唐朝纲崩坏，民不聊生。李嗣源上台以后，针对这一状况，采取了一系列措施加以整改。

李存勖为了解决财政问题，任用孔谦为租庸使，放任孔谦横征暴敛，残酷剥削百姓，引起很大民愤。李嗣源上台后，立即下令将孔谦斩首，以戒官员。同时，尽废孔谦所立苛法，以抚民心。李嗣源下令诸镇诛杀由宦官担任的监军使，有效解决庄宗时期宦官专权的弊端。对于误国乱政的伶人，李嗣源也毫不留情，将之诛杀殆尽。李嗣源尤恨贪官，处罚毫不手软。一次，供奉官丁延徽监守自盗，犯下贪污罪。李嗣源毫不姑息，命令处死。对于清廉官员，李嗣源则予以褒奖。宰相李愚得病时，李嗣源派近臣翟光邺前去探视问候，翟光邺见李愚家徒四壁，只有一条破毯子裹身。翟光邺回宫如实禀报，李嗣源下诏赐李愚绢100匹、钱10万、棉衣被褥13件。

从前，拥有一定数量田地的官宦大户可以免除赋税。许多富裕农户常与之订立虚假卖地契约，将田地划归名下，以此来逃避赋税。地方官员为足征赋税，便将这一部分加摊到普通百姓身上，加重了百姓的负担。李嗣源命各州将账簿送到中书省，由中央统一征收赋税，不许地方官员插手。以前朝廷在征收夏秋两季赋税时，每斗都要加征一升的损耗，地方官吏借机巧立名目征收苛捐杂税。李嗣源继位后，第一批诏书便是免征损耗、制定税收名目、禁止滥征捐税。同时命各道节度使、防御使不得科敛百姓，不得阻挠商旅。

李存勖统治末年朝政混乱，诸道州府欠租税达二百多万贯。公元927年，李嗣源将诸道州府所欠租税全部放免。李嗣源常年在外征战，对民间疾苦了解较深，执政后尽量与民休息，鼓励生产。针对一些农户缺少耕牛的情况，李嗣源下诏由官府拨给耕牛，保护农业生产。要求官吏挑选上好农具样式，由官府颁发各地督促百姓仿制，以改善生产条件。曲禁、铁禁一直是国家的重要禁令，酒曲、铁器都由国家专营垄断，只允许百姓向官府购买，不允许私下制造。李嗣源在公元928年和931年，分别解除曲禁和铁禁，允许民间百姓自行制曲酿酒、铸造铁质农具，朝廷仅按每亩三文征收酒曲税、每亩一文五分征收农具税。李嗣源还颁布法令，限制高利贷盘剥。规定债主得到的利息已达到本金数额，只准收回本钱，禁止再收利息；如果利息累计为本金的两倍，则本金和利息都不准再行收取。

李嗣源自己带头节俭，下诏禁止进献鹰犬、珠宝珍玩等物。后宫大量裁员，宫女只留百人，宦官只留30人，御厨房也只留50人。遭逢火灾的广寿殿重修后，负责工程的官员请求用朱漆涂饰，李嗣源并不同意。为节省国家开支，李嗣源下诏在边疆设置马匹买卖市场，一改过去边外来人直接到殿前献马、朝廷照顾住宿吃喝玩乐浪费太甚、所献之马无法挑选的旧疾。

李嗣源在位的几年间，少有战事，屡有丰年，后唐的社会生产和国家财政状况有了明显好转。司马光在《资治通鉴》中，以"在位年谷屡丰，兵革罕用，校于五代，粗为小康"

评价李嗣源。

李嗣源虽然是一位有为之君，但在御人方面，却少有慧眼。统治期间最为倚重的两位大臣中书令安重诲和宰相任圜，一个掌军政，一个掌财政，权倾朝野，独断专行。安重诲恃宠骄横，任圜刚愎自用，二人往往因为政见不合，在御前互相指责甚至谩骂，丝毫不顾及皇帝和其他大臣的感受。后来，安重诲为报私仇诬陷任圜，李嗣源借机杀掉任圜。任圜死后，安重诲更加目中无人，骄横跋扈。公元 931 年，李嗣源借别人诬告，将安重诲诛杀。

公元 933 年，李嗣源突然中风，月余未见群臣，朝廷人心惶惶，私下讨论皇位继承人选。李嗣源即位时，长子李从璟已经被元行钦杀害。李嗣源封次子李从荣为秦王，并任命为河南尹、判六军诸卫事。事实上，已经为嫡长子的李从荣，掌管京师政务，又手握兵权，且能与宰相分庭抗礼，种种迹象表明，李嗣源有以李从荣为继承人的打算。但李从荣为人骄横跋扈，众多朝臣并不拥戴。李嗣源也深知这一点，太子一事一直悬而未决，这让李从荣一直惊恐不安。同年十一月，李嗣源病情加重，李从荣入宫探望，发现父亲已经奄奄一息。出门的时候，又听见身后哭声大作，误以为父亲已经去世。回府后，李从荣即与左右亲信策划夺取皇位之事。次日凌晨，李从荣亲率千余名牙兵，列阵于天津桥前，胁迫群臣拥戴自己。此时苏醒过来的李嗣源，立即命令将军孟汉琼率领禁军讨伐李从荣。孟汉琼率军出击，很快打败李从荣。李从荣慌忙逃回王府，后被擒杀。李嗣源听到儿子被杀，悲痛欲绝，病情恶化，于公元933年十一月二十六日病逝于雍和殿。李嗣源在位8年，终年68岁。

3. 闵帝李从厚

公元933年十二月初一日，李从厚在父皇柩前即皇帝位，是为后唐闵帝。

李从厚生于公元914年，为后唐明宗李嗣源第三子，母亲为昭懿皇后夏氏。李从厚幼年即喜欢读书，读《春秋》能略通微言大义，加之相貌酷似其父，因而深受李嗣源宠爱。公元926年，李嗣源称帝，李从厚被加授为金紫光禄大夫、检校司徒；公元927年被拜为河南尹、判六军诸卫事，加授检校太保、同平章事；同年十一月，又加授检校太傅；第二年被外放为宣武军节度使，出镇汴州（治今河南开封），仍兼判六军诸卫事；公元929年，改任河东节度使、北都留守，移镇太原；次年改任成德军节度使，移镇镇州（治今河北正定），不久被封为宋王；公元931年，加授检校太尉、兼侍中，改任天雄军节度使，移镇魏州（治今河北大名东北）；公元932年被加授为等同于宰相的中书令。

李从厚长兄李从璟，官至禁军金枪指挥使，在李嗣源即位称帝前，被后唐大将元行钦杀害。次兄李从荣被封为秦王，担任河南尹、判六军诸卫事。李从荣掌管京师政务，且握有兵权，又成为事实上的长子，后又被拜为天下兵马大元帅，但始终未被确立为储君，为此心有不安。李从厚虽为李从荣同母弟，但在朝野人望高于李从荣，因而深受李从荣猜忌。但李从厚对李从荣极其恭敬顺从，不给李从荣挑起事端加害自己的机会。公元933年十一月，明宗李嗣源病重，李从荣误以为父皇已经去世，便率领牙兵要以武力入宫夺位。枢密使冯赟、朱弘昭与宣徽使孟汉琼禀明李嗣源，李嗣源下令禁军平乱，李从荣兵败被杀。病情加剧的李嗣源宣旨由李从厚嗣位，便命孟汉琼赶往魏州，召李从厚回京。十一月二十六日李嗣源驾崩，三日后李从厚赶回洛阳，在父皇枢前嗣皇帝位。

李从厚19岁即位，血气方刚，充满朝气，很想同历代明君一样励精图治，有所作为。登基第五天，即召学士讲读《贞观政要》与《唐太宗实录》。次年又下诏大赦天下，改年号为应顺，取应天顺人之意。而非常遗憾的是，李从厚胸有明君之志，却既无帝王之才，又无帝王之术，加之生性软弱，优柔寡断，结果朝政大权很快被宠臣朱弘昭和冯赟把持。朱弘昭和冯赟本为无名之辈，亦无丝毫战功，只因拥立有功而官至高位。朱弘昭、冯赟自知威薄望浅，因此对朝野名臣宿将十分顾忌。在专擅朝政之后，朱弘昭、冯赟合谋，将李从厚的亲信排挤出朝廷，又将禁军指挥使安彦威、张从宾外调为节度使，借机掌控了禁军兵权。李从厚虽然不悦，却无计可施，也就只能无可奈何。

明宗养子潞王李从珂，自幼随李嗣源征战，在后唐灭后梁战争中屡立战功，官至凤翔节度使。河东节度使石敬瑭为明宗女婿，也是战功卓著的大将。李从珂与石敬瑭二人，身世官位声望皆在朱弘昭和冯赟之上，因此对二将的忌惮与日俱增，加害损招无所不用其极。当时，李从珂长子李重吉担任禁军控鹤都指挥使，女儿李惠明已经在洛阳出家。朱弘昭将李重吉外放到亳州任团练使，削去其禁军军职，又将李惠明召入禁中作为人质。历经政治风浪的李从珂，见儿子外调，女儿内召，知道朝廷对自己下手指日可待。

公元 934 年二月，朱弘昭、冯赟建议李从厚以换镇削弱众将势力。李从厚下诏，令凤翔节度使李从珂出任河东节度使，河东节度使石敬瑭为成德节度使，成德节度使范延光为天雄节度使，天雄节度使孟汉琼还京，并派使臣监送各节度使赴任。此诏一出，立即引起各节度使的极大不满。李从珂在部将鼓动下，趁机以清君侧名义起兵。李从厚忙征调西都留守王思同、护国节度使安彦威、山南西道节度使张虔钊等六镇节度使联军征讨凤翔，同时将李重吉幽禁于宋州（治今河南商丘）。

李从厚命执掌禁军的康义诚率军征讨，康义诚怕失去兵权，不肯外出。李从厚只得派西京留守王思同率军前去讨伐凤翔，但王思同很快大败而退。消息传来，京师大震，众臣惶恐不安，朱弘昭和冯赟也无计可施。康义诚见京师朝不保夕，打算率领禁军投降李从珂，以求获得封赏，于是自告奋勇，请求率领禁军出城迎敌。康义诚一出洛阳，即率众投降李从珂。李从厚欲逃奔魏州，命孟汉琼先到魏州去做安排。孟汉琼一出城门，马上单骑奔往陕州投降李从珂。李从厚提拔曾十分宠信的亲将慕容迁为控鹤指挥使，要慕容迁护驾出奔魏州，慕容迁在李从厚面前，表示誓死护君，然而李从厚刚一出城，慕容迁即刻关闭城门，投降了李从珂。

李从厚与贴身侍卫50余人出奔魏州，途经卫州（今河南汲县）城东，遇到率军前来的河东节度使石敬瑭。李从厚以为姐夫及时赶来，自己肯定得救。而石敬瑭见皇帝如此狼狈，便将李从厚安置在驿馆之中，指使牙内指挥使刘知远引兵入驿，将李从厚的随从侍卫全部杀死，而后率军赶赴洛阳。独自困在驿馆中的李从厚，被王弘贽软禁在卫州衙中。

公元934年四月，李从珂进入洛阳，以曹太后名义下诏，将李从厚废为鄂王。四月九日，已经为帝的李从珂，命殿直王峦前往卫州将李从厚杀害。李从厚在位五个月，终年20岁。

4. 末帝李从珂

公元934年四月六日，后唐潞王李从珂举兵反叛，废黜闵帝李从厚，以曹太后诏登基称帝，为后唐末帝。

李从珂本姓王，公元885年生于镇州平山县（今河北省平山县）。李从珂自幼丧父，与母亲魏氏相依为命。公元895年，李嗣源率军攻取平山，俘虏魏氏母子，并纳魏氏为妾，魏氏十岁儿子被李嗣源收为养子，取名李从珂。

李从珂长大之后，身长七尺有余，相貌雄伟，勇猛刚毅，端谨稳重，深受李嗣源喜爱。后来，李从珂随李嗣源南征北讨，以骁勇敢战著称，受到李存勖的称赞和重用。公元919

年，李存勖与后梁军队在胡柳陂作战，李从珂护卫李存勖夺取土山，摧毁敌军精锐。公元922年，李存勖率军与后梁军队战于黄河岸边，后梁军败退时，李从珂领十几名骑兵混在敌人当中，等敌军退至营寨大门，李从珂趁机杀死一片敌兵，然后砍下敌人瞭望杆后纵马回营，李存勖亲手赐给李从珂一大碗酒。公元923年四月，李从珂跟随李嗣源攻破郓州。九月，李存勖在中都打败梁朝大将王彦章，迅速赶赴汴州。李嗣源与先锋部队昼夜兼程行进，李从珂率领精锐骑兵紧紧跟随，并在攻打汴州城时勇猛向前，李存勖认为恢复唐国天下，李嗣源父子功劳最大。因此，公元924年，李从珂因功被任命为卫州刺史；公元926年，明宗李嗣源任命李从珂为河中节度使；第二年二月，加官李从珂检校太保、同平章事；十一月，加官检校太傅；公元930年授检校太尉；公元931年授予左卫大将军，不久，恢复检校太傅、同平章事，行京兆府尹官职，担任西京留守；公元932年晋升为太尉，调任凤翔节度使；次年五月，受封为潞王。

公元933年，闵帝李从厚即位，对李从珂倍加猜忌。李从厚解除李从珂儿子李重吉禁军之权调出京师，召出家之女入宫为人质，并以换镇之名诏令李从珂离开凤翔，改任河东节度使。李从珂接到诏书颇为不满，认为一旦离开凤翔，一定凶多吉少，遂举兵反叛，并以清君侧除奸臣为名，散发檄文于各地，请各节度使共同出兵攻打京师，以诛杀朱弘昭、冯赟等奸谗。

　　李从厚得知李从珂反叛后，立即命大军讨伐。公元934年三月，朝廷各路军马齐聚凤翔城下，大举攻城，很快攻下东、西城关，城内死尸枕藉，眼见破城在即。情急之下，李从珂登上城头，涕泪滂沱陈述自己从小跟随先帝出生入死、身经百战、满身伤痕，才有今天江山社稷的事实，许多攻城军士转而支持李从珂。朝廷羽林指挥使杨思权原为李从珂手下，此时趁机倒戈，率众投降。李从珂反败为胜，随即拥兵东进，兵锋直指都城洛阳。为激励将士，李从珂许诺进入洛阳以后，每个士兵赏钱100缗。

　　以钱为命的五代军士无不亡命作战，一路上，各郡县望风迎降，朝廷派来的征讨军马，也都先后投向李从珂。旬月之间，李从珂兵至陕州，进逼洛阳。李从厚无兵无将，仓促出逃。四月三日，李从珂率军进入洛阳城，三日后登上皇帝宝座。

　　李从珂打仗勇猛，但治国无能。靠变兵即位后，李从珂面临的局势非常严峻。当时，河东节度使石敬瑭拥兵自重，虎视眈眈，伺机夺位。朝廷内部则人心涣散，互相猜忌，各种矛盾和弊端已经积重难返。任用卢文纪等庸才为相，致使国事日益败坏；骄纵下属将士，纲纪不立，法度不严，社会越乱。李从珂面对时局深感忧虑，很想有所作为，但又不知从何入手，朝堂没有能臣出谋划策，结果只能割肉补疮，越补越烂。

　　被拱上皇位以后，兑现曾赢得军心的高额赏赐许诺迫在眉睫。登基后李从珂命人清点府库，只得金帛三四万，这距离需要赏赐的 50 万缗距离太远。李从珂发怒，三司使王玫建议搜刮京城百姓的财产作为替代；执政官员建议，以房产为标准来筹措，不论士大夫还是平民，不论是自己居住还是租赁，全部先借五个月的租金，李从珂允准照此办理。及至十多天以后，执行官员千方百计搜刮百姓财产，也只得到十几万缗。李从珂再怒，王玫等人被抓进军巡使的监狱，然后不分日夜催促上缴租金，监狱被抓来的人很快填满，甚至有人上吊，有人自杀，致使百姓怨声载道。到了这个时候，把所有库藏及各道贡献的物品，甚至太后、太妃所用的器皿、服饰、簪环全部搜刮出来，也才凑出 20 万缗，仍远远不够奖赏。后来，枢密直学士李专美建议减少士兵的赏额，又引来贪得无厌士兵的不满。

这一时期，李从珂与河东节度使石敬瑭的矛盾日益尖锐。李从珂与石敬瑭两人原本都是李嗣源手下骁将，皆以勇武著称，而且一个为养子，一个为女婿，彼此一直存有竞争之心。李从珂即位后，对坐镇晋阳的石敬瑭日夜提防。公元 935 年，李从珂派遣武宁节度使张敬达领兵驻屯代州，牵制并监视石敬瑭。次年，李从珂又调石敬瑭为天平节度使，企图以此削弱石敬瑭的兵权。石敬瑭素有谋反之意，当然拒绝调任，还上表指责李从珂非法即位，应立即将皇位让给明宗李嗣源第四子许王李从益。李从珂大怒，撕毁奏表，削其官爵，同时派遣张敬达率兵数万进攻晋阳，并命各镇联合讨伐。石敬瑭遣使向契丹求救，表示愿意割地称臣。九月，契丹主亲自率军五万增援石敬瑭。李从珂军大败，死伤万余人。随后，契丹军与石敬瑭军合兵，自晋阳向洛阳进军。此时，后唐还有很强的兵力，但李从珂意志消沉，脊梁已断，昼夜饮酒，放声悲歌，就是不敢领兵出战，呈现一副坐等灭亡的架势。各镇将领见此情状，纷纷投降石敬瑭。这年闰十一月二十六日，李从珂认为大势已去，便带着传国玉玺，与曹太后、刘皇后以及儿子李重美等登上玄武楼，自焚而亡，后唐灭亡。李从珂在位 3 年，终年 52 岁。

三、后　晋

（936 年—946 年）

后晋，五代时期的第三个中原王朝。公元 936 年十一月，后唐太原留守、河东节度使石敬瑭勾结契丹，乞认契丹皇帝耶律德光为父，以割送幽云十六州为代价，在契丹扶持下于太原登基称帝，国号晋，史称后晋。后晋初期定都洛阳，后迁都开封。后晋盛时疆域大约为今河南、山东两省，山西、陕西大部，河北、宁夏、湖北、江苏、安徽等省、自治区一部分。公元 947 年正月，契丹军攻入开封，尽掳后晋皇帝及宗室朝臣，后晋灭亡。后晋传 2 帝，历 11 年。

石敬瑭，沙陀人，父臬捩鸡善于骑射，是沙陀部落一员武将，曾为后唐立过不少战功。公元 892 年二月，石敬瑭生于太原汾阳里，是臬捩鸡的第二个儿子。石敬瑭为什么姓石，北宋欧阳修在《新五代史》中也说不知道来历。

史载石敬瑭高大魁梧，仪表堂堂，性格深沉，沉默寡言，喜读兵书，崇拜战国时期赵国名将李牧与汉朝名将周亚夫，受到李嗣源的器重。李嗣源当时任代州刺史，并将爱女嫁给了石敬瑭。公元916年二月，在甘陵之战中，后梁大将刘鄩猛攻清平，时为晋王的李存勖驰兵救援，未及列阵，即被刘鄩包围。石敬瑭率领十多名骑兵，挺槊跃马突入敌阵，冒死将李存勖救出重围。李存勖被救回营以后，当场赐给石敬瑭许多财宝，还亲自给予石敬瑭"喂酥饼"这一当时沙陀人中最为荣耀的奖赏，并提拔石敬瑭到自己身边。从此，石敬瑭声名大噪。之后，经李嗣源请求，李存勖准许石敬瑭回到李嗣源军中。李嗣源将自己的亲军精锐骑兵"左射军"交给石敬瑭统领，视石敬瑭为心腹大将。

而这一时期的石敬瑭，始终围绕在李嗣源身边，不但成为李嗣源攻城斩将的助手，而且是李嗣源的保护神。公元917年，李嗣源与刘鄩鏖战莘城，李嗣源与石敬瑭一并陷于阵中。四面敌兵缠斗如蜂，石敬瑭挺身挥剑，辗转苦斗，左击右突，助李嗣源杀出重围。公元918年，晋军与后梁大将贺瑰激烈争夺黄河沿岸。李嗣源率军攻下了杨柳镇（今山东东阿东北），却中了刘鄩的埋伏，危急时刻又是石敬瑭率军殿后，拼死掩护李嗣源撤退。不久之后，梁晋又大战于胡柳陂，大将周德威不幸战死，石敬瑭又率领左射军，协同李嗣源重整军队，大败后梁军队。公元921年，石敬瑭跟随李嗣源在德胜渡击败后梁大将戴思远，斩敌两万多人。次年在胡卢套作战，后唐军队逐渐败退，石敬瑭迎着敌军精锐，拔出长剑，杀开血道，用身体保护李嗣源撤退。在石敬瑭的威势震慑下，敌兵不敢上前阻击。公元923年，石敬瑭跟随李嗣源观察梁军阵地杨村寨，敌军出其不意突袭李嗣源，眼见兵刃就要刺到李嗣源后背，石敬瑭大吼一声，手持战戟冲上前去用力一击，几个凶悍的敌人从马上滚落下来，又保护李嗣源躲过一劫。

公元 923 年四月，晋王李存勖称帝建立后唐，派李嗣源渡过黄河，孤军深入袭取郓州。石敬瑭率领五十骑兵跟随李嗣源渡过济水，突袭东门进入城内。郓兵前来阻击，石敬瑭被刀刺中。而负伤以后的石敬瑭，仍浴血奋战，使敌兵不能靠近李嗣源，直到后续骑兵赶来，一举攻取而占据郓城。接着平定汴水，灭掉后梁宗室，协助晋王李存勖成为后唐庄宗。

石敬瑭不仅在战场上救护岳父李嗣源，在遇到政治危机时，也帮助李嗣源分析局势，坚定信念。公元 926 年，孝节指挥使赵在礼兵变魏博时，朝廷派遣元行钦前去招降而未能成功。于是，大家纷纷议论，认为非李嗣源不能招降赵在礼。李存勖于是任李嗣源为统帅，带兵前去镇压。李嗣源到达魏州（今河北大名北）时，自己的军队也发生了兵变，要李嗣源在河北称帝。对李存勖并无二心的李嗣源，接受霍彦威的劝谏，就要只身返回，亲自向李存勖言明真相。这时，石敬瑭极力反对，并进一步提醒，哪里有领兵在外的将帅，自己军队发生兵变还能安然无恙地脱身。即使主上不再怀疑，所率军队反叛，主将也是杀头之罪。不如趁势迅速南下攻取汴州，先立住脚才是根本。

正是石敬瑭的这一番分析，才点醒了李嗣源。李嗣源立即派石敬瑭领兵先行，自己随后跟进。石敬瑭在黎阳（今河南浚县）渡过黄河，占领汴州。等到李嗣源进入汴城，庄宗李存勖亲自率领军队到达离汴城五里的西北部，登上高城叹息为时已晚。跟随李存勖的士兵大量溃散，前来归顺李嗣源。李嗣源马上派遣石敬瑭率领士兵担任前锋，奔赴汜水关。不久庄宗在内乱中身亡，李嗣源进入洛阳，嘉奖石敬瑭的功劳，由总管府都校提拔为陕州府兵马留后。最后李嗣源登上帝位，成为后唐明宗，封石敬瑭为光禄大夫、检校司徒，授陕州（今河南三门峡市）保义军节度使，赐号竭忠建策兴复功臣。公元927年二月，石敬瑭加封检校太傅兼六军诸卫副使，进爵封为开国伯。十月，任御营使，快速平定了汴州节度使朱守殷的叛乱，因功擢升宣武军节度使、侍卫亲军马步军总指挥使兼六军诸卫副使，加封爵位为开国公，赐耀忠匡定保节功臣名号。公元928年，加封检校太傅、同中书门下平章事、兴唐尹、邺都留守、天雄军节度使，又加封驸马都尉。公元930年，加封检校太尉。九月，东川节度使董璋叛乱，石敬瑭任东川行营都招讨使，兼理东川行府事务。次年，因蜀道险要艰难，粮食运输供应不上，明宗下令班师回朝。四月又兼任六军诸卫副使，六月改任河阳节度使，仍兼握兵权。

公元933年，秦王李从荣上奏北方契丹、吐浑、突厥犯边，需要一名大将统率边军，众臣认为只有石敬瑭和康义诚能够担当。石敬瑭本来就不愿做禁军副帅，自愿北上。十一月，加封石敬瑭兼任侍中、太原尹、北京留守、河东节度使，另兼职大同、振武、彰国、威塞等地军队蕃汉马步军总管，改赐竭忠匡运宁国功臣名号，掌握了河东这块后唐起源宝地的军政大权。

公元 933 年十二月，李嗣源病逝。石敬瑭听到消息，悲痛不止。公元 934 年李从厚继位，是为后唐闵帝，加授石敬瑭中书令，调任镇州（今河北正定）成德军节度使，要让在陕西凤翔的李从珂任河东节度使。李从珂因此发动兵变，领兵杀向洛阳。李从珂让石敬瑭到洛阳商议军国大事，石敬瑭途遇从洛阳逃出来的李从厚，石敬瑭杀死李从厚随从，然后将李从厚幽禁起来，前去向李从珂请功。李从珂继位以后，任石敬瑭为河东节度使、北京留守，充大同、振武、彰国、威塞等军蕃汉马步总管。

然而，后唐不论是李从厚还是李从珂执政，石敬瑭对后唐朝廷的威胁始终不会改变。这一点石敬瑭、李从珂及众位朝臣都心知肚明。在参加完李嗣源的葬礼之后，石敬瑭不敢轻易提出返回河东，于是真病与假装合而为一，在外人看来，皮包骨头的石敬瑭似乎已病入膏肓。得力之臣纷纷建言李从珂，绝对不能放虎归山。而才疏志浅的李从珂，经不住石敬瑭的表演和曹太后的求情，竟然将石敬瑭放回河东。

石敬瑭回到河东，即开始为反叛做充分的准备。一方面，在首都来客面前，装出一副弱不禁风的病态，以此来麻痹李从珂；另一方面，多次以契丹侵扰边境、屯积战略物资以防敌军入侵为名，向李从珂索要大批军粮军资，为日后反叛作打算。蒙在鼓里的李从珂，屡屡能让石敬瑭满愿。

为提防有变时措手不及，石敬瑭决定试探李从珂，即上书请求辞去马步兵总管职务，改任其他地方节度使。李从珂却听从大臣薛文通建议，于公元 936 年五月，改任石敬瑭为郓州节度使，进封赵国公。接着，又降诏催促石敬瑭前往郓州就任。石敬瑭接到圣旨，一面派遣掌书记桑维翰勾结契丹准备做儿皇帝，一面装病不动身，然后指责李从珂作为养子，没有资格继承皇位，应立即让位给李嗣源亲生儿子李从益。最为担心揭露此短的李从珂，下令罢免石敬瑭的所有官职，然后命张敬达领兵攻打石敬瑭。

早有预谋的石敬瑭知道很快会兵临城下，就向契丹皇帝耶律德光求救，并许诺每年进贡契丹大批财物，自己心甘情愿为儿臣，并割送幽云十六州给契丹。石敬瑭近臣刘知远认为条件太过屈辱，称臣已经足够，认耶律德光为父太过分；大量送金银绸缎足可以让契丹出兵，割让土地遗患无穷。而一心只为自己考虑的石敬瑭，仍然一意孤行，立即派密使将降表从小路送往契丹国。正在寻找机会南下的耶律德光喜出望外，立即领兵从雁门关南下，偷袭大败后唐军队。公元 936 年十一月，耶律德光册石敬瑭为皇帝，石敬瑭遂即位于柳林（今山西太原市东南），改元天福，国号晋。石敬瑭将幽云十六州呈送给契丹，称比自己小 11 岁的耶律德光为父，每年进奉契丹绢帛 30 万匹。吉凶庆吊，岁时赠遗，玩好珍异，不断于道。成德节度使（镇真定，今河北正定）安重荣耻臣契丹，契丹使者过境，往往遣人暗杀；安重荣上表斥石敬瑭父事契丹，竭中国以媚无厌之虏。公元 941 年十一月，山南东道节度使安从进起兵于襄州，不久失败；十二月成德节度使安重荣集境内饥民，众至数万，南向邺都，声言入朝。宗城（今河北威县东三十里）会战，安重荣大败，退回镇州，后镇州为杜重威所破，安重荣被杀。

公元 942 年六月，石敬瑭在邺都去世。大臣以国家多难宜立长君为由，拥立石敬瑭兄石敬儒子齐王石重贵为帝。石重贵即位，得到河阳节度使、侍卫亲军都指挥使景延广的拥戴。景延广请致书契丹时，称孙而不称臣，并两次大败契丹军。公元 946 年契丹大举来犯，石重贵以天雄节度使（镇魏州元城，今河北大名北）邺城留守杜重威为北面行营都指挥使（即元帅），以天平节度使、侍卫马步都指挥使李守贞为兵马都监（即副帅），在邺都会合，整军北行。石重贵调所有禁军给杜重威和李守贞指挥，以致大梁宿卫空虚。契丹、后晋两军对峙在恒州真定城南滹沱河两岸，杜重威谋求步石敬瑭后尘以投降换帝位，暗通契丹不战而降，河北州镇相继降于契丹。契丹军遂渡白马津（今河南滑县），径取大梁。大梁城破，石重贵投降，后晋亡。

说起五代，说起后晋，说起石敬瑭，不能不说幽云十六州。后晋作为中原王朝，石敬瑭作为中原王朝的皇帝，而且自己戎马半世，征战一生，不可能不知道在当时的历史条件下，在以战马钢刀为主要战争工具的冷兵器时代，幽云十六州对中原王朝的江山社稷和黎民百姓有多么重要。正因为石敬瑭是局中之人，又明知幽云十六州的关隘门户作用，而且是在敌方并未强行要求的情况下，主动而又卑劣地拱手呈送，才使石敬瑭成为中国封建帝王中的头号卖国贼，也才使石敬瑭成为中国历史上最为臭名昭著的封建帝王。

众所周知，举世闻名的万里长城东起山海关，沿着燕山山脉向西连接阴山，然后南拐连接贺兰山，围出河套平原以后，再沿着河西走廊北沿向西，一直到嘉峪关。从战国、秦汉到石敬瑭建立后晋时的五代时期，长城沿线一直是游牧部落与农耕地区的分界线。长城沿线的险峻地形和配套关隘，一直是以步兵为主的中原军队，抗击北方游牧部落骑兵侵入农耕地区烧杀抢掠的天然屏障。就连统一六国非常强大的秦始皇，也要派蒙恬沿大阴山修筑长城。而石敬瑭拱手相送的幽（州治蓟，今北京西南）、蓟（州治渔阳，今河北蓟县）、瀛（州治河间，今河北河间）、莫（州治莫县，今河北任丘北）、涿（州治范阳，今河北涿州）、檀（州治密云，今北京密云）、顺（州治怀柔，今北京顺义）、新（州治永兴，今河北涿鹿）、妫（州治怀戎，今官厅水库）、儒（州治妫水，今河北延庆）、武（州治文德，今河北宣化）、云（州治云中，今山西大同）、应（州治金城，今山西应县）、寰（州治寰清，今山西朔州东）、蔚（州治灵丘，今河北蔚县）十六州，恰好就处在这条重要的军事防御带上，其中幽、蓟等十二州位于河北北部，云、应、寰、朔四州位于山西北部，幽州和云州后来成为辽国的南京和西京，长城要隘山海关、喜峰口、古北口、雁门关都在这一带。幽云十六州一失，北部边防从此不光无险可守，而且门户大开，胡人铁骑要驰骋于繁华富庶的中原地区，一个昼夜即可饮马黄河。之后中原的多个朝代，都没有能够完全收复燕云十六州。公元 959 年，后周世宗柴荣率军攻辽，水陆并进，一个多月内收复瀛、莫、宁（天津静海县南）三州，以及益津关（河北霸县）、瓦桥关（涿县南）、淤口关三关；五月，欲攻取幽州（今北京）时，因患病班师。宋朝开国之后，面对契丹铁骑由燕云十六州疾驰而至的威胁，不得不在汴京附近广植树木；宋太祖赵匡胤不忘收复燕云，曾在内府库专置封桩库，计划攒够金钱赎回燕云十六州，还在河北南部兴建大名府与辽国对峙；公元 979 年，宋太宗赵光义移师幽州，试图一举收复幽云地区，在高梁河（今北京西直门外）展开激战，宋军失败。之后北宋与辽进行了长期的战争，一直未能夺回此地。就这样，自石敬瑭开始，幽云十六州就成为吞噬中原百姓生命财产的突破口，也成为每一个中原王朝和有识之士切肤的痛。就在石敬瑭去世不到五年之后，石敬瑭曾经敬侍膜拜的父皇耶律德光率领契丹骑兵，一路旋风毫无障碍杀到汴梁，尽掳后晋文武诸司及石敬瑭的子孙男女数千人北去，并纵容胡骑四出剽掠，大梁、洛阳及郑（州治管城，今河南郑州）、滑（州治白马，今河南滑县东）、曹（州治济阴，今山东定陶西南）、濮（州治鄄城，今山东鄄城北）诸州数百里间，丁壮毙于锋刃，老弱委于沟壑，财畜皆掠，屋舍尽毁，赤地一片。石敬瑭的报应，来得快速而彻底。

1. 高祖石敬瑭

公元936年十一月十二日，后唐河东节度使石敬瑭乞请契丹主耶律德光发兵，在契丹大军援助下灭后唐称帝，国号晋，史称后晋，石敬瑭为后晋高祖。

石敬瑭为沙陀人，生于公元892年二月二十八日，为晋王李存勖洛州（今河北邯郸东北）刺史臬捩鸡的第二个儿子，母亲不详。石敬瑭朴实稳重，寡于言笑，喜读兵书，有勇有谋，长期参与晋王李克用、李存勖与后梁朱温之间的争霸战争。石敬瑭在战争中冲锋陷阵，战功卓著。后隶属于后唐明宗李嗣源帐下，尤其在力挺岳父李嗣源登上帝位的过程中，出谋划策，勇打头阵，居功至伟，官至侍中、太原尹、北京留守、河东节度使，兼职大同、振武、彰国、威塞等地军队蕃汉马步军总管。后唐末帝李从珂即位后，石敬瑭被拜为河东节度使，封为赵国公。公元936年石敬瑭反叛后唐，因担心实力不足，遂向契丹求援，呈送中原战略屏障幽云十六州给契丹，甘心做儿皇帝，终获帝位。

石敬瑭称帝后，即将燕云十六州割送给契丹，每年给契丹布帛30万匹，即契丹国人均一匹。石敬瑭对于契丹百依百顺，公元938年，石敬瑭上尊号于契丹主及太后，以冯道为太后册礼使，左仆射刘昫为契丹主册礼使，备卤簿、仪仗、车辂，诣契丹行礼。石敬瑭每次给契丹的书信皆用表，以此表示君臣有别。石敬瑭称小自己11岁的耶律德光为"父皇帝"，称自己为"臣儿皇帝"。每当契丹使臣来到后唐，石敬瑭都匍匐跪地接诏。公元938年十月，契丹遣使册封石敬瑭为英武明义皇帝，石敬瑭高兴万分，像迎接天书一样把诏书迎进大殿供奉。每年除进贡30万匹绢帛给契丹外，逢时逢节，或有婚丧喜庆，石敬瑭均派使者向契丹国主、太后、皇子、贵族大臣呈上大批珍贵礼物。契丹权贵稍不满意，即派人责备石敬瑭，石敬瑭总是毕恭毕敬聆听，诚惶诚恐请罪。后晋使者前往契丹，契丹官员傲气十足，轻蔑侮辱之言不绝于耳。使者回到汴京诉说受辱之事，朝廷上下深以为耻，唯石敬瑭毫不在乎。石敬瑭在位的七年时间里，先后向契丹派遣使者送表送礼达43次。

如此抛弃国格人格奴事契丹，使国内将士离心，极大地动摇了后晋的统治。在石敬瑭当政的几年里，不断有藩镇起兵反叛，而大多数起兵原因无非耻事契丹。石敬瑭称帝后，邺城留守范延光便起兵反叛。范延光在明宗李嗣源当政期间，曾做过宰相，地位不在石敬瑭之下。在石敬瑭初叛后唐时，范延光曾与石敬瑭刀兵相见。后唐灭亡，范延光归降石敬瑭。见石敬瑭极尽屈辱事契丹，心中一直不快。石敬瑭知道范延光心思，为稳住局面，便封范延光为临清王。石敬瑭将国都从洛阳迁到汴州，范延光明白，主要目的是为了看紧自己。公元937年六月，范延光在邺都起兵造反。范延光派心腹孙锐和澶州刺史冯晖带两万步骑攻黎阳。石敬瑭调兵遣将，兵分四路，由白奉进、张从宾、杨光远和妹夫杜重威前去围剿范延光。张从宾私通范延光，在军中谋反，并杀死石敬瑭任河阳节度使的次子石重信。接着魏州前线昭信节度使白奉进和义成节度使符彦饶两人火拼，符彦饶乘乱杀死白奉进，符彦饶又被都指挥使卢顺密活捉，押至开封处死。不久，杨光远率领后晋军队在六明地区大收叛军，冯晖和孙锐逃回邺都。杜重威在汜水关收张从宾叛军，张从宾溺水而亡。此时，范延光兵马粮草不济，于是杀孙锐，上表谢罪，后被杨光远杀死。

成德节度使安重荣看不惯石敬瑭的行为。安重荣生性粗豪，为人凶悍，石敬瑭率军在晋阳被后唐军围困时，安重荣奋力解救石敬瑭脱险。石敬瑭做皇帝后，任安重荣为河北重镇成德节度使。石敬瑭命令边镇礼貌对待契丹人，可安重荣却经常谩骂路过的辽国使节，甚至杀死闯入境内偷盗的辽国骑兵。对此，石敬瑭干爹耶律德光经常责怪石敬瑭。安重荣不但不听石敬瑭的劝阻，还上表直指石敬瑭罄中国珍异贡献契丹，凌虐汉人竟无厌足。石敬瑭生怕安重荣惹事，便任命刘知远任河东节度使，在晋阳从左边钳制安重荣；同时将原河东节度使李德统改任为邺都留守，在侧翼盯住安重荣。安重荣见石敬瑭步步紧逼，便于公元941年十二月举旗造反。石敬瑭派杜重威攻打安重荣，安重荣未及排兵布阵，手下赵彦之带本部投降杜重威。安重荣见大势不妙，带领士兵逃回镇州。不久后晋军队攻到城下，这时的安重荣已经是瓮中之鳖，城中士兵趁其不备，打开城门放进后晋军，安重荣被活捉。杜重威斩安重荣后，石敬瑭将安重荣头颅呈送给耶律德光。

石敬瑭在任地方刺史、节度使的时候，尚能做到勤俭清廉。成为儿皇帝之后，就开始奢侈起来。石敬瑭的宫殿都用黄金、美玉、珠宝等装饰得富丽堂皇，奢华程度远超后唐诸君。石敬瑭既要贪图自己的享受，又要贡献大批的金帛宝物讨好契丹主子，府库日耗，庞大的财政负担最终转嫁到百姓头上。在石敬瑭的残酷剥削下，后晋人民生活在水深火热之中。加上当时天灾频发，水旱、蝗灾接连不断，致使后晋饿殍盈野，流民遍地，饿死、冻死者难计其数。为了镇压百姓的反抗，石敬瑭又下令制定了许多残酷的法律，如凡偷盗一钱者一律处死等，石敬瑭还发明了剖心、剥皮、油煎等酷刑，导致民怨更加沸腾。石敬瑭妹夫杜重威做官之地，百姓不堪剥削而四散逃亡。石敬瑭将领张彦泽残酷无比，做一任地方官，被揭发出二十六条罪状。赵在礼做归德节度使任满离职，百姓高兴地说终于拔掉了眼中钉。不久，赵在礼官复原职，向百姓每人强征一千文，名曰"拔钉钱"。

石敬瑭晚年排斥士人，宠信宦官，致使吏治更加腐败，朝纲越发紊乱。许多曾经为之倚重的心腹重臣纷纷离心离德，各谋出路。河东节度使刘知远先是拥兵自重，霸踞晋阳。游牧在雁门以北的吐谷浑部，因不愿降服契丹，酋长白承福带部众逃到河东投刘知远。公元942年，耶律德光遣使责问吐谷浑事。石敬瑭既不敢讨伐手握重兵的刘知远，更不敢得罪左右自己命运的父皇帝，左右为难，彷徨无计，终致忧郁成疾。公元942年六月十三日，石敬瑭病逝。石敬瑭在位7年，终年51岁。

2. 出帝石重贵

公元 942 年六月十三日，后晋大臣以时世危艰应立年长者为由，拥石敬瑭 29 岁侄石重贵继位，史称后晋出帝。

公元 914 年六月二十七日，石重贵出生于太原汾阳里，父亲石敬儒为后唐庄宗手下的一名骑兵将校，母亲安氏。石敬儒去世早，其弟石敬瑭遂收石重贵为养子。石重贵少时谨言慎行，质朴纯厚，深得石敬瑭喜爱。石敬瑭镇守各地，都让石重贵跟随前行。石重贵生性喜好驰马射箭，颇有沙陀遗风。石敬瑭镇守太原时，曾让琅琊人王震教石重贵读《礼记》。石重贵不能领悟书中含义，却对王震说，读书不是他们家该干的事情。石敬瑭见石重贵这样，就放弃让他读书的念想，留在身边随自己四处征伐。

公元 936 年石敬瑭在晋阳举兵叛后唐，后唐讨伐大军围攻太原。石重贵或出谋划策，或冒矢拒敌，表现得智勇双全，深受石敬瑭称赞。石敬瑭借契丹兵挫败后唐军队，要离开太原赴洛阳夺取帝位，临行之前，托付给石重贵留守太原的重任，并授予石重贵北京留守、金紫光禄大夫、检校司徒、行太原尹，掌河东管内节度观察事。公元 937 年九月，石重贵被征召回朝廷，授予光禄大夫、检校太保、右金吾卫上将军。公元 938 年十二月，任开封尹，加封检校太傅，封为郑王，增加食邑三千户，加封检校太尉、同中书门下平章事。公元 942 年石敬瑭去世前，石重贵改任广晋尹，进封齐王，兼任侍中。

公元 942 年五月，石敬瑭在病重的时候，要将帝位传给自己幼子石重睿。石敬瑭前后共生六子，前五子或早夭，或被叛将杀害，仅剩幼子石重睿一人。石敬瑭临终前，传来宰相冯道，让幼子石重睿给冯道叩头，托付冯道全力辅佐幼子；又招河东节度使刘知远回朝辅政。而这道诏书，刘知远并未见到，因为已经主事的齐王石重贵向来不喜欢刘知远，便将诏书扣在自己手中。石敬瑭去世后，冯道与侍卫马步都虞候景延广商议，认为国家多难，应由年长之君主持朝政。于是，29 岁的石重贵在石敬瑭的灵柩前即皇帝位。

石重贵即位时，后晋内外形势十分严峻。北面契丹凭扶立石敬瑭有功，挟制中原，虎视眈眈；南面有割据称王的吴越、后蜀；后晋统治集团内部矛盾重重，加之连年的旱、蝗、涝、饥，饿殍遍野，民怨沸腾。真可谓内外交困，危机四伏。

石重贵当政以后，后晋与契丹的关系发生了变化。后晋高祖石敬瑭对契丹卑躬屈膝，朝野上下深以为耻。石重贵即位后，景延广等人主张，向辽的告哀书应当称孙而不称臣，只用家人的礼节而不用臣子的礼节。石重贵自矜国力雄厚，于是接纳了景延广的建议。辽主闻讯大怒，派兵南下征讨。公元 944 年正月，契丹前锋赵延寿、赵延昭领五万骑入寇，兵分数路陷贝州、入雁门，长驱直入。在众将的簇拥下，石重贵高调亲征。快到前线，石重贵感到大祸临头，遣人致书契丹主求修旧好。契丹主正志得意满，岂愿中途罢兵？石重贵求和遭到拒绝，只好迎战。尽管石重贵指挥无能，用人不当，号令不灵，但中原军民心中久憋之气终于爆发，将士奋不顾身英勇战斗，契丹两次大规模的进攻都被挫败。

此后，契丹退兵，石重贵凯旋还朝，以为从此天下太平，又过起醉生梦死的生活。石重贵大肆搜刮民财，又动用大批民力，修建宫殿楼阁，其豪华壮丽程度远超前代。石重贵还经常重赏优伶乐工，毫无节制，致使将士离心。而本是声色犬马之徒的石重贵，视国事为儿戏。石敬瑭尸骨未寒，梓宫在殡，石重贵即纳颇有美色的婶娘冯夫人为妃。冯氏得宠，其嫡兄冯玉鸡犬升天。冯玉原为小吏，石重贯一下子将其擢升为端明殿学士、户部侍郎。冯氏兄妹仗着皇帝的宠信，频频干预朝政。

石重贵在位期间，很少有惠民之举。为应付战争费用，满足自己滥耗，石重贵仍派出恶吏，分道刮民，农民被逼得走投无路，饿死和逃散者不计其数。公元943年，春夏连旱，飞蝗蔽天，东自海端，西距陇坻，南逾江淮，北抵幽蓟，原野、山谷、城郭、庐舍皆为飞蝗。在这大旱大蝗之年，皇帝仍不恤民，地方官吏更甚。恒州（今河北正定）天灾特重，顺国节度使杜重威，照样搜括勒索得到一百万斛，向朝廷只报三十万斛，其余全入私囊。就此杜重威还不罢休，再以借的名义又勒索一百万斛，隔年春天出售，赚钱二百万缗。

两次对辽战争的胜利，使石重贵产生了北伐辽国、收复燕云的想法。公元946年十月，石重贵不顾实际，派遣姑夫杜重威、大将李守贞统兵北伐。早在石敬瑭依靠契丹成为皇帝之后，杜重威就有如法炮制的梦想，只是一直没有合适机会。这次因为至亲关系，石重贵委以杜重威重任，终于让杜重威认为有了实现梦想的机会。杜重威领兵到达前线，接连派遣使者向石重贵催派援军粮草。石重贵对这次北伐寄予厚望，于是连把守宫门的禁军都派上了战场。杜重威见已经捞够了资本，于是派人秘密联系契丹以投降换帝位。辽帝同意杜重威投降，并诈许让杜重威做皇帝。杜重威大喜，于是在帐中埋伏刀斧手，召集诸将，拿出降表让众将署名，不署名者立即斩首。众将惊骇，不敢反抗，只得在降表上署名。杜重威送降表给辽主，命令全军出营列阵。军士们以为将要出战，十分踊跃。杜重威下令军士解除兵甲。军士得知是要降辽之后，放声痛哭，声振林野。辽主随后引兵南下，收编杜重威降兵，命张彦泽为先锋，率领骑兵攻取开封。

张彦泽领兵长驱直入，很快攻占了滑州（今河南滑县东南），距离开封已经很近。石重贵急与冯玉和李崧等人商议，冯玉建议急召河东节度使刘知远进京勤王。岂知为时已晚，第二天清晨，张彦泽率军进入开封，包围了皇城。

公元 947 年一月，石重贵见大势已去，急忙带领后妃十余人准备自焚，被亲军将领薛超拦下。不久，张彦泽派人送来辽帝书函，称只要石重贵投降，可免杀身之祸。石重贵于是令翰林学士范质起草降表，派儿子石延煦、石延宝奉表、国宝、金印求降。契丹主昂首进城，封在帝位 5 年的石重贵为负义侯，后晋亡。

　　石重贵被契丹迁入辽境，先囚于黄龙府（今吉林农安），后迁往辽阳。石重贵随行嫔妃被辽将瓜分，最小的女儿也被抢去做了辽国国舅的侍妾。后来，石重贵被迁居建州（今辽宁朝阳），与随行人员耕种度日。公元 974 年六月十八日，石重贵病逝，终年 61 岁。

四、后 汉

（947 年—950 年）

后汉，五代时期的第四个中原王朝。公元 947 年二月，后晋北平王刘知远在太原自立为帝，国号汉，都汴（今河南开封），史称后汉。后汉传 2 主，历 4 年，是五代时期国祚最短的政权。后汉盛时疆域包括今山东、河南两省，山西、陕西大部，以及河北、宁夏、湖北、安徽、江苏等省、自治区的一部分。

沙陀人刘知远，世居太原，家世贫寒，幼小时多病多灾。长大的过程中，相貌异变，面色紫红，眼睛多白，不甚悦目。因此性格内向，沉默寡言。后迫于生计，刘知远到一李姓大户人家，成为上门女婿，成天为岳父家牧马，物质生活与精神生活状况改善无几。而在战乱不断兵祸连绵的年代，也许只有当兵，才是一个男儿较好的选择。于是，刘知远走上了当兵吃粮的道路。

进入军营，刘知远有幸投到李嗣源帐下。刘知远心眼灵活，打仗勇敢，不久被提升为偏将，和石敬瑭一起共事。一次，李嗣源与后梁军队激战于黄河岸边的德胜军（今河南濮阳）。冲锋陷阵的石敬瑭马鞍突然断裂，几乎要落入后梁军队之手，情况异常危急。刘知远奋不顾身冲了上去，将自己的战马换给石敬瑭，并挥刀断后，保护石敬瑭脱离险境。这件事让石敬瑭十分感激，在李嗣源继位称帝、任命石敬瑭担任河东节度使以后，石敬瑭便请求李嗣源，将刘知远调到自己身边担任押衙，成为石敬瑭的亲信。

后唐末年，凤翔节度使李从珂起兵，与闵帝李从厚争夺帝位。石敬瑭领兵赶赴首都，途中遇到出逃的李从厚。李从厚提出，要和姐夫石敬瑭到旁边的内屋密谈。刘知远为防万一，暗中派勇士石敢前去保护石敬瑭。石敢袖中藏一把铁锤，站在石敬瑭身后。谈话过程中，李从厚的随从认为，石敬瑭对李从厚并不忠心，便突然抽出利剑向石敬瑭刺去，石敢拿出铁锤搏斗，掩护石敬瑭躲进另一间屋子。刘知远闻讯带兵闯进去，石敢已经战死，石敬瑭处境十分危险。刘知远解救出石敬瑭，指挥手下勇士将李从厚的随从全部杀死，并囚禁了李从厚。

这两次舍生忘死地相救，使刘知远在石敬瑭的心目中有了很重的分量，石敬瑭升任刘知远为马步军都指挥使。刘知远对士兵一视同仁，能够以哥们义气与震慑威吓聚笼全军上下。在后唐大军进围太原时，刘知远的军队能守能战，成为石敬瑭的一支劲旅。在石敬瑭叛后唐投契丹建后晋的过程中，刘知远既是坚定的支持者，又是重要的心腹谋士。石敬瑭建立后晋，刘知远被任命为侍卫亲军都虞候，领保义军节度使，很快又升任

侍卫亲军马步军都指挥使，成为禁军的最高统帅。公元 941
年，刘知远又任河东节度使、北京留守。

石敬瑭去世以后，荒淫无大志的出帝石重贵，与骄横无实
才的权臣景延广配合，后晋很快呈现乱象。刘知远不动声色，
着意经营太原。为了加快扩充自己实力，刘知远设置圈套，处
死投靠自己的吐谷浑首领白承福，夺得大量财富及数千匹良
马。契丹军进犯汴梁时，刘知远冷眼旁观，既不出兵救援，也
不发兵抗击，采取等待其变的态度。契丹攻占汴梁，灭亡后
晋，刘知远派人奉表向契丹主祝贺，耶律德光呼刘知远为儿，
并赐予刘知远相当于中原王朝几杖的木拐。中原民众纷纷联合
起来抗击契丹，诸将劝刘知远发兵攻取汴梁，刘知远为保存实
力，仍然不与契丹碰硬。待到契丹军队无法在中原立足而匆忙
北撤时，刘知远看准时机，在太原称帝。为了掩人耳目，刘知
远仍用石敬瑭时期的天福年号。当后晋出帝石重贵及皇室大臣
一行被契丹押解北上时，刘知远表面悲愤，率领亲兵，大张旗
鼓地上演一出截击敌人迎回后晋皇帝的滑稽戏，但实际上兴师
动众只走到寿阳，便返回太原。然后，刘知远亲率大军，乘中
原空虚之际，渡过黄河，进兵洛阳。当时，契丹主任命后唐明
宗李嗣源 17 岁幼子李从益为知南朝军国事，即傀儡皇帝。因
为李嗣源的声望，李从益也有相当的人脉。为绝人望，刘知远
迫不及待地杀死李从益母子。刘知远因冒为刘氏，故以汉为国
号，史称后汉，刘知远被称为后汉高祖。

刘知远称帝后，偏爱并重用旧日僚佐为朝廷重臣。杨邠、

郭威任正副枢密使，苏逢吉、苏禹任宰相，王章任三司使，史弘肇任侍卫亲军马步军都指挥使兼平章事。这些往日的心腹爱将，仅郭威有一定的文化素质和为官才能，其余均为蛮横无理、贪暴残酷之徒。宰相苏逢吉早在河东为幕僚时，刘知远命其净狱以祈福，实际上要他勘别减刑释放囚犯，而苏逢吉却将全部囚徒统统处死，还认为圆满完成了净狱任务。被任命为宰相以后，苏逢吉不改旧习，草诏要将为盗者本家及四邻，包括保人全族处斩。史弘肇更是残暴绝伦，掌握禁军兵权以后，警卫都邑，只要稍有违逆不顺者，不问青红皂白，不分罪轻罪重，一律处以极刑。甚至太白星白昼出现，有人仰观一眼也要处以腰斩。有一醉汉与一军士发生冲突，史弘肇以妖言惑众将其斩首。至于断舌、抽筋、斫足等酷刑，几乎顺手即来。

王章任三司使负责理财，一门心思横征暴敛，致使大批百姓破产。旧制两税征粮时，每一斛要加收二升，称之为鼠雀，而王章命令加收二斗，相当于以前的十倍；旧制官库出纳钱物，每贯只给八百文，百姓交税也是如此，每百文只交八十文，称之为短陌钱，而王章规定官库给钱每百文只给七十七文，但百姓交税每百文仍交八十文。后汉还规定私自贩盐、矾、酒曲者，不论数量多少，统统处以死罪。

中央大员如此，地方官员倍加残暴。青州节度使刘铢执法残酷，行刑时，双杖齐下，名曰合欢杖；而责杖数量，则与罪之轻重无关，却与人犯年龄大小挂钩，谓之随年杖。卫州刺史叶仁鲁捕盗时，往往将普通平民当成盗贼杀戮，或挑断脚筋活弃山谷，任其号哭绝日。西京留守王守恩为了聚敛钱财，胡乱收税，上厕所、上街行乞都要交税，甚至死人灵柩若不交税，则不准出城埋葬。五代各朝统治者大都残暴，后汉最甚，致使百姓卖儿鬻女，度日如年。

后汉高祖刘知远称帝不足一年，便患病去世，其子刘承祐继位，史称后汉隐帝。刘承祐年幼，朝政被刘知远托孤大臣杨邠、史弘肇、王章、郭威把持。武夫掌权歧视文臣，文臣执柄鄙视武夫，遭致内部矛盾不断。这些武夫悍将，个个专横跋扈，议论朝政大呼小叫，根本不知有皇帝在现场，使刘承祐难以忍受。这些勋旧大臣只喜欢舞枪弄刀，痛快杀人，却根本不知道什么叫安邦定国，有时候争吵起来，甚至当殿挥刀动剑，几乎要以朝堂为战场。这些跋扈行为，使刘承祐实在忍无可忍。于是，刘承祐与亲信密谋，于公元 950 年十一月的一天，伏兵殿门，趁杨邠、史弘肇、王章三人上朝之时，一举将他们杀死，并尽灭其族。接着，又密谋要杀死镇守邺都的郭威，并将郭威在京城的亲族家眷全部杀死。郭威广有人缘，便有人及时通风报信。闻讯之后，郭威遂率领大军杀奔汴梁，击败后汉禁军。后汉隐帝刘承祐落荒而逃，途中被亲信杀害。

郭威进入汴梁以后，请李太后临朝称制，并为稳住手握重兵的刘知远弟刘崇，决定迎立刘崇长子武宁节度使刘赟为帝。在刘赟尚未到达时，外报契丹入寇，太后令郭威率大军出京迎敌。郭威大军途中行至澶州，将士哗变，扯黄旗裹在郭威身上。就这样，郭威称帝之后回军汴梁。刘赟行至宋州，被郭威亲信杀害，后汉亡。

1. 高祖刘知远

公元 947 年二月十五日，后晋北面行营都统刘知远在太原称帝，国号汉，史称后汉，刘知远为后汉高祖。

刘知远为沙陀人，公元 895 年出生于太原府太原县（今山西省太原市）。刘知远从小沉稳寡言，不好嬉戏。长大后雄武过人，勇猛善战。在刘知远青年时期，正值李克用、李存勖父子割据太原，刘知远投身李克用养子李嗣源部下，初为军卒。当时石敬瑭也为李嗣源部将，在战斗中，刘知远不顾生死解救石敬瑭脱离危难，石敬瑭奏请李嗣源，将刘知远留于自己帐下，升为牙门都校。

公元 936 年，刘知远移镇汶阳，升任马步军都指挥使。同年，石敬瑭与后唐决裂，刘知远力荐石敬瑭起兵，成霸业于晋阳（今山西太原）。石敬瑭担心自己难敌后唐大军，决定求援于契丹，刘知远全力支持石敬瑭。石敬瑭称帝以后，论功行赏，先后加封刘知远为忠武军节度使、归德节度使。公元 941 年七月，又任命刘知远为北京（太原）留守、河东节度使，总揽晋阳地区军政大权。次年，石敬瑭病逝，出帝石重贵即位。石重贵时刻感受到日益坐大的刘知远成为威胁，但因为对辽用兵，需要借重刘知远镇守北方，便以怀柔手段拉拢刘知远，并封其为太原王、拜中书令等职。

刘知远权势更盛，遂立足晋阳，在河东招兵买马，扩充实力。这一时期，后晋与契丹关系破裂，两国战争时有发生，但手握重兵驻守河东的后晋刘知远，却对契丹屡屡进兵侵扰不闻不问，石重贵几次催促发兵，刘知远也置之不理，一门心思趁乱世招降纳叛，数年间就在晋阳聚集5万人的大军，实力一举超过其他藩镇。

公元947年，契丹攻灭大梁，后晋灭亡，整个中原处于一片混乱之中。刘知远认为有机可乘，决定兴兵自立。同年二月十五日，刘知远在晋阳称帝，为笼络人心，仍沿用后晋天福年号。

刘知远称帝以后，各地藩镇大多不服从其管辖，而河北、河南地区则完全被契丹占有，形势十分不利。针对这种局面，刘知远养兵蓄势，修缮器械，等待时机。三月，耶律德光在中原民众的剧烈反抗下，引兵北撤。四月，耶律德光去世，契丹部下诸将忙于协助争夺皇位，无暇南顾，河南河北契丹兵马人心惶惶，日夜难安。刘知远听取大将郭威建议，南下攻打契丹占据的河北河南地区，很快攻陷洛阳开封等地，契丹兵争相北逃，后晋官员纷纷投降。六月，刘知远进入开封，下令凡契丹任命的节度使以及各级官吏，均留任原职，不再变更。于是各地藩镇打消疑虑，陆续上表称臣。七月，天雄节度使杜重威和天平节度使李守贞也相继臣服。但不久，杜重威再度拥兵反叛。刘知远闻讯，下诏罢其官爵，并率军亲自攻打魏州。十一月，魏州粮尽，杜重威被迫出城投降。

刘知远仍依据自己喜好，任用大批酷吏治国，放纵属下草营人命，成为五代中最残酷的君主。刘知远下旨，盗贼不论赃物多少，一律处死。捕快张令柔以捕盗为名，将平阴县十七个村庄的村民全部杀死。卫州刺史叶仁鲁抓住十几个百姓，不加分辨冠以盗贼之名，一一割断他们脚筋，陈列一排示众。侍卫都指挥使史弘肇率领禁兵巡逻京城，遇有嫌疑者，不问青红皂白，便用割舌头、断腿骨、抽筋以至腰斩等毒刑处置。一天，太白星在白天出现，古人说这是兵乱预兆。有人抬头望了一眼，刚好被巡街军士看见抓住，史弘肇挥手砍掉此人头颅。

公元 948 年正月刘知远患病，临终前将儿子刘承祐托付给心腹重臣苏逢吉、史弘肇、杨邠、郭威等顾命大臣。当月二十七日，在位不满一年的刘知远病逝，终年 54 岁。

2. 隐帝刘承祐

公元 948 年二月一日，18 岁的刘承祐继承帝位，是为后汉隐帝。刘承祐生于公元 931 年三月七日，为后汉高祖刘知远次子，母亲为皇后李氏。公元 941 年刘知远担任太原留守，任刘承祐为节院使。公元 947 年刘知远建立后汉，授任刘承祐为左卫大将军、检校司空，后升任大内都点检、检校太保。

刘知远长子魏王刘承训年长而贤明，很受刘知远喜爱。公元 948 年正月十一日，立为皇位继承人不久的刘承训患病而亡。病中的刘知远遭此打击，病情加重，立即将次子刘承祐托付给心腹大臣，刘承祐在刘知远的灵柩前即皇帝位。

刘承祐初即位，河中节度使李守贞、永兴节度使赵思绾、凤翔节度使王景崇等三藩先后举兵造反，刘承祐派白文珂、郭从义、常思等分别讨伐，久战无功。刘承祐改任郭威为同中书门下平章事，派去督促诸将，讨伐叛乱。公元949年夏天，郭威首先到达河中攻打李守贞，攻破河中外城，李守贞自焚而死，赵思绾和王景崇相继投降，于是三藩叛乱平定。

刘承祐身为皇帝，但朝政大权完全掌握在以杨邠、史弘肇、王章、郭威为首的武将和以苏逢吉为首的文人重臣手中。刘承祐徒有皇帝之名，而无皇帝之实。杨邠、史弘肇等顾命大臣，行事极为粗野，而且不把刘承祐放在眼里。有一次，刘承祐赐给伶人锦袍，引起史弘肇大怒。史弘肇认为，驻守边疆的军士们都没有赏赐，这群巧言令色之徒更不该奖赏。于是下令，将皇帝所赐之物夺了回来。还有一次，杨邠、史弘肇在朝堂议事，刘承祐要求他们再仔细推敲推敲，以免出现漏洞。杨邠不耐烦地说臣等自有道理，皇帝不必多言。如此时间一长，刘承祐心中愤恨山积，与权臣们的矛盾已经不可调和。

次年，辽世宗耶律阮得知刘知远去世，遂发兵南下进攻后汉。刘承祐急忙派大将郭威去做邺城留守，以防御辽兵。统领重兵的郭威离开京城以后，刘承祐认为自己可以做主干一些事情。首先，刘承祐要封自己最宠爱的嫔妃耿氏为皇后，仍遭到杨邠、史弘肇的反对，只好作罢。谁知不久，耿氏却抑郁而终。这次，刘承祐打定主意，要以皇后之礼安葬耿氏，杨邠等人依旧否决。刘承祐私下怒不可遏，便与宠臣郭允明、李业等密谋，要杀死杨邠和史弘肇等狂臣。

几天后，杨邠、史弘肇、王章三人早朝，悠然行至广政殿前。猛然之间，从殿中冲出几十名武士，瞬间将三位权臣放翻在地。随后，刘承祐以杨邠、史弘肇、王章三人谋反宣示朝野，下令尽杀其族人与同党。远在邺城的郭威闻讯，上奏章给刘承祐，替杨邠、史弘肇等人叫屈鸣冤。刘承祐览表，顿起杀心。刘承祐一边命人前往邺城去刺杀郭威，一边下令将郭威留在京城的亲属族人灭门。

郭威得知消息以后，立即以清君侧之名举兵南下，很快就到达汴京。刘承祐慌了手脚，命慕容彦超率兵出城迎战。结果，慕容彦超全军覆灭。在慕容彦超军中劳军的刘承祐，一见军队大溃，只得率领随从返回京城。刘承祐到达玄化门，开封尹刘铢紧闭城门，拒绝刘承祐他们入内，并命军士放箭，射杀刘承祐手下数人。刘承祐无奈，只好带苏逢吉、聂文进和茶酒使郭允明等人向西北奔逃，夜间露宿荒野。第二天一早，正仓皇逃命的刘承祐等，忽见后面尘埃大起，以为是追兵到来，便慌忙下马，打算藏匿在村舍之中。贪生怕死的郭允明认为已经死到临头，就想以刘承祐的头颅作为立功资本，献给追兵以求免死。于是快步上前，狠命一刀刺死刘承祐。这一天，为公元950年十一月二十二日。刘承祐在位3年，终年20岁。

五、后　周

（951 年—960 年）

后周，五代时期的第五个中原王朝，也是五代时期在政治、经济、军事、文化等各方面有所作为、有所建树的一个王朝。公元 951 年正月，后汉枢密使、邺都留守、天雄军节度使郭威取代后汉建国，定都东京开封府（今河南省开封市）。郭威自称为周朝虢叔后裔，故以周为国号，史称后周。后周传 3 帝，历 10 年，盛时疆域约为今山东、河南两省，陕西、安徽、江苏大部，河北、山西南部、湖北北部及内蒙古、宁夏、甘肃、四川的一部分。

公元 904 年七月，郭威生于邢州尧山（今河北省邢台市隆尧县西），父亲郭简，母亲王氏。郭威 3 岁时，全家迁到太原。郭简投晋王李克用部队当兵，幽州军阀刘仁恭攻打顺州时，郭简战死，不久母亲去世，成为孤儿的郭威，由姨母抚养成人。郭威 18 岁时投军，在后梁潞州留守李继韬部下当兵。郭威身材魁梧，作战勇猛，耿直仗义，又识文断字，深受李继韬赏识。

　　郭威爱喝酒，喜欢打抱不平。一天，郭威酒后上街，听说有一屠夫欺行霸市，众人都很惧怕。郭威走到屠夫面前，声言买肉，与屠夫发生争执。屠夫持刀指着自己的肚皮威胁郭威，郭威借酒使气，一刀将屠夫毙命，遂被抓进监狱。李继韬佩服郭威的勇气和仗义，暗中将郭威释放，遂后又召至麾下当兵。后唐庄宗李存勖攻灭后梁时，李继韬被杀，所部兵众被悉数收编，郭威有幸被编入李存勖名为"从马直"的亲军队伍中。郭威粗通文墨，被任命为军吏。郭威喜欢读书，尤其喜欢读唐荆南节度使李筌所著的兵书《阃外春秋》，并细心揣摩，终于懂得打仗要谋略、忌率性，做人要稳重、忌鲁莽，从此心有远虑，言行谨慎，做事安稳妥当，屡被上峰和同事看重。

　　后来，中原混战连连，给郭威提供了机会，郭威也因军功屡屡升迁。石敬瑭勾结契丹灭后唐以后，郭威又被纳入石敬瑭手下军中。刘知远担任后晋侍卫亲军都虞候时，郭威主动投其麾下。刘知远见郭威作战勇敢，而且颇有头脑，便留心重用。几经考验之后，刘知远逐渐以郭威为心腹爱将。之后，刘知远无论去哪里任职，都要将郭威留在身边，让郭威督率亲军。而这时的郭威，已经遇事临危不乱，危急之中也能够沉着冷静。

　　当年投身于刘知远帐下的吐谷浑部，被安排驻扎在太原。吐谷浑部兵悍财丰，刘知远既羡慕又担心，欲将吐谷浑部强悍的军队和丰厚的财物据为己有，但却无计可施。于是，刘知远与郭威商议，郭威献策以莫须有罪名除掉吐谷浑部首领，再多以金钱安抚其部众，然后将财物和军队悉数收纳。刘知远依计而行，不但除掉了一支反复无常的强硬势力，又补充了一批军士良马和军需物资。当然，刘知远对郭威更加信任。

公元947年，刘知远在山西称帝，建立后汉。不久，刘知远攻下开封，定为都城。郭威帮助刘知远称帝有功，升为枢密副使、检校司徒，成为统率大军的将相。不久刘知远病逝，郭威与苏逢吉等大臣共同受命，拥立刘知远子刘承祐继位，是为后汉隐帝。郭威官拜枢密使，掌管全国兵权。郭威向来亲近将帅，优待士兵，在军中着幅巾短衣，吃喝与军士无异，皇帝所赐钱财，郭威均与诸将和军士共享，在军中有着很高的威望，将帅士卒都乐为其用。

五代本是武夫横行的时代，而后汉尤甚。武夫首领后汉高祖刘知远性极残酷，所用大臣如苏逢吉、史弘肇等人也极尽凶残。刘知远去世后，其子刘承祐继位，宰相苏逢吉、枢密使杨邠、侍卫亲军都指挥使史弘肇、三司使王章，一个个武断专横，各行其是，眼里没有法律制度，心里没有皇帝尊严，生杀决断任意所为，朝政乱成一团。

公元948年，李守贞据河中，赵思绾据长安，王景崇据凤翔，三镇同时反叛。汉隐帝刘承祐以郭威督诸军讨伐三叛镇。郭威扎寨连营，赏将帅，励士卒，得军心。公元949年七月，郭威灭河中、永兴、凤翔三镇，杀李守贞、赵思绾、王景崇，得胜还朝。如此大胜，满朝庆贺。而对皇帝厚赏，郭威不肯独享，而是推功于在朝诸臣和将士，刘承祐因此遍赏诸大臣及诸藩镇，郭威因此广收人脉，声望大增。公元950年，契丹军横行河北，诸藩镇各守本境，不相援救。朝议任郭威为天雄节度使，兼枢密使出镇魏州，节制河北诸镇。郭威不辱使命，将契丹军逐出国境。

受命辅佐皇帝的武夫，在朝中飞扬跋扈而不加收敛，隐帝刘承祐忍无可忍，与舅父等亲信密谋，一举诛杀杨邠、史弘肇、王章。领兵在外的郭威表奏朝廷，为史弘肇等鸣冤叫屈。览表的刘承祐一看到郭威的态度，想到郭威手中的兵权，立即遣使赴魏州刺杀郭威。郭威被迫起兵，下令攻入京城，逃跑中的刘承祐被部下杀死。郭威入朝，先请李太后垂帘听政，再请李太后下懿旨立刘赟为帝。刘赟为刘知远弟河东节度使刘崇子，时在徐州任武宁节度使。郭威派遣冯道等大臣前往徐州，奉迎刘赟前来登基。也在这时，辽兵入寇，连破内丘、饶阳两城。李太后令郭威率大军渡河抗击辽兵，国事暂委于王峻，军事暂委于王殷。郭威率兵到澶州，将士一呼百应，要拥郭威做皇帝。于是，裂黄旗披在郭威身上，三呼万岁之后，郭威乐享其成。这时，进京要当皇帝的刘赟已经抵达宋州（今河南商丘），在朝中的郭威心腹王峻、王殷，已经派兵在宋州等候，刘赟被拘，并以李太后名义废为湘阴公，不久被杀害。就这样，郭威代后汉建后周，成为后周开国皇帝。

郭威即位之后，能够躬行节俭，下诏禁止各地进贡珍巧纤奇、山珍海味，又砸宫中原有的金银玉器、镂宝床几、饮食之具于殿廷，表示自己厉行节俭的决心。面对后晋后汉以来残破的社会经济，郭威下诏奖励耕植，招抚流亡，平均赋役，恢复农业生产，发展经济，使后周社会经济有了一定程度的恢复和发展。郭威针对当时轻视文化、鄙视文士的现象，采取亲至曲阜拜祭孔子、重用文士、重视科举选士等措施，表现出与五代其他帝王不同的王者风范。

面对当时的骄兵悍将和败坏的吏风，郭威从中央做起加以整顿。枢密使王峻专横跋扈，居功骄矜，提出要兼任青州节度使，得逞后又要求罢免宰相李谷、范质，另行起用自己的亲信，郭威下令拘押王峻，将其贬死。郭威坚决镇压反叛的藩镇，限制藩镇掌控州县的权力，实行民政、军事分工管理。为了改变吏风，郭威严厉惩治贪浊官吏，处死一批贪赃枉法、残酷暴虐的地方官员，在一定程度上扭转了地方官吏胡作非为的惯例。

公元 954 年正月，在位四年的郭威去世。早在郭威起兵邺都前，诸子及家人被后汉隐帝刘承祐全部杀害。郭威去世后，养子柴荣继位，柴荣即后周世宗。

柴荣为郭威妻柴氏兄柴守礼子，幼年就随姑母成长于郭威家中，与郭威夫妻关系融洽，遂被收为养子。柴荣即位后的头等大事，便是抵御北汉的进攻。被史家列入十国的北汉，为刘赟父后汉河东节度使刘崇建立。刘崇建北汉后改名刘旻，因郭威杀其子篡其兄所建后汉而与后周势不两立。刘旻乘后周太祖郭威新丧、世宗柴荣新立人心不稳之际，联合契丹发兵南下，直指潞州（治上党，今山西长治市）、泽州（今山西晋城），妄图一举灭亡后周。当时朝中多数反对用兵，柴荣力排众议，决定亲自率领禁军出征。柴荣与刘旻相遇在泽州高平县南（今山西晋城市高平南），刘旻见周军兵少，遂不等契丹会军提前发动进攻。两军刚一交锋，后周禁军大将樊爱能与何徽率领右路军溃退，使周军的形势一下子变得非常严峻。柴荣屹然不动声色，率领亲兵，临阵督战，偏将赵匡胤、禁军主将张永德冲锋陷阵，拼死奋战，双方血战至傍晚，北汉军队溃败，刘旻仅率百余亲骑狼狈走逃。这场被史家称为高平之战的大仗结束以后，北汉再也不敢轻言对后周出兵。而柴荣却从这场大战中，看出本朝禁军的弊端，决意改变五代诸朝对骄兵悍将的纵容姑息。柴荣召集诸将，当众宣布樊爱能、何徽等将校七十多人罪状，并立即斩首。接着任用年轻有为将领，裁汰禁军中的老弱病残，召募天下豪杰，柴荣亲自试阅武艺，精选骁勇，选拔藩镇军队中的善战之士加入禁军，并通过艰苦训练，军队面貌一改而新。

御敌于外，整军于内，在打造了一支精锐禁军以后，柴荣于公元955年遣凤翔节度使王景、宣徽南院使向训为将，率军伐蜀，一路收复了秦、凤、阶、成四州之地，然后答应后蜀求和请求，罢兵归朝。此战虽未灭亡后蜀，却夺取了战略要地，将后蜀封锁在两川范围之内，使其不敢轻易骚扰后周西部边境。接着，柴荣前后三次亲征击败南唐，占据南唐淮南十四州，巩固了南部边境，使十国中最有实力的南唐俯首称臣。

公元959年一月，志在统一全国的柴荣，首先对契丹用兵，意在先行夺回被石敬瑭拱手送出的幽云十六州。柴荣亲率大军自汴梁出发，直抵沧州，然后统领步骑数万直入契丹境内。柴荣大军一路势如破竹，所遇契丹军队非逃即降，连下莫、瀛、易三州及益津、瓦桥、淤口三关之地。

然而，正当柴荣准备向幽州进军以雪国耻的关键时刻，突然身患重病，后周大军只得班师回朝。公元 959 年六月，39 岁的后周世宗柴荣驾崩，年仅七岁的儿子柴宗训继位。次年正月，任殿前都点检（禁军的最高长官）兼宋州归德军节度使的赵匡胤，原版复制后周太祖郭威的剧本，在陈桥驿（今封丘东南陈桥镇）发动兵变黄袍加身，后周灭亡。

后周中央行政机构仍实行三省六部制。三省为尚书省、门下省与中书省，下设六部尚书。后周亦设枢密院掌管军事，枢密使可直接任免藩镇，实权往往超过宰相。后周世宗柴荣命司徒平章事范质与礼部尚书平章事王溥参知枢密院事，以此加强文人官僚制度。节度使为后周地方行政军事长官，主管地方军事、行政与财政，位高权重；第二行政区为州，州设刺史，部分州因首都地位或区位优势而升级为府。第三行政区县则设县令。军事方面后周在首都设龙捷左右军、虎捷左右军。后周世宗时改革军事制度，实施练选制度，精简中央禁军，补充强健兵士，设殿前都指挥使、水陆都部署、殿前都点检等高级军官，其中殿前都点检掌握军事实权。后周军纪严明，禁止藩镇制造或购买军械，不准藩镇干预民政，限制藩镇权力膨胀。后周坚持严惩贪官污吏，郭威老部下叶仁鲁任莱州刺史时，贪赃万匹绢千缗钱而被郭威处以死刑；柴荣时左羽林大将军孟汉卿主管税收，因多收耗余也被处死。皇帝不留情面惩治贪腐，有效遏制了五代官僚任意盘剥百姓的恶习。

后周注重减轻对百姓的剥削压迫程度，采取措施改善生产条件，发展经济。后周初建，下令废止后汉以来征收的高额耗余；有一项起源于后梁的"牛租"，因当初朱温曾在淮南抢到大批耕牛、后梁便将耕牛分给农民使用而开征牛租。已经几十年过去，朱温所分之牛早随朱温而去，牛租仍年年征收，郭威下令将这项租税废止；后周以前不准民间买卖牛皮，后汉规定私贩牛皮一寸者处以死刑，后周改为每十顷田捐牛皮一张，其余任由农民买卖或自用。唐末以来实行"营田务"制度，即把官有土地交给佃户耕种。这些佃户户籍不隶属州县，由户部另外设官署管辖，佃户全家老小等同于农奴。后周取消营田务，划户籍归州县管辖，房屋、田地、农具、耕牛归佃户私有，变农奴为自耕农，解放了生产力，扩大了征税税基；后周屡次下令减轻租税的同时，于公元958年采取措施均定田赋，即按实际田亩数字收税，打击唐末五代以来地方豪强隐匿土地、交通官府、转嫁田赋于贫苦农民的顽疾，也让因洪水冲毁或出卖已经失去土地的农民，不再承担租税。

后周招抚流散农民，发展农业生产。后汉的残暴统治和长期的战乱，迫使大批农民背井离乡，从而留下大量的无主荒田；后周初年幽州饥荒、北汉剥削过重，难民纷纷流入后周境内；南唐发生旱灾，饥民涉过淮河来到后周。郭威命令各地官吏妥善安置难民，分发口粮，分配荒地，解决入境灾民燃眉之急，增加劳动力几十万。值得称道的是，后周对逃亡民户和无主土地的人性化处理。公元955年朝廷规定，准许农民向政府承佃这类土地耕种，适当缴纳租税。而这类土地的原主人三年以内回来者，可收回原土地总数的一半；五年以内回来者，可收回三分之一；五年以上回来者，只能收回自家的坟地。这一规定兼顾了外逃户与承佃户的利益，既鼓励承佃户放心生产，又吸引外逃户提前回家，可谓国家、外逃户、承佃户三方获利，促进了闲置土地的利用和开发，增加了农民和政府的收入。

后周投入人力物力治理河患，兴修水利。后梁朱温君臣父子以开挖黄河作为防御敌人的手段，从此造成黄河连年溃决，后梁、后唐、后晋、后汉四朝听之任之，决河洪水淹没田地、吞噬人畜，危害之大之甚罄竹难书。公元954年，世宗柴荣派李毂到澶、郓、齐一带，征发六万民工堵塞决口；公元959年，黄河又在原武（今河南原阳）决口，柴荣再派吴延祚征发民工堵决口，修长堤，保民生。公元957年，柴荣又命疏浚汴水，使其向北流入五丈河。之后又继续进行疏通，开挖了从汴梁到相当于今山东各地的航运路线。黄河与淮河之间的水道交通线，本是唐朝中央获取东南财赋的生命线。南北分裂以后，这条航路完全淤塞。后周从公元955年开始，命武宁节度使武行德加以疏通，三年后再疏浚汴口，沟通了黄淮间的全部航线；接着又在大梁城外引汴水通蔡水，沟通京城与陈（今河南淮阳）、颍（今安徽阜阳）之间的水道交通，在汴水以西增加了一条航运水道。就这样，后周虽然不满十年，却两主贤明，敢于作为，使中原地区的政治、经济、军事，都显露出崭新的气象，也为北宋王朝的隆盛局面打下了坚实的基础。

1. 太祖郭威

公元 951 年正月初五，后汉李太后诏令，传国玺于后汉枢密使兼天雄节度使郭威。郭威在崇元殿登基称帝，国号周，史称后周，郭威为后周太祖。

郭威为邢州尧山（今河北省邢台市隆尧县西）人，生于公元 904 年七月，父亲郭简，母亲王氏。郭威三岁时全家迁徙到太原，不久父母双亡，由姨母抚养长大。郭威十八岁时，泽潞节度使李继韬招募兵士，郭威前去应招。李继韬见郭威魁梧高大，双目有神，膂力过人，便留在身边做牙兵。后来，李继韬为后唐庄宗所杀，部众悉为李存勖收编。郭威因略通文墨粗识兵法，被破格录用，任为军中校尉。石敬瑭灭后唐，郭威又在石敬瑭手下从军。

郭威的过人之处，在于不单单凭借自己勇武谋求发展，而是注重通过读书提升自己。曾经的好友李琼见郭威爱学习，就将自己常读的兵书《阃外春秋》推荐给郭威。郭威从这本书中记载的存亡治乱、贤愚成败事例中，明白为人要正，用兵要奇，并通过亲历的战事和人事对照总结，在为人处事和进退谋略方面都有很大的起步。后来，刘知远升任后晋侍卫亲军都虞候，郭威前去投靠。经过一段时间的相处，被刘知远视为心腹，还让郭威督率亲军。郭威临事很有计谋，刘知远设计争取投诚的吐谷浑部驻扎在太原，其军队彪悍，财物丰富，刘知远担心反复无常的吐谷浑部转而北投契丹，很想据为己有，却一时没有办法。郭威献计，请刘知远借机除掉吐谷浑部首领，然后以厚赏将军队招抚，财物自然全归后汉。刘知远依计行事，结果如愿以偿。

在契丹攻灭后晋的混乱时期，郭威与史弘肇等人劝说和帮助刘知远称帝，从而让自己成为后汉的开国功臣。国家初创，郭威为刘知远出谋划策，帮助后汉政权稳定了局势，刘知远以郭威为枢密副使、检校司徒，成为后汉位至宰相的统军将领。刘知远视为心腹重臣的郭威，在刘知远临终时，被委任为托孤大臣，与杨邠、史弘肇、苏逢吉等大臣辅佐刘知远子刘承祐嗣位。刘承祐任郭威为枢密使，掌管全国兵权。

这年三月，河中（今山西省永济市）节度使李守贞、凤翔（今陕西省凤翔县）节度使王景崇、永兴（今陕西省西安市）节度使赵思绾相继反叛。刘承祐派白文珂、常思、郭从义等将率兵讨伐。白文珂、常思、郭从义首战告捷以后，李守贞退守河中城，闭门不战。三将无计可施，便从春天围城到夏天，河中城仍然坚固如初。刘承祐只得加授郭威同中书门下平章事，请郭威挂帅出征。

郭威一路行军到达河中，一番实地勘察以后，命常思筑寨于河中城南，白文珂筑寨于河中城西，自领中军筑寨于河中城东，同时征调周边五县三万民夫，在三寨与河中城之间筑起连环堡垒，沟通衔接保护新建的营寨。久困城中的李守贞，一见营寨森然，堡垒相连，便率军出击，将郭威所筑堡垒全部毁坏，然后快速撤回城中。郭威再次命令兵民修复堡垒，而李守贞一见堡垒出现，即不计代价率兵出城破坏。如此周而复始，李守贞频频出击拆毁堡垒，每次都要损兵折将。就这样持续将近一年时间，李守贞城中将士和粮食消耗折损殆尽。郭威抓住时机，率领全军一鼓作气攻克河中城。李守贞见状，与妻子儿女自焚而亡。永兴赵思绾、凤翔王景崇相继归降，使风雨飘摇的后汉政权转危为安。

平定三镇反叛，隐帝刘承祐非常高兴，设宴庆功，加授郭威检校太师兼侍中，并赐玉带慰劳。郭威坚辞不受，言说破贼非一人之功，朝中将相安定朝廷供给军需，众位将士奋不顾身英勇破城，各地镇将确保一方平安，都为平叛安国立下大功。于是，隐帝同时赏赐史弘肇、苏逢吉等朝臣和各地驻军将领。就这样，不贪功的郭威，却大大提高了自己的威望。之后，契丹侵犯边境，郭威移师北伐，大败契丹，以功进封邺都留守、天雄军节度使，仍然以枢密使的身份赴任，并获得节制河北诸州郡的特权。

郭威到任后，积极备战防御契丹。然而不久，隐帝不忍武臣的跋扈和对皇权的蔑视，便听从舅父李业的挑拨，诱杀了朝廷重臣杨邠、史弘肇、王章等人，然后命另一舅父李洪义前往邺都去杀郭威，并将郭威留在京城的妇孺宗亲满门诛杀。李洪义不想加害好人，就将消息告诉郭威。郭威闻讯，即以清君侧为名起兵。旬月之间，郭威大军杀到京师，隐帝刘承祐出逃途中被部下所杀。一时朝廷无主，郭威于是总揽国事，并请李太后临朝听政，还请李太后立刘氏后人为帝。李太后下诏，要立刘知远养子刘赟为帝。郭威派出宰相冯道，前往徐州迎接刘赟。这时，契丹军乘机再次南侵，太后命郭威统军北征。郭威大军行至澶州（今河南濮阳），众位将士一轰而上山呼万岁拥立郭威为帝。黄旗裹身的郭威，率大军回师开封。这时，刘赟已经到达宋州（今河北商丘），郭威手下监军王峻派遣侍卫马军都指挥使郭崇威率领七百精骑，昼夜兼程赶到宋州，拦阻刘赟，杀掉刘赟心腹，招降其卫队，并将刘赟软禁在宋州。李太后闻奏，被迫废刘赟为湘阴公，并于次年正月宣示诰命，将后汉传国符宝授予郭威。于是，郭威在崇元殿即皇帝位，改国号为周，年号广顺，史称后周。

郭威即位后，为绝后患，差人前往宋州杀掉刘赟。占据北方十二州的刘赟父亲刘崇闻讯大怒，依附契丹自立为帝，建立北汉，并与后周如同水火。这年二月，刘崇发兵五路攻打晋州（今山西临汾），结果大败而回。十月，刘崇亲率精兵二万，联合契丹兵再次入寇，郭威挥军反攻。十二月天降大雪，刘崇和契丹军难以久留，烧营夜逃。郭威军乘胜追击，北汉与契丹兵马死伤无数，郭威大获全胜。

泰宁节度使（镇兖州）慕容彦超，为后汉高祖刘知远的异父同母弟。郭威自邺都向大梁，慕容彦超受命抵御郭威，兵败逃归兖州。在郭威称帝后，慕容彦超发乡兵入城，引泗水注壕中，为防守做了大量准备；又令诸镇将广募群盗，剽掠邻境，以备迎战郭威。公元952年正月，郭威发兵讨慕容彦超，设长围进攻兖州。四月，郭威下诏亲征，五月至兖州城下。城破，慕容彦超投井身死，后周边境进一步巩固。

朝臣王殷，在后汉隐帝时为侍卫步军都指挥使。后因契丹侵入，领兵出屯澶州，从郭威入大梁。郭威即皇帝位后，王殷为天雄军节度使，权力极大。公元953年十二月，王殷入朝大梁，诏令其依旧为内外巡警。王殷出入，随从部下数百人，骄奢横行，蔑视皇权，渐成震主之势，引起朝野不安，被郭威诛杀。而在此之前，郭威先杀王峻。在后汉隐帝末年郭威出镇邺都时，王峻为监军，随郭威南取大梁，充枢密使。郭威即皇帝位，王峻兼右仆射、门下侍郎平章事。王峻为人轻躁，每有启请，稍不允可，立刻变脸，不逊之语随口而出。郭威的家族子女，都被后汉隐帝刘承祐杀害，郭威以妻柴氏之侄柴荣为子。郭威即位，以柴荣为澶州节度使。柴荣以郭威年老多病，请求内调，王峻百般阻止。公元953年，王峻为提拔亲信，奏请以端明殿学士颜衎、枢密直学士陈观代现任宰相范质、李毅之职，郭威认为不妥，王峻当堂怒争不肯罢休。朝臣联奏，王峻被贬商州（治上洛，今陕西商州）司马。王峻、王殷相继被贬斥或诛死以后，柴荣由澶州节度使入为开封尹，被封晋王，继承人的地位才得以确定。公元954年四月，郭威加晋王柴荣兼侍中，判内外兵马事，朝野始安。

郭威为帝，提倡节约俭朴，整顿吏治纲纪，减轻压迫和剥削，招抚流民组织生产，治理河患灌溉良田，积聚国力准备统一战争，可谓大有作为。郭威努力革除唐末以来的积弊，重用有才德的文臣，改变后梁以来军人专政的局面；多次亲自拜谒孔庙、孔子墓，并下令修缮孔庙，禁止在孔林打柴毁林，造访孔子后裔，提拔儒学人士为官，明示要尊崇圣人，以儒教治天下，奠定治国思想基础；崇尚节俭，仁爱百姓，重视减轻百姓赋税负担，自己带头俭省，乘舆服饰不得华丽奢侈，宫中器物力求朴素实用，不准各地贡献珍巧纤丽物品及鹰犬奇禽异兽，禁止玉器珠宝入宫；免除后汉所有额外苛敛；废止后晋、后汉执行的一些极为残忍的刑法；适当放宽累朝严酷的盐、酒、皮革禁令；授无主田土给数十万投归中原的幽州饥民，放免其租税，提高农民生产积极性。郭威的精心治理，使后周在很短时间内即显露出民富国强的迹象，而且国内社会安定，百姓安居乐业，朝廷忠臣良将济济一堂。

更值得称道的，是周太祖郭威对接班人的选择、培养、考察和保护。历朝历代君王传承，基本遵循父死子继或兄终弟及的传统，即始终围绕血缘关系选择和定夺。而周太祖郭威，却将皇位传给与自己毫无血缘关系的柴荣，而且为柴荣登基做了充分的准备，加上柴荣登基以后的卓越表现，充分印证了郭威以天下苍生为重的雄才大略和识人知人的无私智慧。

郭威的宗亲子女，几乎全被后汉隐帝刘承祐杀害。但从血缘角度，比柴荣更有资格继承皇位的，还有郭威的外甥李重进和女婿张永德。李重进的母亲，是郭威的四姐。在后晋、后汉时期，李重进跟随舅父郭威四处征战，而且颇具军事才能。公元 951 年郭威即位，李重进先后被封为大内都点检兼马步军头、殿前都指挥使等职务，负责管理禁军。李重进知道舅父后继无人，便一直向往着舅父的皇位。

张永德是郭威唯一存世女儿寿安公主的丈夫。郭威戎马一生，仅有一个女儿，因此对女儿女婿格外关爱。郭威即位后，二十多岁的张永德先后在禁军中担任重要职务，成为五代后期至北宋初年的著名大将，历任殿前都点检、侍中、东京内外都巡检使等职，后来参与了对北汉、南唐、契丹的战事，并且屡建功勋。就个人素质和实践锻炼成效来看，李重进和张永德都有继承皇位治理国家的资历和能力。

提起柴荣，还得从郭威原配夫人柴氏说起。柴氏原为后唐庄宗李存勖的嫔妃。李存勖去世以后，后唐明宗李嗣源大规模裁撤李存勖后宫。被裁撤的柴氏在遣返回乡途中，巧遇落魄时期的郭威。二人一见倾心，结成患难夫妻。遗憾的是，两人婚后一直没有子女。于是，郭威收柴氏兄柴守礼十来岁的儿子柴荣为养子。

柴荣生性谨厚，颇有远见。当时郭威家境促迫，柴荣一边做小买卖资助家用，一边习骑射，练武艺，读史书，成长很快。成年后的柴荣，跟随郭威南征北战，急难险阻也能自如应对。柴荣坐镇邺都时，善理民政，得到百姓衷心拥戴。几经比较，郭威认为柴荣综合处事能力远超外甥和女婿。为此，郭威清除了阻拦柴荣回京的权臣王峻和王殷，于公元 953 年封柴荣为晋王，任为开封尹，确立了柴荣皇位继承人的地位。同年十二月，郭威突然一病不起，便再三嘱咐柴荣和大臣，自己的后事务必从简，不要强征民工修造陵墓，也不要宫人长年守陵，更不用在陵墓前立石人石兽，只用瓦棺纸衣下葬即可。公元954年正月，郭威感觉身体已经不济，便召集文武百官当众宣布，晋王柴荣可以在自己枢前即位。万事妥当，郭威亲自监督举行了一个特别仪式，即让早有继承帝位之心的外甥李重进，当着文武大臣的面，十分郑重地向柴荣行了君臣之礼，并誓言拥护柴荣为君。这一切完成后的当天，即公元954年正月十七日，郭威去世。郭威在位4年，终年51岁。

2. 世宗柴荣

公元954年正月二十一日，柴荣遵遗诏，在太祖郭威灵枢前即皇帝位，是为后周世宗。

柴荣于公元921年九月二十四日生于邢州尧山（今河北省邢台市隆尧县）柴家庄，父亲柴守礼。柴荣祖父及父亲为当地富豪，后家道中落，童年时的柴荣投奔到姑夫郭威门下。柴荣生性谨厚，刚毅沉稳，聪明睿智，能帮助姑父郭威处理各种事务，深受郭威喜爱，被收为养子。柴荣姑母嫁给郭威时，郭威仅为小小的马铺卒使，家境窘迫。逐渐长大的柴荣替郭威管家，为资助家用，柴荣在料理田庄的同时，随邺都富商远涉江陵一带贩运茶叶。由于柴荣经营得法，郭家日子逐渐宽裕起来。更为可贵的是，柴荣一有空隙，即勤读经史，苦习骑射，逐渐成为文武双全的少年才俊。柴荣成年以后，跟随郭威转战四方，很快成为有勇有谋的将领。

公元947年后汉政权建立，郭威以佐命之功授为枢密副使，柴荣则被任命为左监门卫大将军。公元950年，郭威被授为邺都（今河北大名）留守、天雄军节度使，统领重兵坐镇河北。柴荣亦随之改任天雄军牙内都指挥使，兼领贵州（今广西郁林）刺史，协助养父掌军。不久，郭威领兵南下，进讨开封。柴荣留守邺城，坐镇河北大本营。

公元950年冬，后汉隐帝刘承祐猜忌郭威，将其留居京都开封的亲属全部杀害，并派人前往邺都企图杀死郭威。郭威以清君侧为名起兵杀向开封，柴荣受命留守邺都，主持邺都事务。次年，后周建国，郭威任命31岁的柴荣为澶州（今河南濮阳）节度使、检校太保，封为太原郡侯。

柴荣早年生活在社会底层，亲尝劳苦艰辛，了解民间疾痛，又从管家、经商到后周开国前担任天雄军牙内都指挥使等高级军官，已经积累了丰富的社会阅历和经验。加之柴荣精于骑射，也涉猎经史子集等文史知识，在当时的统治者阶层，也算是文武兼备的高级人才，故柴荣在治理澶州时，就显示出杰出的政治才能。在柴荣的治理下，澶州治内政治清明，盗不犯境，百姓安居，柴荣因此赢得良好声名。郭威屡次要提升柴荣官职，均由于枢密使王峻的阻挠而未能实现。

公元952年正月，泰宁军节度使慕容彦超叛乱，柴荣屡请率军征讨，虽然得到郭威的嘉许，但因权臣王峻一再阻扰，只能作罢。十二月，柴荣被加授为检校太傅、同中书门下平章事。公元 953 年正月，柴荣入朝觐见，又因王峻进谗，旋即返回镇所。不久后，王峻获罪被贬，柴荣于同年三月加封为晋王，入朝任开封府尹。公元 954 年正月郭威病重，柴荣被加授为开府仪同三司、检校太尉兼侍中，判内外兵马事。同月十七日郭威驾崩，柴荣遵遗诏，在郭威枢前即皇帝位。

柴荣初即位，北汉主刘崇抓住机会进攻后周，并亲率大军三万，联合契丹大将杨衮统率万余骑兵南趋潞州（治上党，今山西长治市），柴荣亲率大军抵御。北汉主刘崇军越潞州而南，在高平（今山西高平）南之巴公原（在今山西晋城东北）与后周军相遇。后周大将白重进、李重进将左军在西，樊爱能、何徽将右军在东，向训、史彦超将精骑居中央，殿前都指挥使张永德将禁兵保卫柴荣，柴荣亲临前线督战。两军交锋，后周右军樊爱能、何徽引骑兵先退，右军溃，右军步兵千余人投降北汉。柴荣见军势危急，自引亲兵冒箭督战，士卒奋勇杀敌，北汉兵败退。这时，北汉主刘崇听说后周世宗亲临前线，便调动精悍部队，由骁将张元徽率领大肆进兵。在奋战之中，张元徽坐骑失蹄坠马被杀，后周兵士血战，北汉兵大败，后周军乘胜进击，一路追过高平城。汉军一败再败，尸体横陈一路，辎重器械丢弃不计其数，刘崇弃大军自雕窠岭（今山西高平西北）逃遁，昼夜北走，败回晋阳。

高平之战大胜，柴荣地位更加巩固。战后，柴荣整饬军纪，斩杀樊爱能、何徽等七十多名临阵脱逃将士，同时对作战有功的赵匡胤、李重进、张永德等人给予重赏。五月，柴荣又乘胜追击，包围北汉都城太原，但由于粮饷不继，加之连日霖雨，士卒病疲，未能将其攻克，柴荣下诏班师。

柴荣年富力强，雄心勃勃，决心遵养父遗愿，干出一番大事业，为百姓创造一个和平的生活环境。为此，柴荣给自己定下"十年拓天下，十年养百姓，十年致太平"的远大计划。为实现这一目标，柴荣首先从整顿吏治入手，打击贪官悍吏，重用贤能之士，提振朝野信心。公元954年九月，右屯卫将军薛训监雍兵仓时，纵容吏卒重敛百姓被流放沙门岛；宋州巡检竹奉璘私盗经商船只而被斩于宁陵县；十月，在叶县巡检时，挟私妄杀平民的供奉官郝光庭以弃市处决；左羽林大将军孟汉卿以监纳厚取耗余之罪，被勒令自尽。公元955年正月，柴荣令朝中群臣各举荐一人，允许不避亲嫌，但需要在授官之日，各署举主姓名，一旦发现被举者贪赃枉法或昏庸无能，便连坐举主。柴荣用人唯才是举，对于有真才实学的人士，不计较其名位资望的高低，往往破格予以录用。柴荣即位后，下令各级官员，有什么政见或看法，都可以写成奏章呈上，也可以当面奏议。在这个过程中，只要发现杰出人才，即予以录用。公元954年七月，柴荣力排众议，任用范质、李谷、王溥三人为相；魏仁浦虽非科举出身，柴荣不顾众臣反对，破格任为枢密使。而事实证明，破格者均为忠臣良相。公元957年十月规定科考时，诏命不限资格，民间在野之人只要确有特长，都准许参加考试，以便在更大范围为国家选拔人才。这些做法，极大地震慑和鼓舞了后周官员，提升了执政水平。五代以来，法令繁杂，苛法严峻，柴荣废除了凌迟之类的酷刑，代之以较为人道的处罚方式，最终制定出较为完善的《大周刑统》，并成为北宋《宋刑统》的范本。

柴荣重视发展农业，减轻赋税，即位当月下诏，凡军中老弱，情愿回家种田者统统可以退伍回家，不久又下令招抚各地流民，分给他们土地，鼓励垦荒耕田。柴荣还下诏清查户口，均定田租，规定所有人无分贵贱，一律纳税。这一措施打击了土豪劣绅，减轻了普通农民的租税负担，增加了国家的赋税收入。为限制劳动力随便私入佛门，促使佛教有序发展，增加农业劳动人口，柴荣于公元 955 年下诏，废除诸道州府县镇一切未经朝廷批准的寺院，并严格控制出家和授戒人数，明确规定凡出家者，必须得到父母和祖父母两代亲人的同意，并且要能够背诵或诵读一定数量的经文；下令将寺院的铜铸佛像收归官府，用以铸造钱币。柴荣前后废除寺院三万多所，还俗僧尼六万多人，使寺庙管理趋于规范，社会劳动力有所增加。

公元 954 年十一月，黄河在郓州界决口，数州之地，洪流为患。柴荣征发丁夫六万人，派宰相李谷监筑河堤，历经三十日完工。公元 955 年三月，委派忠武节度使王彦超与彰信节度使韩通率领军卒及民夫，疏浚深州和冀州之间的胡卢河，并在李晏口夹胡卢河修建城垒，派重兵戍守，其后命德州刺史张藏英招募边境骁勇之民，组成一支精悍边军，形成了一道坚固的防线，使边民得以安居乐业。公元 959 年二月，征发徐、宿、宋、单等州丁夫数万疏浚汴河；发滑、亳二州丁夫疏浚五丈河，东流于定陶入济，以连通青、郓水运之路。又疏浚蔡河，沟通陈、颍水运，于是江淮舟楫始通，对后周军事战略、水利灌溉和经济发展都产生了重大影响。

柴荣即位时，开封城内道路逼仄，拥挤不堪。公元955年四月，柴荣颁布了建筑开封外城的诏书，进而申明扩大城市用地的规划，至公元956年正月，征发开封府及近畿的曹、滑、郑州十余万丁夫工匠开始建筑。在旧城之外新建罗城，相当于原旧城的四倍。扩建中还给百姓很大的选择机会，即在新城各类公共设施选址完成以后，百姓可以在规划内的其他土地上自行建造。公元956年六月，又下诏对道路宽度和绿化作出具体要求。此外，柴荣还对开封的水系景观进行了营造，允许市民在河边种植绿树，建设标志性建筑。这些措施的执行，使得开封的城市面目为之一新，城市功能大大提升。

柴荣重视文化事业，令枢密使王朴会同司天监修订历法，制成《显德钦天历》，颁布全国使用。又命王朴、窦俨等人考证雅乐，重定音律，撰《大周通礼》《大周正乐》，使失传多年的唐代音乐得以恢复，并流传后世。柴荣注重史籍保管，于公元956年令史臣张昭等人修编太祖郭威、后梁末帝朱友贞、后唐闵帝李从厚、末帝李从珂等人的实录，填补了五代书史方面的空白。柴荣多次亲临史馆视察国家藏书情况，下诏搜求遗书，对献书之人给以优厚赏赐；挑选常参官三十多人，对所藏图书进行校雠、刊正、抄写，使散落民间的典籍得以保存于国家史馆，为珍贵典籍保护传承做出了贡献。

早在高平战役之后，柴荣针对五代时的禁卫军历代相承、不加淘汰、老弱夹杂、一心向钱、纪律松弛、遇到劲敌非逃即降的痼疾，加大改革力度，大规模点检部队，裁去老弱，选拔精锐，同时广募天下壮士到开封，由赵匡胤精心挑选骁勇者编入殿前诸班，并经过严明纪律、严格训练，终于打造出一支威震邻国的精锐禁军，史称士卒精强近代无比，征伐四方所向皆胜。

国力军力充实以后，柴荣进一步专注于三个十年的宏愿。公元 955 年，柴荣向朝臣征求统一天下的方略和治理天下的建议。王朴献《平边策》，主张以南唐作为首个兼并对象，因为后周南唐以淮河为界，边界长达二千里，即可通过少数兵力经常袭扰消耗南唐，待对方兵疲力竭，即可一举而下江北各州。江北到手，江南即可直取。南唐亡后，岭南（南汉）、巴蜀（后蜀）传檄可定。南方平定之后，燕地必望风内附。那时，仅有后周死敌河东（北汉）刘氏，集中强兵即可攻灭。

王朴之策基本符合当时形势，柴荣非常赏识，并以此制定统一大计，而且以王朴为重要谋士。公元 955 年五月，柴荣发兵，数月便夺得后蜀秦（今甘肃秦安西北）、凤（今陕西凤县东）、阶（今甘肃武都东）、成（今甘肃成县）四州之地。

公元 955 年十一月，柴荣准备亲征南唐，先派李谷统领韩令坤等十二位将军出征，同时下诏要求吴越王钱弘俶出兵常州，以牵制南唐军力。次年，因不赞同李谷保守持重的进攻策略，改命李重进为淮南道行营指挥使。李重进率领赵匡胤等名将主动出击，率先攻击淮河南岸重要战略据点寿州（今安徽寿县）。寿州守将刘仁赡颇有胆识，后周军队一时难以攻克，柴荣决定一面围攻寿州，一面继续前进攻取江北各州。公元956年二月，赵匡胤奇袭滁州（今安徽滁县）清流关，南唐将皇甫晖、姚凤在山下列阵，后周军绕出山后，二将失却地利，只得弃关入城。赵匡胤来到城下，皇甫晖勉强整队出战，锐气已失。赵匡胤接连猛攻，擒获皇甫晖与姚凤，攻克滁州。韩令坤袭取了扬州（今江苏扬州），攻破泰州（今属江苏）。西面的光州（今河南潢川）、蕲州（今湖北蕲春）、舒州（今安徽潜山）、黄州（今湖北黄冈）等州也相继被后周攻克。

淮南民众本来怨恨南唐的横征暴敛，见周兵入境，竭诚欢迎，有的还备下酒肉慰劳军队。可是，后周将领仍然延续五代军队掠物害民的恶习，大失所望的淮南百姓或避入山岭，或建立堡垒，以农具为武器对抗后周军队。陷入民众战争旋涡的后周军队节节败退，一些已经到手的州县，也被南唐军队夺回。柴荣只得缩短战线，放弃滁、扬等州，集结主力到寿州城下。柴荣回京以后，五月征集工匠，于大梁城西汴水侧造战舰数百艘，命后唐降卒为教练，组织后周军队习演水战。数月之后，后周水军已经能够纵横出没于江河湖泊之中。

总结经验教训，柴荣采取措施获取民心，宣布赦免淮南各州囚犯；取消南唐政府各种不合理的赋役。攻克寿州之后，下令免缴租税，对反抗周军的民众不加追究；禁止兵马损害庄稼，破城之后不许进行掳掠。公元957年二月柴荣再到淮南，天时地利人和俱备，后周军队重新获得绝对优势。三月，周军在寿州城外大破南唐援军。寿州弹尽粮绝，城中将士乘刘仁赡大病之机开门迎降。柴荣赞赏敌将刘仁赡尽忠执事的品格，在强敌刘仁赡去世以后，追封其为彭城郡王。

公元957年十一月，柴荣亲率诸军第三次征伐南唐，攻濠州（今安徽凤阳西北），败南唐军于涡口。一鼓作气，向东横扫沿淮城栅，十二月，泗州（今安徽泗县东南）守将举城投降，柴荣亲率水陆大军东下，得南唐军舰船三百余艘，加之后周军数百艘舰船，水陆俱奔，所向皆捷，连降涟水、亳州等地。公元958年正月，柴荣亲自率军攻克楚州（今江苏淮安），二月再破扬州，扩大战果占领淮南东部，推进到长江北岸。三月，前往泰州、广陵、迎銮江口，大败后唐军队，并有数百艘战船开进长江。南唐烈祖李璟担忧后周军队大规模渡江，遂遣使求和，进献贡品，被迫献上后周军队尚未攻下的庐（今安徽合肥）、舒、蕲、黄四州之地，情愿以长江为界，每年进献贡物十万，以求罢兵。至此，后周共得南唐光、寿、庐、舒、蕲、黄、滁、和（今安徽和县）、濠（今凤阳东）、泗（今江苏盱眙对岸）、楚（今淮安）、扬、泰、通（今南通、南唐叫静海军）十四州六十县，大大扩展了中原王朝的版图，使南唐俯首就范，同时震慑了南方割据势力，为之后的北伐解除了后顾之忧，使柴荣结束割据局面统一全国的愿望露出一缕曙光。

公元 959 年四月，柴荣亲率诸军北伐契丹，取道沧州（今属河北）北上，率步骑数万直入契丹境内，契丹宁州刺史王洪举城投降。之后，柴荣领兵水陆俱进，兵至益津关（今河北霸州境内）、瓦桥关（今河北雄县城西南）、莫州（今河北任丘北），守关将领及州刺史举城投降。五月，瀛州（今河北河间）刺史高彦晖以本城归顺；义武节度使孙行友攻克易州（今河北易县），擒获契丹易州刺史李在钦。同月，以瓦桥关设置雄州、益津关设置霸州。这次出师仅四十二天，连收三关三州共十七县。柴荣会诸将，部署乘胜夺取幽州（今北京市）。然而，就在这关键时刻，柴荣突然患病，不得不自雄州回师。

公元 959 年六月，昭义节度使李筠攻克北汉辽州，擒获其刺史张丕旦。同月，柴荣回到开封，解除张永德殿前都点检职务，命赵匡胤接任此职，封四子柴宗训为梁王。同月十九日，励精图治、志愿宏大的一代英主柴荣，因病在开封万岁殿驾崩。柴荣在位 6 年，终年 39 岁。

3. 恭帝柴宗训

公元 959 年六月二十九日，年仅 7 岁的柴宗训在父皇柴荣的灵柩前继位，是为后周恭帝。柴宗训为后周的末代皇帝，也是五代时期的最后一位皇帝。

公元 953 年八月初四，柴宗训出生于澶州，父亲为周世宗柴荣，母亲符氏。柴宗训为柴荣第四子，三位兄长柴宗谊、柴宗诚、柴宗諴，于公元 950 年十一月被后汉隐帝刘承祐全部杀害；同时被杀害的，还有三位兄长的母亲、父亲柴荣的发妻刘氏及柴家众多宗亲。

柴宗训生母为天雄节度使、魏王符彦卿的女儿、周世宗柴荣的第一任皇后符氏。柴荣共有三位皇后，第一位夫人刘氏被后汉隐帝杀害，后被追认为贞惠皇后。柴宗训母亲大符皇后貌美聪颖，为人谦和而有教养。公元 954 年柴荣亲征南唐，大符皇后随王伴驾，因水土不服身染重病，于公元 955 年七月二十一日病逝，年仅 26 岁。大符皇后病危时，实在放心不下未满 3 岁的皇子柴宗训，便乞请柴荣纳自己妹妹为皇后，好尽心照顾柴宗训。柴荣应允，并于公元 959 年立大符皇后妹妹为皇后。

不满 40 岁的后周世宗柴荣，正年富力强满怀信心地率领大军收复幽燕之地，谁知突然身患重病，而且病势危急。大臣请封皇子为王，病中的柴荣于公元 959 年六月，册立年仅 7 岁的柴宗训为特进左卫上将军，封梁王，确定为皇储。六月十九日柴荣驾崩，柴宗训在灵柩前即位。由于年纪幼小，尊符氏为皇太后临朝听政，范质、王溥、魏仁浦并相，主持军国大事。

皇帝新丧，幼主登基，政局不稳，人心浮动，谣言四起。忠于后周的官吏意识到，动乱的根源十有八九会出自殿前都点检赵匡胤。说起后周的"殿前都点检"这一官职，为后周皇帝因加强朝廷禁军实力而设。在后周世宗柴荣御驾亲征的高平之战中，有两个禁军指挥使刚一开战即率军逃跑，差点致使世宗落入敌手。战后柴荣决定整顿军队，挑选身强力壮武艺精练的士兵做殿前侍卫，即殿前军。殿前军的首领称为殿前都点检，设一正一副两职，其官位和职权在马步军首领之上。也就是说，殿前都点检就是朝廷军队中的特级将领，而手下的军队则是全国军队精英中的精英。因此，这时有大臣上奏，赵匡胤不应再掌禁军；甚至有大臣主张，对赵匡胤应该采取先发制人措施。而恭帝柴宗训，则只改任赵匡胤为归德军节度使、检校太尉。

这时赵匡胤及其心腹，也在加紧活动。在柴荣去世后的半年里，禁军高级将领的安排就是明证。在殿前司系统，原来一直空缺的殿前副都点检一职，由赵匡胤少年时的好友慕容延钊出任；另一赵匡胤的故交王审琦，担任了原来空缺的殿前都虞候一职，而当时已经担任殿前都指挥使的石守信，早已是赵匡胤势力圈子中的核心人物。这样一来，整个殿前司系统的所有高级将领，基本上全由赵匡胤的心腹担任。而在赵匡胤的军中，主要干将赵匡义为赵匡胤弟，谋士赵普更是赵匡胤的铁杆亲信，这两人更有着其他人不可企及的英勇和智慧。

公元960年正月初一，后周君臣正在朝贺新年，突然有镇（今河北省正定县）、定（今河北省定县）两州节度使派人来报，言说契丹和北汉联兵入侵。柴宗训征得宰相范质、王溥的同意，命赵匡胤率领禁军前往迎敌。

朝堂领命的赵匡胤立刻调兵遣将，次日即率兵出城，当天下午到达离开封几十里的陈桥驿。这天晚间，赵匡义、赵普与一些将领商议，决定拥立赵匡胤做皇帝。赵匡义和赵普一面布置安定军心，一面派亲信郭延斌秘密返回京城，通知留守在京城的大将石守信和王审琦做好内应。晚间喝得大醉的赵匡胤第二天一早醒来，只听外面一片嘈杂声，接着就有人打开房门，高声叫嚷请赵匡胤做皇帝。赵匡胤赶快起床，有人把早已准备好的黄袍披在身上。一通万岁之后，赵匡胤向部下约法三章：保护好周朝太后和幼主；不许侵犯朝廷大臣；不准抢掠国家仓库。之后率兵返京。赵匡胤回到汴京，有石守信、王审琦等干将为内应，自然一切顺利。建立宋朝的赵匡胤，曾立碑留下三条遗训，其中一条为：即使柴氏子孙犯罪，不得加刑；纵犯谋逆，止于狱中赐尽，不得市曹刑戮，亦不得连坐支属。其后的宋朝皇帝，基本上都能遵守这一遗训。

公元 960 年一月五日，受禅建宋的赵匡胤，降在位仅仅半年的柴宗训为郑王，后周灭亡。赵匡胤封太后符氏为周太后，移居于西宫。公元 962 年，柴宗训母子被迁居房州（今河北房县）。公元 973 年，柴宗训去世，终年 21 岁。

十 国 概 述

在与五代大致相同的这一时期，南北方先后出现了十几个割据政权，史家公认的主要有南吴、前蜀、楚、吴越、闽、南汉、南平、后蜀、南唐、北汉，统称十国。

一、**南吴** 公元892年，唐昭宗李晔封杨行密为淮南节度使。四年后的公元896年，杨行密尽有淮南之地。公元902年三月，为讨朱温，李晔又封杨行密为吴王，杨行密赈济灾民，减轻赋税，收集流民，鼓励种地，完善措施，割据江西、安徽一带。公元905年十一月杨行密去世，长子杨渥继位。杨渥排挤功臣宿将，喜好游嬉玩乐，部将徐温等发动兵变，杨渥被架空后，于公元908年五月遭杀害，权臣立杨渥12岁弟杨隆演继位。公元919年，徐温父子拥杨隆演即位为吴国王，改元武义，徐温继续独掌大权。公元920年五月杨隆演病逝，其四弟杨溥继位。杨溥于公元927年十一月称帝，但大权仍然掌握在徐氏手中。公元937年九月，杨溥让位于徐温养子徐知诰，南吴灭亡。吴都扬州，传4主，历36年。

二、**前蜀** 公元903年八月，唐昭宗李晔封西川节度使王建为蜀王，史称前蜀。公元 907 年朱温建后梁，王建也于成都称帝，国号大蜀。王建励精图治，注重农桑，兴修水利，扩张疆土，实行与民休息政策。在王建长达 16 年的治理下，前蜀冲突战乱较少，而且拥有千里沃土，经济、文化、军事得到较好发展。公元 918 年六月王建去世后，继承人王衍奢侈无度，残暴昏庸。公元 925 年后唐伐前蜀，前蜀军战败，成都沦陷。同年十一月王衍降后唐，前蜀灭亡。前蜀都成都，传 2 主，历 23 年。

三、楚　楚的创立者马殷在公元 896 年被唐朝封为武安军节度使。公元 907 年，后梁建立，马殷主动称臣，被后梁太祖朱温封为楚王，割据湖南。马殷上奉天子，下抚黎民，内靖乱军，外御强藩，使楚国国势日渐强盛。公元 927 年六月，后唐封马殷为楚国王，马殷改潭州为长沙府，作为国都，并在长沙城内修宫殿，置百官，成为名副其实的独立王国。公元 930 年十一月马殷去世，其次子马希声继位。公元 932 年七月马希声去世，其弟马希范继承。公元 947 年五月马希范去世，将领排除马希范诸弟中年龄最长的马希萼，而拥马希范同母弟马希广嗣位。马希萼大为不满，公元 949 年八月，马希萼反叛，楚国内乱爆发。次年八月马希萼以称臣南唐为代价，借南唐兵攻打长沙，马希广战败，马希萼自立为楚王。马希萼得位以后，报复杀戮，纵酒荒淫，部下及将领兵变，拥立马希萼弟马希崇继位，南楚大乱。南唐抓住楚国内乱机会，于公元 951 年进攻楚国，攻占长沙，楚国灭亡。楚国都长沙，传 6 主，历 45 年。

四、吴越 公元 907 年五月，后梁太祖朱温封镇海镇东节度使钱镠为吴越王，钱镠自此据西浙之地建吴越政权。钱镠采取保境安民措施，对中原王朝一律称臣，与邻国争战捡到便宜即止，注重水利开发，农业商业均有发展。公元 932 年三月钱镠病逝，钱镠第五子钱元瓘继位。公元 941 年八月钱元瓘去世，钱元瓘 14 岁六子钱弘佐继位。公元 947 年六月钱弘佐去世，因其子尚幼，由其弟钱弘倧继位。钱弘倧执法严厉，内牙统军使胡进思于当年十二月发动政变，改立钱弘倧弟钱弘俶继位。公元 978 年五月，钱弘俶向北宋献出土地投降，吴越灭亡。吴越都杭州，传 5 主，历 72 年。

五、闽 闽国建立者为王审知。在唐昭宗年间，王审知兄王潮逐渐控制福州一带，被授为威武军节度使。公元 898 年王潮去世，王审知继承节度使之位。公元 909 年，王审知被后梁封为闽王。王审知为人节俭，礼贤下士，减免赋役，促进了闽地发展。公元 925 年十二月王审知去世，长子王延翰继立。王延翰骄横荒淫，残忍凶暴，公元 926 年十二月，被其弟王延钧及王审知养子王延禀弑杀，王延钧继承闽王位，并于公元 933 年正月称帝。公元 935 年十月，王延钧长子王继鹏发动兵变，王延钧被杀，王继鹏夺位。王继鹏猜忌日重，屡杀宗室，公元 939 年被控鹤军使连重遇发动兵变杀害。连重遇拥王继鹏叔王延羲继承。王延羲暴虐胜于王继鹏，拱宸都指挥使朱文进联合连重遇，于公元 944 年三月杀王延羲，连重遇等推举朱文进继闽王位。同年闰十二月，部属杀朱文进，闽遗老请王审知少子王延政嗣位。时南唐趁闽内乱出兵，公元945年八月南唐军攻陷福州，王延政投降，闽国亡。闽都长乐（今福建省福州市），传7主，历37年。

六、**南汉** 南汉奠基者为唐朝清海军节度使刘隐。唐亡后，刘隐臣服后梁。刘隐率兵平定岭南，又从楚国手中夺取容、邕两地。刘隐重用岭南士人，为日后建国打下了基础。公元911年三月刘隐去世，由其弟刘龑继位。刘龑在削平岭南其他地方割据势力后，于公元917年八月称帝，国号汉，史称南汉。刘龑与邻国和好，又兴办学校，提倡教育，推广科举制度，不断增强南汉国力。公元942年四月刘龑去世，其三子刘玢继位。刘玢贪图享乐，不思治国，境内发生反叛，南汉国力开始走衰。公元943年三月刘晟杀兄自立，虽然刘晟从楚国夺得不少地盘，但大肆屠杀皇族和部下，使南汉每况愈下。公元958年八月刘晟病逝，其子刘铱继位。刘铱亦是昏暴之主，南汉在刘铱手中彻底腐坏堕落。公元971年二月，北宋军队进攻南汉，南汉无力抵抗，刘铱投降，南汉灭亡。南汉都广州，传4主，历55年。

七、**南平** 南平的建立者高季兴曾为朱温部下。公元907年朱温称帝后，高季兴被封为荆南节度使。后梁灭亡后，高季兴继续向后唐称臣，后唐庄宗李存勖于公元924年三月封高季兴为南平王。后唐灭前蜀时，高季兴曾表示帮助后唐进攻，但实际并未兑现承诺。后唐明宗李嗣源继位后，高季兴却向后唐索要前蜀土地。李嗣源大怒，发兵征讨南平。因为江南雨季到来，后唐粮草不济，高季兴才摆脱灭亡命运。公元928年十二月高季兴逝世，其长子高从诲继位。高从诲重新修复与后唐的关系，于公元934年被封为南平王。公元948年十月高从诲去世，其三子高保融继位，继续侍奉中原王朝。公元960年八月高保融去世，其子高继冲年幼，高保融遗命弟高保勖继承。公元962年十二月高保勖去世，遗命高保融长子高继冲嗣位。公元963年宋军南征借道路过时占领江陵，高继冲遂投降宋朝，南平灭亡。南平都荆州（今湖北省江陵市），传5主，历40年。

八、后蜀　公元925年后唐灭前蜀，任命孟知祥为西川节度使。不久，孟知祥吞并东川，遂据有两川之地。公元933年二月后唐封孟知祥为蜀王。公元934年正月，孟知祥趁后唐发生内乱自立，国号蜀，史称后蜀。孟知祥在位7个月后病逝，其子孟昶继位。孟昶继位之初励精图治，扩展疆土，后蜀一度国势强盛，并得享30年太平。孟昶执政后期贪图逸乐，不思国政，朝政开始腐败。公元965年正月北宋伐蜀，后蜀军大败，宋军攻入成都，孟昶出降，后蜀灭亡。后蜀都成都，传2主，历32年。

九、南唐　南唐奠基人为南吴权臣徐温。徐温独揽大权，在钱镠之后，吴主多为傀儡。公元927年十月徐温去世，养子徐知诰成为南吴的实际统治者。公元937年十月徐知诰篡吴称帝，国号为齐，史称徐齐。两年后徐知诰宣称自己为唐朝后裔，恢复李姓，改名李昪，改国号为唐，史称南唐。李昪勤于政事，诚纳忠言，广收流民，重视生产，南唐国势日隆。公元943年二月李昪去世，其子李璟继承皇位。李璟敢于作为，灭南楚，收南闽。公元957年后周世宗柴荣征南唐，李璟大败后，向后周割让长江以北14州，并去帝号，只称江南国主。公元961年六月李璟去世，太子李煜即位。李煜词作冠压当世，理国并无多少才能。公元973年北宋皇帝赵匡胤召李煜入朝，李煜拒绝，赵匡胤遂派军队进攻南唐。公元975年十一月宋军攻陷金陵，李煜被俘，南唐灭亡。南唐都金陵（今江苏省南京市），传3主，历39年。

十、北汉　北汉又称东汉，其开国君主刘崇为后汉高祖刘知远弟，曾任后汉河东节度使、太原尹。公元951年郭威灭后汉建后周，刘崇占据河东十二州，在太原称帝，改名为旻，国号汉，史称北汉。在十国中，北汉国力最弱。刘旻步后晋石敬瑭后尘，奉契丹主为叔皇帝。公元954年刘旻试图趁后周世宗继位之初进攻后周，结果惨败，国力更衰。同年十一月刘旻病逝，其次子刘承钧继位。刘承钧继续执行侍奉辽朝的政策，称辽帝为父皇帝。公元968年七月刘承钧病逝，其养子刘继恩继位。不久，刘继恩被供奉官侯霸荣刺杀，刘继恩兄刘继元继位。刘继元残忍嗜杀，动辄将臣属灭族，北汉江河日下。公元979年北宋太宗赵光义亲征北汉，刘继元求救辽朝，赵光义一并击败辽朝援军和北汉军队，刘继元投降，北汉亡。北汉都太原，传4主，历29年。

一、南　吴

（902 年—937 年）

公元 902 年三月，唐昭宗李晔任杨行密为东面行营都统，封为吴王。自此，已经实际割据江淮的杨行密，名正言顺地由藩镇转型为王国，并以吴为国名。为别于春秋战国时期的吴国和三国时期孙权建立的吴国，史学界从地理位置角度，称杨行密所建吴国为南吴。南吴统治范围北起海州（今江苏连云港市），南到虔州（今赣州市），东起常州，西达鄂州（今武汉市），大致相当于今天的江苏、江西、安徽南部、湖北东部等地。南吴前后传 4 主，历 35 年，都扬州。

建立南吴国的杨行密，为庐州合肥（今安徽长丰）人，生于公元 852 年。杨行密幼时丧父，家庭贫困，成年后，人高马大，膂力过人，行步疾速，一只手可以举起百斤，一日能行三百里。公元 875 年前后，江淮反叛群起，杨行密因参与反叛被抓。刺史郑棨见杨行密相貌奇特，便将其释放。后来，杨行密被庐州府募为州兵，因在与秦宗权的战斗中经常立功，很快被升任为队长，不久被指派戍守朔方（今宁夏灵武西南）。为期一年的戍守期满以后，杨行密回到庐州。因为与都将不睦而再次被列入戍边兵士名单，杨行密怒而杀都将，自称八营都知兵马使，统率州兵反叛。大乱之中，刺史郎幼弃城逃走，杨行密遂占据庐州，并四处招兵买马，加快扩大实力。

坐镇扬州的淮南节度使高骈，老来昏庸，宠信方士，迫害功臣，致使上下离心。公元 887 年四月，淮南将领毕师铎、宣州观察使秦彦起兵反叛，攻陷扬州，囚禁了高骈。高骈亲信吕用之带一部分兵马逃出扬州，假借高骈之名封杨行密为行军司马，命其火速率兵讨伐扬州叛贼。杨行密抓住这一扩张自己实力的机会，率领全部人马火速赶往扬州。五月，杨行密与吕用之合兵一处，驻扎于蜀冈。毕师铎率领精兵数万来攻，杨行密诈败，弃营而走。毕师铎的军队占领营寨以后，便疯狂争抢食物财产，瞬间乱作一团。杨行密乘机挥师反攻，毕师铎兵马相互践踏，死伤不计其数。大败之后的毕师铎一人逃回城中，恼羞成怒之中将囚禁的高骈杀害。杨行密得知后，哀声恸哭，命令三军缟素，并乘哀兵之势攻下扬州城，秦彦及毕师铎逃奔东塘。于是，杨行密进入扬州。这时的扬州城，不知何日断粮，城中已经开始人吃人。杨行密看到这般惨状，遂下令用军粮救济百姓，也只是杯水车薪。而城外，秦彦及毕师铎与秦宗衡联合，杨行密闭城不敢出。不久，秦宗衡被偏将孙儒所杀。孙儒攻破高邮，并杀死秦彦、毕师铎，尽收秦彦、毕师铎军队。公元 888 年三月，残暴的孙儒攻陷扬州，杨行密退到大本营庐州。

之后，杨行密抓住机会，于公元889年攻下宣州，唐朝任命杨行密为宣州观察使。公元891年，杨行密攻取滁州、和州。公元892年，杨行密始任淮南节度使。接着，杨行密又遣将先后攻下宣州（今安徽宣城）、泗州（今江苏）、濠州（今安徽凤阳）、寿州（今安徽寿春）等地，后又攻破孙儒的50万大军，斩孙儒，同年八月重占扬州，唐朝任杨行密为淮南节度使。为了扩充军事实力，杨行密在孙儒的降卒中，精选5000名强壮士兵组成自己的亲军。这支亲军待遇优厚，身披黑色重甲，号称黑云都，后来成为杨行密作战时冲锋陷阵的主力。公元895年，唐朝加任杨行密为检校太傅、同中书门下平章事、弘农王。不久，朱瑾和李承嗣等著名战将相继来投，在短短几年时间里，杨行密占据了淮南、江东的大片地区，实力大增。

杨行密势力不断膨胀，引起淮南周围大小割据势力的不安。两浙钱镠、江西钟传、武昌杜洪等纷纷遣使到长安，请唐昭宗派朱温出师讨伐淮南杨行密。公元897年九月，宣武节度使朱温大举南侵，企图吞并江南。朱温遣葛从周将兵袭兖州，葛从周大军汹涌杀来，兖州守将康怀贞投降，兖州失守，朱瑾只得率兖州军民渡淮，投奔杨行密。朱温夺得兖、郓，兵势大盛，便大举进攻杨行密。朱温遣庞师古以徐、宿、宋、滑之兵七万驻扎清口（泗水入淮之口，今江苏淮阴西），准备攻扬州；葛从周以兖、郓、曹、濮之兵驻扎安丰（今安徽寿县南），准备攻寿州（今安徽寿县）；朱温亲自率兵屯于宿州

（今安徽宿州），淮南震恐。杨行密与朱瑾领兵三万，在楚州（治山阳，今江苏淮安）抵御朱温的军队，别将张训从涟水（今江苏涟水）引兵前来会战，杨行密自为前锋。驻扎在清口的庞师古，自恃兵多势众而轻敌，整天在营帐吃喝下棋。朱瑾壅堵淮河上流，又带领五千骑兵悄悄渡淮，并改换汴军旗帜，从北边混入庞师古军中，张训逾栅而入，庞师古士卒仓皇应战，其间淮水汹涌而来，惊慌失措的汴军一时大乱。杨行密引大军渡过淮河，与朱瑾等夹攻，汴军大败，杨行密斩杀庞师古及将士一万多人，其余汴军纷纷溃败。扎营在寿州西北的葛从周，闻听庞师古大败，急忙率军撤退，但正在抢渡淠水（今淠河）的时候，杨行密大军追击而至，葛从周军被杀或被溺殆尽。其他抢渡淮河的汴军，连续三四天无饭可食，又逢天降大雪，一路冻饿而死者不计其数，生还者不满千人。从此，朱温再也不提南下之事，周边其他的割据势力，更不敢轻易觊觎杨行密。

经过在长时期混战中各个击破，稳扎稳打，杨行密在江淮一带站稳了脚跟。公元 902 年，唐昭宗李晔封杨行密为吴王。同年，宁国（镇宣州）节度使田頵造战舰，出击冯弘铎（时为武宁节度使，镇江宁），会战于曷山（今芜湖南四十余里），冯弘铎大败，逃奔杨行密。杨行密署冯弘铎为淮南节度副使，从此升州并入杨行密的版图。

公元 903 年，宁国节度使田頵联合润州（治丹徒，今江苏镇江）团练使安仁义举兵反对杨行密，并遣使至寿州，约寿州刺史朱延寿共同对付杨行密。杨行密为朱延寿姐夫，朱延寿私下与田頵通谋要袭灭杨行密的阴谋泄露，杨行密便将计就计，在夫人面前借目疾诈朱延寿，言说自己眼疾不愈，儿子不才，这份家业如果能够交给王氏弟朱延寿，自己也就放心了。杨行密夫人连忙将此话转告给朱延寿，朱延寿兴冲冲至广陵，被杨行密杀死。

杨行密命大将李神福自鄂州（治江夏，今湖北武汉）乘战舰东下，连败田頵水师于皖口（皖水入江之口，今安徽安庆西），田頵率领水军逆战，李神福临江坚壁不出，遣使告诉杨行密，请发步兵断田頵归路，杨行密遣部将台濛领兵攻击田頵。田頵闻台濛将至，自率步骑逆战，留其将郭行惊以精兵二万屯芜湖，以拒李神福。台濛连败田頵，进围宣州，田頵出城作战被杀。不久，杨行密又攻陷润州，捕杀安仁义。自此，宣、歙、升、润诸州，完全为杨行密所控制。

局势稳定以后，杨行密认真治理江淮地区。幼时贫穷的杨行密，深谙民间疾苦，注意维护百姓利益，在淮南收纳逃亡民众，分配田地给他们耕种，少收或不收租税，百姓生活得以温饱，江淮一带经济得到发展。杨行密重视人才，能够做到人尽其才。对于原属敌对集团的人才，也能加以重用。杨行密宽容属下，能与将士同甘共苦，以实际行动赢得了官兵的爱戴。公元905年十一月杨行密病逝，其子杨渥继位。

杨渥喜好游玩作乐，纵其亲信欺压元勋旧臣，将领们颇感不安。公元907年，左右牙指挥使张颢、徐温发动兵变，控制军政，杨渥大权尽失。公元908年张颢杀杨渥，立杨渥弟杨隆演为淮南节度使、东南诸道行营都统、同平章事、弘农郡王。张颢随即又被徐温所杀，至此，南吴大权掌握在徐温之手。公元910年，杨隆演加中书令、吴王。公元919年晋级为吴国王，改元武义。从这时开始，南吴与已经灭亡的唐朝断绝了法统。杨隆演个性稳重恭顺，徐温父子专权，不会显露不平之色，因此徐温也很放心。但也因大权旁落，杨隆演建立吴国后却更不快乐，于是放纵自己，以致生病卧床，第二年去世。

杨隆演去世以后，徐温立杨隆演弟丹阳郡公杨溥为南吴国王，改元顺义。公元927年徐温去世，养子徐知诰继其权位。同年，杨溥称帝。徐温去世后，徐温义子徐知诰继任金陵府尹，操纵吴国朝政。公元935年，杨溥加中书令徐知诰为太师、大元帅，进封齐王。次年又诏齐王徐知诰置百官，以金陵府为西都，广陵为东都。公元937年，杨溥让位于权臣徐知诰，南吴灭亡。

由于五代十国时期特殊的历史背景，南吴政权在不同时间段存在着不同的政治体制，但实质上只有名分之别。从公元892年到公元919年，吴国政权虽已割据自立，但名义上仍奉唐朝为正朔，为唐朝藩镇。从公元919年到公元921年，吴国政权独立建国，改元建制，但统治者并未称帝，仅名为王；从公元921年到公元937年，吴国政权为帝国，统治者名为皇帝。官制方面，从公元920年夏，吴王杨溥登王位，改年号为武义，修建宗庙和社稷坛台，设置朝廷百官，宫殿的礼乐典章全用天子的礼制，任命徐温为大丞相，都督中外诸军事；其余官职一如唐朝。

在长期的政治军事斗争中，白手起家的杨行密，擅长运用外交手段达到自己的目的。杨行密最初联合朱温、钱镠对付孙儒；孙儒灭亡后，朱温拥兵自重，杨行密又联合李克用、王建、李茂贞来抵制朱温，并打出拥唐讨逆的旗帜壮大和保存自己。杨行密与钱镠为争夺地盘屡动兵戈，形同水火，当双方打成平局，杨行密判断不能消灭钱镠时，便主动讲和修好，此后两国和平共处几十年。

杨行密少时孤贫，深知民间疾苦。在建立南吴以后，能够主动招集流散，轻徭薄赋，劝课农桑，重视生产，节约俭省，注重安抚百姓，安定了社会秩序，使得江淮一带社会经济在战争的间隙有了较大的恢复。杨行密虽然骑射并非己长，但内心宽简，很有智略，能够选拔贤才，能够与属下同甘苦，从而赢得军心民心。在唐朝后期藩镇割据、诸侯并起的形势下，杨行密割据江淮，强力遏止中原军阀朱温的南进图谋，为避免全国更大范围的动乱，也为江淮百姓的生命财产相对安全发挥了重要作用。在经略淮南的岁月里，杨行密的政治方略、经济措施和军事思想，对五代十国及其后来的社会都产生了一定的影响。

1. 太祖杨行密

公元 902 年三月二十六日，为增加讨伐朱温的力量，唐昭宗李晔任杨行密为东面行营都统，封为吴王，本来已经割据江淮的杨行密建立吴国。为别于历史上春秋战国时期和三国时期孙权的吴国，史称杨行密为吴王的吴国为南吴，杨行密为南吴太祖。

杨行密为庐州合肥（今安徽省长丰县）人，公元852年出生于普通农民家庭，父母不详。杨行密长大之后，身材魁梧，力量过人，可轻易举起百斤重物，而且能够日行三百里。在杨行密二十多岁的时候，江淮地区反叛势力群起，杨行密加入反叛军中，后来被唐兵俘获。当时的庐州刺史郑棨见杨行密相貌不凡，很有英雄气概，就将其释放。不久，杨行密在州募兵的时候，加入本地军队中，由于作战勇猛，经常立功，很快被擢升为队长。

公元880年十二月，唐僖宗李儇为避战乱逃到成都。当时的刺史郑棨为表忠心，经常派机灵而又善于行走的杨行密前往蜀地恭问圣安。后来，杨行密奉命带领乡兵到朔方（今宁夏灵武西南）守边服役。一年之后，杨行密服役期满归来，因为得罪了主管征调的军吏，被再次列入派往边疆戍守的兵士当中。这批兵士临行前，杨行密借机砍下这一军吏首级，趁此起兵为乱，自称八营都知兵马使，率军攻打庐州（今安徽省合肥市）。刺史郎幼复弃城逃走，杨行密于是占据庐州。当时的淮南节度史高骈，早就听说杨行密见过皇帝，有意让杨行密为庐州刺史，便上奏朝廷。公元883年，唐朝任杨行密为庐州刺史。喜出望外的杨行密没有想到，杀一人头还能换得刺史高官，深藏内心的冒险精神勃勃生发。从此，杨行密招揽人才，以庐州为根据地，向四面开疆拓土，大肆扩张。

时淮南节度使高骈正被黄巢属将毕师铎所攻，高骈上表皇帝，请封杨行密为行军司马，杨行密率领几千兵马赴援。当杨行密赶到天长（今安徽天长市）时，高骈已经被毕师铎囚禁，并召宣州秦彦进入扬州（今属江苏省）。杨行密不敢向前，于是屯军于蜀冈。毕师铎率兵数万攻打杨行密，杨行密佯装失败，放弃营寨逃跑。毕师铎的士兵长时没有军粮，非常饥饿，乘胜争相进入杨行密军营争抢军资，乱作一团。杨行密闻讯回兵攻击，毕师铎大败，单骑逃回扬州城，并杀死高骈。杨行密听说高骈被杀，令全军着丧服向城哭泣，然后以哀兵猛攻西门，秦彦及毕师铎出逃。杨行密攻入扬州城，自称为淮南留后。

杨行密攻入扬州时，扬州城中饥荒已经严重到父子相食。杨行密以军粮赈济，却杯水车薪。如此的扬州难以久驻，杨行密想离开时，盘踞在河南蔡州（今河南省汝南县）自称大齐皇帝的秦宗权，正派遣其弟秦宗衡攻掠淮南，秦彦及毕师铎还师东塘，与秦宗衡联合，杨行密闭城不敢出。不久，秦宗衡被偏将孙儒所杀，孙儒攻破高邮。孙儒不放心秦彦和毕师铎，便将二人杀死吞并兵马后，来攻打杨行密，杨行密退守庐州。

公元 889 年，唐朝廷册封杨行密为宣州观察使。杨行密派田頵、安仁义、李神福等进攻浙西地区的苏（今属江苏省）、常（今属江苏省）、润州（今江苏省镇江市）。公元 891 年，杨行密攻取滁州、和州；次年攻取楚州（今江苏省淮安市）。

孙儒赶走杨行密进入广陵，因粮草不济难以立足，于是焚毁城池，杀死城中老弱幼小，驱赶部众渡江，号称五十万进攻杨行密，田頵、刘威等将领被孙儒击败。杨行密坚壁清野，避而不战。时间一久，孙儒缺粮断草，又发生瘟疫，军心大乱。杨行密尽其全部军队攻打孙儒，孙儒战败，俘后被杀。杨行密尽收孙儒降卒，挑选精悍数千作为自己亲军，以黑幡蒙盔甲，称为黑云都。

公元 892 年八月，杨行密再入扬州，唐朝封杨行密为淮南节度使。公元 895 年，唐廷加封杨行密为检校太傅，即次太尉；同中书门下平章事，即以宰相身份任淮南节度使，身份之高，在淮南和江东别无二人。杨行密以田頵镇守宣州，安仁义镇守润州。因为杨行密势力越来越大，升州刺史冯弘铎前来归附。杨行密又遣田頵等将四出攻掠，淮河以南、长江以东各州尽归杨行密。

公元 897 年正月，朱温攻郓州，杀天平军节度使朱瑄。朱瑄堂弟泰宁军节度使朱瑾被朱温攻击，向李克用求救。李克用派李承嗣率精锐骑数千救朱瑾。李承嗣与朱瑾双双失败，共同亡命数百里投奔杨行密。杨行密得到朱瑾李承嗣的精锐骑兵，军力更加强大。同年，朱温派葛从周、庞师古攻打杨行密的寿州（今安徽省淮南市），杨行密在清口击败朱温军，杀庞师古，葛从周收兵败逃。杨行密追到淠河，又大败朱温军。

公元 898 年，浙江钱镠攻苏州，与杨行密大将周本战于白方湖。周本战败，苏州归于钱镠。公元 901 年，杨行密派李神福攻钱镠，战于杭州，大败钱镠军，擒获钱镠将领顾全武而归。次年，冯弘铎叛变，袭击宣州。田頵与冯弘铎在曷山交战时，冯弘铎战败，准备逃入海中，杨行密亲自赶到东塘，招降冯弘铎。杨行密以冯弘铎为节度副使，以李神福代冯弘铎为升州刺史。公元902年三月，唐昭宗被困岐王李茂贞的驻地凤翔，为增加勤王力量，昭宗派江淮宣谕使李俨拜杨行密为东面诸道行营都统、检校太师、中书令，封吴王，杨行密政权南吴的名称由此而来。

公元903年，杨行密以李神福为鄂岳招讨使进攻杜洪，荆南成汭救援杜洪，李神福将其击败于君山。朱温军攻青州，王师范向杨行密求救，杨行密派王茂章救援，大败朱温军，杀朱温侄朱友宁。朱温大怒，亲率号称二十万的军队进攻王茂章，又为王茂章击败。田頵背叛杨行密，袭击升州（今江苏南京），抓获李神福妻子儿女奔归宣州。杨行密召李神福讨伐田頵，田頵派将领王坛迎击，李神福在吉阳打败王坛。杨行密另派台蒙攻击田頵，田頵战败被杀。

当初，田頵及安仁义、朱延寿都跟从杨行密起自微贱，及至江淮刚一平定，杨行密要休养生息、罢兵安民，但田頵、安仁义、朱延寿三人猛悍难制，杨行密谋划除掉他们，只是没有行动。公元902年，钱镠的部将许再思等反叛，围困钱镠，许再思联合田頵进攻钱镠的大本营杭州，快要攻克时，杨行密接受钱镠贿赂，令田頵撤兵，田頵为此心生怨恨。田頵曾经计划在广陵起事，杨行密的部将向田頵索贿，田頵于是谋反。安仁义听说田頵反叛，也起兵跟从，焚烧东塘，袭击常州。常州刺史李遇出战，安仁义又进入润州（今江苏镇江）。杨行密派王茂章、李德城、米志诚等围困安仁义。王茂章挖地道入城，捉住安仁义，斩于广陵。公元905年，杨行密派刘存攻破鄂州（今湖北鄂州），俘获并斩杜洪。同年九月，朱温军攻破襄州（属湖北襄阳），赵匡凝奔归杨行密，南吴地盘和势力大增。

杨行密成为唐朝的藩王后，在四处征讨扩大地盘、全力御敌保卫江山的同时，着手治理内政，增强吴地实力。杨行密幼时贫穷，了解民间疾苦，非常注意维护百姓利益，在淮南召集逃亡的百姓，下令减轻农民租赋，开仓赈济受灾饥民；分给流民田地，收很少租税让他们耕种；制定《格令》规范兵将行为，严禁军吏扰民害民，百姓过上了温饱的生活。杨行密宽容属下，能与将士同甘共苦，推心置腹，因而赢得了官兵的爱戴。杨行密生活节俭，成为吴王以后，仍将早年的补丁衣服穿在外衣里面。杨行密度量很大，非常宽容。有一年，反叛之将掘了他家祖坟，这在当时是奇耻大辱，任何人都不能容忍。等叛将被击败后，有人要挖掘叛将祖坟以报仇雪耻，被杨行密制止。杨行密重视人才，知人善任，能够做到人尽其才。对于原属敌对集团的人才也能加以重用。杨行密旧友宁国节度使田頵发动叛乱时，一批属吏跟着卷入其中，如善于理财的宣州长史骆知祥和善于撰文的观察牙推沈文昌。尤其是沈文昌，曾为田頵撰写檄文辱骂杨行密。平叛后，杨行密对这两人不加惩治，反加重用。杨行密用骆知祥为淮南知计官，掌管财政；用沈文昌为节度牙推，在幕府中担任要职。这两人都为南吴做出了重要贡献。在杨行密的治理下，千里江淮焕发生机，广大百姓又得温饱，江淮大地繁华再现。

公元 905 年十月，杨行密病重，召长子宣州观察使杨渥到扬州，任命为淮南留后。同年十一月二十六日杨行密病逝，其在位 4 年，终年 54 岁。

2. 烈祖杨渥

在杨行密去世当日，杨渥嗣位为吴王。杨渥生于公元 886 年，为南吴太祖杨行密长子，母亲史氏。

杨渥只喜欢玩球、饮酒，向来声名一般。起初，被杨行密任命为宣州观察使。公元 905 年九月，杨行密患病，因其他儿子年幼，只得派遣使者前往宣州召回杨渥。同年十月，杨渥到达广陵。十月十六日，杨行密任命杨渥为淮南留后，并指定在自己身后，由右牙指挥使徐温、左牙指挥使张颢辅佐杨渥嗣位。

杨渥虽然为杨行密长子，但少有其父优点，战事民事都不沾边。为父亲服丧期间，杨渥日夜饮酒，荒疏朝政，点燃数万钱一支的粗大蜡烛击球，有时骑马外出游玩，纵马疯狂奔走，随从也不知杨渥要何处。杨渥如此这般德行，更让朝臣不能信服，军权也被几员大将瓜分，杨渥能够直接指挥的，只有守城的数千亲军。于是，杨渥挑选壮士组成东院马军，用来保护自己；又广泛安置亲信为将领官吏，被任命者仗势骄傲专横，欺凌蔑视功臣宿将。后来，杨渥想起自己当初离开宣州时，想要带走帐幕及亲兵，观察使王茂章不同意，杨渥很是怨怒。于是，派遣马步都指挥使李简等率兵袭击王茂章。公元 906 年正月，李简的军队突然到达宣州，王茂章难以孤守，于是率众投奔吴越王钱镠，钱镠任命王茂章为镇东节度副使，并改名为王景仁。同年八月，吴越军包围衢州，衢州刺史陈璋向杨渥告急，杨渥派遣左厢马步都虞候周本率兵迎接陈璋。周本到达衢州后，吴越军解除包围，在城下列阵，陈璋率众弃城归于周本，吴越军夺取衢州。

杨渥知道自己新任为王，威望不高，加之连打几个败仗，很想干出点大事情来以服众人。正好此时盘踞在江西地带的镇南军节度使钟传病逝，钟匡时继位。同年五月，杨渥派升州刺史秦裴统军西征攻打钟匡时。南吴军开到江州（今江西九江）时，江州刺史钟传义子钟延规，因未能继任为镇南节度使而心怀不满，一见南吴军队来攻，便不战而降。江州为洪州门户，得到江州，洪州便不攻自破。南吴军队继续南下，不久便获得江西大片沃土。

这一仗之后，杨渥自以为有了资本，树起了威信，便狂妄自大，不把诸将放在眼里。杨渥认为节度判官周隐出卖国家，于是杀了周隐，属下将佐多感不安。徐温、张颢屡次劝谏，均遭杨渥怒斥。杨渥担心徐温与张颢生变，便派心腹陈璠、范遇统率东院马军作为护卫，监视徐温、张颢两人。徐温、张颢非常不满，于是密谋废掉杨渥，另立新主。

杨渥镇守宣州时，曾命令指挥使朱思勍、范思从、陈璠率领亲兵三千人作为自己亲军。继位以后，杨渥将三将召回广陵。张颢、徐温遣朱思勍、范思从、陈璠跟随秦裴攻打江西，在到达洪州以后，诬陷朱思勍、范思从、陈璠三将图谋叛变，派别将陈祐前去将他们斩杀。陈祐从偏僻小路兼程前进，六天到达洪州，着平民衣服、怀揣短兵器直接进入秦裴帐中。秦裴大惊，陈祐告诉缘故，秦裴召朱思勍等饮酒，陈祐数说朱思勍等人罪状，把他们逮捕斩首。杨渥听说三将被杀，更加忌恨张颢和徐温。

公元907年正月，张颢、徐温率领200亲兵，手执刀剑直入杨渥宫中。杨渥十分惊恐，徐温、张颢表示只为除掉陈璠、范遇等奸臣。徐温历数陈璠等10余人的罪状，将他们杀死，杨渥无可奈何。至此，淮南的军政大权，完全落入张颢、徐温之手。

一年之后，徐温、张颢经过密谋，派将领纪祥等手持兵器，于公元908年五月八日闯入杨渥寝宫，将杨渥弑杀。杨渥在位4年，终年23岁。

3. 高祖杨隆演

权臣徐温与张颢合伙弑杀烈祖杨渥以后，为阻止张颢篡逆，徐温与门客严可求设计，假史太后懿旨，立12岁杨隆演继位。杨隆演为太祖杨行密次子，生于公元897年，母亲史氏。

公元 908 年，徐温、张颢弑杀杨渥后，张颢图谋自立。徐温忧虑此事，便与严可求相谋，密定应对之策。一日，张颢排列剑戟于府中，然后召集将领议事，而且自大将朱瑾以下，一律不准带卫士入内。众将齐集，张颢直问谁当继立为王，诸将不敢作答。张颢连问三次，场面一时凝重。这时严可求上前，耳语张颢：时下四境多事，若行动太速，恐先王大将刘威、陶雅、李简、李遇等起事，到时不好应付；不如先行立幼，然后寻机自立，可为万全之策。一时之间，张颢不知如何作答。严可求立刻出门，旋而返回，从袖中拿出杨渥之母史氏的告谕当众宣布。告谕说杨氏创业艰难，在位吴王不幸早逝，按序当立隆演；众位将领忠诚可嘉，非常时期更应一心侍奉杨氏。告谕言辞恳切，听者为之动容。徐温即刻率领朝臣将领朝拜，就这样，12 岁的杨隆演继立为吴王。

张颢经此挫折，便以徐温为敌。于是，张颢多次劝谏杨隆演，要派徐温出任润州，以外放削其权力。而更为手辣的徐温，干脆依严可求之谋，收买左监门卫将军钟泰章。钟泰章率三十名壮汉闯入张颢府中，趁张颢不备，将其杀死，并移弑杀杨渥之罪于张颢。同时，徐温以大逆不道罪，将曾经弑杀杨渥的纪祥五马分尸。从此，淮南大权尽在徐温手中，吴王杨隆演毫无权力可言。

公元 909 年六月，抚州危全讽反叛，攻洪州。袁州彭彦章、吉州彭玕、信州危仔倡也接连起兵反叛。杨隆演召严可求询问谁可为将平叛，严可求推荐周本。当时，周本因攻打苏州新败而归，惭愧不肯出任。严可求坚持要用周本，周本请兵七千，上奏免派偏将和裨将，以减少阵前相互猜疑。杨隆演准奏，周本率兵战于象牙潭，打败叛乱者，俘获危全讽、彭彦章，彭玕干奔归楚国，危仔倡奔附吴越王钱镠。

杨隆演虽无实权，但其毕竟为南吴之主；杨行密苦心经营扬州多年，自然有不浅的根基。徐温知道扬州并非自己地盘，于是要创建一块属于自己的根据地。公元911年，徐温让杨隆演封自己为升州刺史，并且在升州组建水师，由义子徐知诰率领。这时的徐温，开始积极培植自己的势力，极力扶持徐知训、徐知询、徐知海、徐知谏、徐知证、徐知谔六个儿子。但此六子虽为亲生，但加起来能力也不及养子徐知诰。而徐知诰一直视徐温如亲父，极为孝顺，徐温也很感动。徐知诰坐镇升州，黜庸进贤，宽简得当，一时之间，四方贤士蜂拥而至，文武云集，徐温对徐知诰大加赞赏。这时，自杨行密时即为大将的宣州李遇，功望极高，却愤恨徐温专权。徐温知道以后，派柴再用以兵护送王坛替代李遇。李遇疑心而不从命，柴再用以兵围困，杀李遇，并族灭李遇全家。从此，杨行密旧将怒而不敢轻易外露，徐温专权为所欲为。

公元912年九月，徐温率文武官员，劝杨隆演进位为太师、中书令、吴王。徐温为行军司马、镇海军节度使、同中书门下平章事。公元913年，越军攻常州，被徐温在无锡击败；后梁派王茂章攻寿春，被徐温在霍丘击退。公元915年，徐温被封齐国公、两浙都招讨使，开始镇领润州。徐温留儿子徐知训为行军副使，主持政事，而大事仍由徐温遥控决定。

公元 915 年八月，吴主杨隆演册封徐温为齐国公、两浙招讨使。徐温大儿子徐知训以为，老父将来一定会做皇帝，自己就是皇太子，所以更加傲慢，对于杨隆演也屡屡凌辱。曾经在楼上饮酒，徐知训令优人高贵卿上酒，徐知训扮为参军，让杨隆演着破旧衣服，披散发髻作为苍鹘。席间，徐知训趁酒叫骂，杨隆演羞愧哭泣，南吴国人为之侧目。公元 916 年，宿卫将李球、马谦挟持杨隆演登楼，发动库兵在门桥列阵准备诛杀徐知训。徐知训与之交战，频频退却。朱瑾回来，率军涌进，杀李球、马谦，乱兵溃散。徐知训与朱瑾有嫌怨，公元 918 年四月，朱瑾杀徐知训，提徐知训首级见杨隆演，杨隆演避祸而进入内室。朱瑾气愤而失望，于是自杀而死。润州徐知诰闻变，率兵进入，杀唐宣谕使李俨以制止变乱，于是秉持政事。

公元 919 年二月，徐温率文武百官劝杨隆演称帝，杨隆演并未答应。同年四月初一日，徐温进奉玉册、宝绶尊杨隆演即吴王位。杨隆演建立宗庙、社稷，设立百官如同皇帝，改元武义，追尊父亲杨行密为孝武王，庙号太祖；兄杨渥为景王，庙号烈祖。文臣武将以次进位，宗室封为郡公。

杨隆演少年即位，政权掌握在徐氏手中，即使称王建国以后，仍经常郁郁不乐，便酣饮解闷，不久生病卧床。公元 920 年五月二十八日，杨隆演去世，其在位 13 年，终年 24 岁。

4. 睿帝杨溥

公元 920 年六月十八日，杨溥即吴王位，是为南吴睿帝。杨溥生于公元 900 年，为南吴太祖杨行密第四子，南吴烈祖杨渥和高祖杨隆演的异母弟，母亲王氏。公元 919 年杨隆演称吴王之后，封杨溥为丹阳郡公。

杨隆演去世后，按照常规次序，应由杨隆演三弟庐江公杨濛即位。但在权臣徐温眼中，杨隆演四弟杨溥软弱无能，更容易操控。于是，徐温立杨溥为吴王。杨溥即位次月，改升州大都督府为金陵府，拜徐温为金陵尹。公元 921 年二月，改年号为顺义，同年十一月拜徐温为太师，严可求为右仆射。

公元 924 年，杨溥到白沙检阅水师，下令改白沙为迎銮镇。在此之前，徐温让亲信翟虔担任阁门、宫城、武备等使，让其观察杨溥的起居行动，翟虔严格防卫、限制杨溥的行动自由。公元 927 年，徐温率领文武大臣，上表劝杨溥称帝。杨溥正在思虑之中，徐温却生病去世，但南吴的军政大权，又落在了徐温养子徐知诰的手中。徐知诰继承义父遗志，继续逼迫杨溥去当皇帝。同年十一月初三日，杨溥至文明殿即皇帝位，追尊父亲杨行密为武皇帝，哥哥杨渥为景皇帝、杨隆演为宣皇帝，以徐知诰为太尉兼侍中，拜徐温儿子徐知询为辅国大将军、金陵尹，治理徐温旧镇。

公元 929 年十一月，徐知诰以杨溥名义，诏金陵尹徐知询来扬州朝见。徐知询赴诏而至，徐知诰诬陷其有谋反嫌疑，将徐知询扣留下来，并杀死徐知询的客将周廷望，改任自己比较信任的六弟徐知谔为金陵尹。

公元931年十一月，徐知诰上奏皇帝杨溥，言说想回金陵养老，杨溥同意，但这只是徐知诰要在金陵建立新政权的前奏。徐知诰和义父徐温一样，坐镇金陵遥控淮南，让儿子徐景通在宋齐丘、王令谋的协助下在扬州辅政，实际上把持朝政，监视杨溥。第二年，徐知诰被封为东海王。公元935年九月，杨溥加封徐知诰为尚父、太师、大丞相、大元帅，爵位再进一级，晋封为齐王，并将十州之地划为齐地。公元936年十一月，杨溥下诏，允许徐知诰在金陵修建齐都，称之为西都，和东都扬州并称吴国二都。此时，徐知诰认为篡位时机基本成熟，便加快取代南吴步伐。公元937年九月十七日，在位18年的杨溥正式退位，遣代理太尉江夏王杨璘奉册禅位给齐王徐知诰，南吴灭亡。徐知诰迁杨溥到润州，囚禁其于丹阳宫。次年十一月，杨溥去世，终年39岁。

二、前　蜀

（903 年—925 年）

公元 903 年八月，唐昭宗李晔加封西川节度使王建为蜀王，史称前蜀，王建为前蜀高祖。前蜀盛时疆域有今四川大部、甘肃东南部、陕西南部和湖北西部。前蜀传 2 主，立国 23 年，都成都（今四川省成都市），公元 925 年十一月亡于后唐。

公元 847 年，王建生于舞阳（今河南舞阳），父母不详。史载王建祖上世代以卖饼为业，生活一直贫困。到唐末天下大乱时，家中日子更加艰难。于是，王建靠违规贩卖私盐为生。后来，王建被当地官府抓捕，判处死刑以后，关在许州当地的监牢里。就在快要问斩时，却被一个狱吏偷偷放走。逃跑出狱的王建别无他路，于是做起了盗贼。后来，王建经人指点弃盗从军，投入忠武军营下为兵。王建为人睿智狠猛，其间多有战功，逐渐露出头角。权倾朝野的大宦官忠武监军使杨复光，在组建每都千人的忠武八都时，王建与鹿晏宏、韩建等八人被选拔为都将。从此，王建成为统御千兵的将领。

公元 880 年，黄巢军攻占长安，唐僖宗李儇逃奔西川。就在这时，杨复光去世，鹿晏宏被王建等其他六名都头推举为主帅。之后，鹿晏宏选择前往西川勤王，便在通往西川的沿途大肆掳掠，收拢不少人马，力量得到增强。就在鹿晏宏逼向兴元（今陕西省汉中市）的时候，兴元节度使弃守而逃，鹿晏宏遂占据兴元，自称留后。这时，亦想占据一方的鹿晏宏不再前进，而让王建等其他六名都头做兴元所属郡县的刺史。据有地盘的鹿晏宏变得暴虐，王建与其渐行渐远。因为王建同另一名都头韩建关系密切，鹿晏宏担心二将结盟，便暗中派人监视。王建与韩建担心鹿晏宏加害，便一同率三千兵士离开鹿晏宏，直奔西川报效唐廷。困境中的唐僖宗凭空得到三千精兵，非常高兴。僖宗身边控制朝政的大宦官田令孜，将王建等五人收为义子，拜为将军，名之随驾五都，王建仍为都将。黄巢兵败以后，王建随唐僖宗回到长安。

唐僖宗回到长安后，河中节度使王重荣与田令孜因争夺产盐之地发生冲突。不久，王重荣与河东节度使李克用联兵进犯长安。唐僖宗闻讯，急忙以王建为清道斩斫使，再次逃往四川。一路上，王建拼死护驾。在过栈道时，栈木已被追兵点燃，摇摇欲坠。王建舍身为唐僖宗牵马，快速冲过火道。唐僖宗感激涕零，当即脱下黄袍赐给王建。入川以后，唐僖宗委任王建为壁州刺史。禁军将帅兼任州刺史前所未有，为此王建十分得意。可是，二次回京不久，田令孜在朝失势离开朝廷。枢密使杨复恭取代田令孜，极力排斥田令孜的党羽。王建因护驾有功，虽然未被罢官，但也被排挤出朝，到山南西道的利州做了一名刺史。攀龙附凤的幻想破灭以后，非常失望的王建认识到，要成就一番事业，只能依靠自己打拼，有时候连皇帝也靠不住。

王建到利州上任后，广召勇士，习武练兵。不久，王建势力大增，士兵达到数千人。王建还接受部将建议，安抚境内百姓，鼓励生产。公元 887 年，王建上司山南西道节度使杨守亮担心王建势力日盛，难以约束，多次召王建前往。王建不予理睬，干脆率领部属沿嘉陵江而下，攻克相邻的阆州，赶走原刺史杨茂实，给自己升官为防御使。在阆州，王建招纳亡命之徒，并与故交剑南东川节度使顾彦朗建立联系，互相配合，势力一天大于一天。

王建的所作所为，很快引起剑南西川节度使陈敬瑄的警觉，唯恐王建对自己不利。陈敬瑄和田令孜为亲兄弟，便请监军田令孜出面。田令孜认为王建为义子，一封信即可以令王建老老实实听从指挥。王建见信以后，认为机会难得，便率领精兵两千前往成都。但当王建的队伍到达东西川交界的鹿头关时，陈敬瑄认为王建骁勇难驯，一旦进入成都，必将引狼入室，恐生不测。于是，派使者传令，要王建仍回阆州，同时增派守备，阻止王建进入成都。王建闻讯大怒，不肯返回阆州，而是率领人马攻破鹿头关，连拔汉州、德阳，率军围攻成都。王建大攻成都三日，见成都依然岿然，便率军退回汉州。从此，王建以汉州为据点，屡次进犯西川诸州。

公元 888 年三月，唐僖宗李儇病逝，唐昭宗李晔即位。王建抓住机会，令谋士周庠代草一份奏章，请求为朝廷讨平陈敬瑄。唐昭宗在为寿王时，就对目中无人横行跋扈的田令孜非常不满，即位后便罢了田令孜的监军之职，勒令致仕；而且下诏要收回陈敬瑄的节钺，陈敬瑄和田令孜二人拒不受命，唐昭宗正在无计可施时，王建的奏章契合皇上之意。唐昭宗决定要借此机会，将西川控制在朝廷手中。这年十二月，唐昭宗调集军队十万，任命宰相韦昭度为招讨使，王建为行营诸军都指挥使，攻打成都，并割西川邛、蜀、黎、秭四州，设置永平军，以王建为永平军节度使。

韦昭度和王建围困成都长达三年之久，仍不能攻克。这时，朝廷苦于运粮之难，加之各地藩镇混战不已，决定召回韦昭度，恢复陈敬瑄的官爵，命王建退兵归镇。王建闻讯，即与周庠商议对策。周庠劝王建上书朝廷调韦昭度还京，由自己独力攻打成都剿灭陈敬瑄，让西川回到朝廷手中。王建觉得有理，立刻上表朝廷，极言田令孜、陈敬瑄罪大恶极，不可赦宥，要求为肃纲纪，应予诛灭。朝廷准奏，韦昭度还朝，由王建独自担当讨伐田令孜、陈敬瑄的重任。

韦昭度刚一出川，王建马上增兵剑门关，关闭蜀中大门。接着，王建率领士兵猛攻成都，并且暗中派部属潜入成都探听敌情，拉拢分化城内守军。经过三年围困的成都，处境已经十分困难，百姓与士兵饿死无数，经常发生人吃人的现象。公元891 年八月，成都粮尽兵疲，田令孜、陈敬瑄只得开城投降。王建入城，自称西川留后。接着，唐朝廷任命王建为西川节度使。

公元901年，王建被改封为西平王。同年，宦官韩全海将唐昭宗劫持到凤翔，被朱温大军围困城中。李茂贞坚守不住，打算求和。王建暗中派人劝说李茂贞，让其坚守城池，并称自己会出兵救援。不久，王建派王宗涤攻取兴元。公元902年，武定节度使拓跋思敬归降王建，王建终于得以兼并山南西道。

公元903年，荆南节度使成汭兵败身死，王建趁机夺取夔州（今重庆奉节东）、施州（今湖北恩施）、忠州（今重庆忠县）和万州（今重庆万县）。八月，王建被封为蜀王。公元906年王建在成都建立行台，次年唐朝被后梁朱温篡代。后梁建立之初，曾遣使宣谕早已割据四川的王建，为王建所拒。王建并与淮南弘农王杨渥移檄诸道，以兴复唐室为号，打算与岐王李茂贞、晋王李克用会兵讨伐后梁。因众藩心知肚明王建拉大旗作虎皮之意，故应者无几而作罢。王建遂于同年九月称帝于成都，国号蜀，年号武成，封授百官，改蜀王府为皇宫。

时前蜀与后梁之间，夹有岐王李茂贞的割据政权。李茂贞为唐末跋扈西部的一个藩镇，曾屡次犯阙，挟制朝廷。后来，遭朱温打击，至后梁建立时，李茂贞实力已经大不如前。李茂贞与王建联盟对抗后梁，常对后梁的西部造成威胁。之后，王建与李茂贞联姻，接济李茂贞物资和武器，使李茂贞成为阻挡后梁攻击的屏障。公元908年，王建出兵助李茂贞攻后梁。岐蜀连兵五万攻雍州（治今陕西西安），晋王李克用亦遣师策应。后梁遣骁将刘知俊大败岐军于幕谷（今陕西永寿县西北），李茂贞仅以身免，李克用与王建失利退师。

公元909年七月，后梁襄州（湖北襄樊）发生兵变，乱兵推平淮指挥使李洪为留后，投附于蜀；不久，房州（治今湖北房县）刺史杨虔亦叛附于蜀。前蜀未能及时出兵声援，李洪、杨虔势孤力弱，很快被后梁军队镇压，李洪、杨虔被俘杀，前蜀失去一次占领襄州要地向东拓展的绝好机会。

公元911年，王建与李茂贞因儿女婚姻纠纷导致关系破裂，双方发生激烈军事冲突。公元915年，前蜀与岐会战，前蜀从李茂贞手中夺得秦（州治成纪，今甘肃秦安西北）、凤（州治梁泉，今陕西凤县西北）、成（州治上禄，今甘肃礼县南）、阶（州治皋兰镇，今甘肃武都东）四州，兵锋一直推到大散关险隘，将前蜀的版图扩到最大。

王建一生征战，快六十岁时才成为皇帝，此时已进入人生的暮年，选立太子便成为一件极为重要的大事。长子王宗仁，幼年患病成为废人，无法成为太子人选；次子王宗懿被立为太子，却在宫廷斗争中被杀。之后，王建打算立雅王王宗辂或者信王王宗杰，王建一时难以决断。王建有一非常宠爱的徐姓妃子，不但貌美可人，而且智谋过人。徐妃看王建一时拿不定主意，便趁机力荐自己儿子王宗衍做皇太子。徐妃平时舍财软语深交朝臣宦官，因而广有人脉，便发动众臣联合向王建上表，奏称王宗衍才器英武，实堪社稷之托。在众臣宠妃的围攻之下，王建正式册立王宗衍为太子。之后的公元918年六月，王建去世。

王建来自社会底层，懂得生计与创业的艰难，亲尝百姓疾苦。王建决心要在巴蜀立业时，便留心以刘备、诸葛亮为师，也为蜀地发展和蜀地百姓温饱做出了贡献。在率领大军攻入成都前，王建先派以严厉闻名的张劢做斩斫使先行入城，然后对将士宣布，进城之后放火抢劫者先斩后报。后来，张劢果然杀一百多名进城掳掠的将士。王建命将所斩将士尸体陈在大街，以儆效尤。王建能严厉约束军队保持较好的纪律，使市民免遭涂炭，城市免于火焰，这在野蛮而普遍以抢掠屠城毁郭为常事的五代时期，实属难能可贵。

唐末宦官典兵者，多以军中壮士为养子以图自强，其时诸将纷纷效仿。而王建不但有亲子十一人，而且族子、养子数量庞大。王建占有自己的地盘后，便注意约束骄横的儿子及干儿子。凡是不守法纪或有跋扈行为者，都加以严厉制裁。王宗裕与王建同族，从小跟随王建打天下，对王建极为忠顺。一次，王宗裕手下有过失，被成都尹崔隐惩罚。王宗裕大怒，到王建面前告状，王建狠狠责备了王宗裕，要他管好下属，支持地方官执法。王宗涤本名华洪，是王建手下最得力的将官，只因态度傲慢，被王建赐死。王建还口述一篇告诫太子的文字，内容包括亲自审判案件以免冤屈与逃刑；不骄傲自满；不轻信小人；不贪恋声色游猎；要安抚百姓；要厚待士卒。巴蜀向来是中原士大夫避乱的地方，唐末也有许多中原士大夫投靠前蜀。王建重视文士，厚待唐朝的名臣世族，诗人韦庄、传奇作者杜光庭等为其中的代表。

王建审时度势，不穷兵黩武。尤其在外交方面，能够通盘考量，趋利避害。前蜀一直与中原政权后梁保持着友好关系。为了避免与朱温发生直接冲突，割据关陇的李茂贞被朱温击败、势力衰微之际，诸将建议趁机攻取凤翔，而王建以李茂贞为前蜀屏障，主动与李茂贞修好，并与之联姻。后因普慈公主不满婚姻生活而返蜀为导火索，两国从此失和，蜀岐遂于公元911年开始爆发战争，多年战火不断。公元912年十二月，蜀攻占岐之文州；公元915年十一月，蜀大举攻岐，取岐四州并入版图，置武兴军于凤州；公元916年八月，王建又对岐发动大规模征伐，十月取岐宝鸡、陇州。在王建的军事压力下，李茂贞终于屈服，于公元918年四月遣使求和，王建立刻同意。对荆南政权，在打败其对夔州的进犯以后，有人建议王建趁涨水季节决堰以灌江陵（今湖北荆州），王建予以制止。对南诏权臣郑买嗣于公元902年灭亡南诏后，建立的拥有云南全部及缅甸北部的大长和国，王建在大渡河大败其军，王宗范要求趁机渡河进攻，王建下令停止，班师回都。王建用兵不轻率冒进，空耗国力，更好地维护了前蜀统治。然而，最为可惜的是，王建选立太子失当，以致终生奋斗而来的家国很快败亡，为其供奉赋税的百姓再遭涂炭。

太子王宗衍即位以后，把名字中的宗字取掉，单名衍。王衍对于处理朝政缺乏能力，也不感兴趣，干脆将军国大事托于宦官，自己每日寻欢作乐。如此一来，宦官权力膨胀，胡作非为大肆弄权。更为甚者，皇太后皇太妃也不甘寂寞，公开卖官鬻爵，按官职高低估价出售。太后太妃如此，权臣也不愿落伍，礼部尚书韩昭主持考试，选拔人才，公然收贿舞弊；韩昭还直接向王衍要求将蓬、渠、巴、集数州刺史的职位送给他，由他售卖，所得巨资用以营建自己私宅。如此荒唐无耻的出格要求，竟然还得到了王衍的批准。

公元920年七月，王衍下诏北巡，其实只为猎艳游玩。次月，王衍从成都出发，经汉、利、阆数州，历时五个月，沿途旌旗招展，百里不绝。王衍身披金甲，珠帽锦袖，执弓挟矢，百姓谓之灌口二郎神。王衍每到一地，都要地方官盛宴款待，所费财物不计其数，沿途百姓叫苦连天。

就在王衍醉生梦死、人妖不分之时，后唐庄宗李存勖于公元923年偷袭开封成功，灭亡后梁，接着打算攻灭吴、蜀，统一天下。公元924年四月，李存勖遣李严出使前蜀，以刺探蜀中虚实。李严来到蜀中，了解到王衍近乎荒诞的失政情况，知其指日可取。五月，李严返回中原，向后唐庄宗俱言王衍荒疏朝政的情况，极力主张伐蜀，并言说后唐大兵一到，前蜀即可望风瓦解。庄宗李存勖得到这一消息，大为鼓舞。公元925年六月，庄宗下诏购买天下马匹，准备攻蜀。这时凤翔李茂贞已经归降后唐，前蜀与后唐之间，已经可以短兵相接。

李严在蜀时，言谈中曾透露出唐庄宗有混一天下之志。蜀宣徽北院使宋光葆向王衍进言，陈述后唐庄宗有吞并蜀国的意图，建议选将练兵，屯戍边地，积粮造舰，早做防御。王衍虽即任命宋光葆为梓州观察使，充武德节度留后，实际上并未予以重视。直至八月，王衍才以王宗锷为招讨马步使，率二十一军屯洋州（治今陕西洋县），林思锷为昭武节度使戍利州（四川广元），以备后唐。

九月，后唐庄宗李存勖遣李彦稠出使前蜀，以麻痹王衍。十一月，王衍遣还李彦稠，并派欧阳彬为通好使赴后唐。仅此一个小小动作，王衍便以为已经和后唐修好，可以高枕无忧，遂撤去威武城（今陕西凤县东北）戍等二十四军还成都；又罢武定、武兴招讨刘潜等三十七军；罢天雄军（即秦州，治今甘肃秦安县西北）招讨，命王承骞等二十九军还成都；十二月，罢金州（治今陕西安康）屯戍，命王承勋等七军还成都。王衍不仅尽撤边备，而且终日携宫人游山玩水，宦官朝臣无不想借皇帝出游招摇撞骗、搜刮珍奇，便一个个推波助澜。

公元 925 年十月，王衍下诏巡边，其真实原因一则因为王承休之妻严氏貌美绝伦，二则镇守秦州的宦官王承休谎称秦州美女如云，使王衍垂涎不已。当王衍率领数万军队从成都北上时，后唐庄宗诏令魏王李继岌与枢密使郭崇韬统领大军攻蜀。值此敌兵压境之际，王衍却受王承休、韩昭等人怂恿，引兵数万赴秦州寻乐。王衍至汉州（治今四川广汉），得到后唐来袭的边报，王衍则认为是臣下为阻止出游而编造之言，不予置信，仍与随从大臣吟诗作赋，任意游玩。

十一月，后唐大军进入大散关，蜀凤州（治今陕西凤县东北凤州镇）、故镇（即固镇，今甘肃徽县）守将相继投降，兴州（治今陕西略阳）、成州（治今甘肃成县）两刺史弃城远遁，三泉（治今陕西宁强县西北阳平关）被后唐军攻下。后唐军队获得大量军储，军威大振。

时王衍率五万大军至利州，闻后唐军队已临，便遣步骑三万迎战于三泉，却被后唐康延孝击败，前蜀各州官吏兵将纷纷弃城而逃。王衍闻败，自利州仓皇奔归成都。后唐军随即包围成都，王衍自知大势已去，遂与众臣一同抬着棺材，并身缚荆棘，以近似耻辱的方式迎降于后唐，前蜀亡。

1. 高祖王建

公元 903 年八月，唐昭宗加封西川节度使王建为蜀王，史称前蜀。王建为舞阳（今河南舞阳）人，生于公元 847 年，父母不详。王建家庭生活贫困，唐末天下大乱时雪上加霜，王建只能从事杀牛、偷驴、贩盐等一些官府禁止的营生。后来被捕入狱，被一位好心的狱吏偷偷释放。

再次来到社会上的王建，经人指点投到忠武军（今河南淮阳县）帐下。因为参与征讨王仙芝有功，被节度使杜审权提拔为列校。公元 880 年十二月，黄巢军攻陷长安，唐僖宗李儇逃往巴蜀。第二年，忠武军监军杨复光率八千兵马进攻黄巢，并将八千兵士分为八个部分，号称忠武八都，任命牙将鹿晏弘、王建、晋晖、韩建、张造、李师泰、庞从等八人为都头。杨复光率八都头击败朱温，攻克邓州。

公元 883 年六月，杨复光病逝，鹿晏弘率王建等都头，决定前往巴蜀发展。公元 884 年三月，鹿晏弘行至兴元（今陕西汉中）后，驱逐山南西道节度使牛勖，自称留后。唐僖宗任命鹿晏弘为山南西道节度使，王建等人皆领刺史。后来，王建与晋晖、韩建、张造、李师泰被权宦田令孜收为养子，从此与鹿晏弘分道扬镳。田令孜率领王建等入蜀，在利州三泉县迎驾回銮长安的唐僖宗，唐僖宗将王建等五人的部队并入田令孜麾下，赐号随驾五都，官拜卫将军。

公元 885 年，唐僖宗返回长安，命王建等人统领神策军，宿卫宫中。年底，河中节度使王重荣与田令孜为争夺获利丰厚的产盐之地而动刀兵，并联合河东军进犯长安。唐僖宗逃往凤翔（今陕西凤翔），不久又被田令孜挟持逃往兴元。王建被任命为清道使，并负责保护玉玺。逃亡途中栈道被点燃，王建为僖宗牵马，冒着烟火突围而出。僖宗感动，将自己的御衣赐给王建。公元 886 年三月，唐僖宗到兴元以后，命王建遥领璧州（今四川通江）刺史，开创了将帅遥领州镇的先河。

随着唐僖宗再次流亡，成为众矢之的的田令孜，担心僖宗加罪，要求担任西川监军，前往成都依附任西川节度使的同母弟陈敬瑄，并推荐枢密使杨复恭担任观军容使。杨复恭上台后，排斥田令孜的党羽，王建因为是田令孜的养子，被外放为利州（今四川广元）刺史。

公元 887 年，山南西道节度使杨守亮对王建十分忌惮，屡次召王建前往兴元，王建都抗命不从。后来，王建在龙州司仓周庠的建议下，招募八千士兵，顺嘉陵江袭击阆州（今四川阆中），并驱逐阆州刺史杨茂实，自称阆州防御使。王建在阆州招兵买马，扩张势力，并在牙将张虔裕、部将綦母谏的劝说下，网罗人才，善待百姓，发展实力。

王建与东川节度使顾彦朗曾同在神策军共事，关系一直很好，这很让陈敬瑄担心，生怕二人合谋西川，便问计于田令孜。田令孜认为王建为自己干儿子，只一封书信就能将其召来。陈敬瑄大喜，派人拿着田令孜的书信去召王建。王建得信后，非常高兴，便将家眷托付给在梓州（今四川三台）的顾彦朗，自率精兵二千西去成都，欲向陈敬瑄求取一个藩镇的位置。谁知王建刚刚行到鹿头关（今四川德阳东北），陈敬瑄却命王建返回阆州，并加强城池防御。王建大怒，率兵攻破鹿头关，败汉州刺史张顼于绵竹，夺取汉州（今四川广汉），又进军学射山，击败西川偏将句惟立，一举攻取德阳。

公元888年，王建进攻彭州，并大掠西川十二州。公元889年，王建大破眉州（今眉山）刺史山行章于新繁（今新都区新繁镇），虏获万余人，伏尸四十里，又击败屯守彭州的威戎节度使杨晟和山行章的五万援军。陈敬瑄再次发兵七万增援山行章，两军相持百余日。王建再败山行章于广都（今双流），山行章请降。公元890年，王建围攻成都，简州（今简阳西）、资州（今资中）、嘉州（今乐山）、戎州（今宜宾）、雅州、邛州、蜀州前后来降，王建势力进一步增强。

在此前后，唐昭宗任命宰相韦昭度为西川节度使，同时将西川的邛州（今邛崃）、蜀州（今崇永陵出土的王建像州）、黎州（今汉源北）、雅州（今雅安）划为永平军，治邛州，任命王建为永平军节度使。同时下诏罢田令孜监军之职，诏命收回陈敬瑄的节钺。陈敬瑄和田令孜二人拒不奉诏，唐昭宗便派韦昭度与顾彦朗出兵讨伐，又任命王建为招讨牙内都指挥使。韦昭度率兵围攻成都三年，且聚兵十余万，难以破城，朝廷有意休兵。王建接到诏书后，上表请求继续攻城。韦昭度将符节转交王建，任命其为知三使留后兼行营招讨使，自己当天即返京师。

韦昭度走后，王建派兵扼守剑门（今剑阁北），切断了两川与中原地区的联系。此后，王建将成都团团围住。田令孜、陈敬瑄开门投降，王建入城，自称留后，时为公元891年八月二十六日。王建将陈敬瑄送往雅州，又任命田令孜为监军。王建屡次请求朝廷杀此二人，朝廷不许，王建便于公元893年四月，私自找一借口杀了田令孜和陈敬瑄。同年十月初六日，唐昭宗任命王建为检校司徒、成都尹、剑南西川节度副大使知节度事、管内观察处置云南八国招抚等使。王建既得西川，留心政事，容纳直言，乐善好施，礼用贤士，谦恭简素，用人各尽其才，西川较前大治。

王建攻陷成都一个月后，东川节度使顾彦朗病逝，其弟顾彦晖继任。公元893年，王建被加封为同平章事，即位同宰相。公元895年，邠宁节度使王行瑜、镇国节度使韩建、凤翔节度使李茂贞联合进逼京师，诛杀宰相韦昭度、李溪，并谋废唐昭宗。李克用于河东起兵勤王，王建也派简州刺史王宗瑶带兵救驾。同年，王建以顾彦晖不出兵为由，命王宗涤讨伐东川。不久，王宗涤在楸林击败顾彦晖，斩杀其将罗璋，进围梓州。公元896年，王建在唐昭宗的诏令下，罢兵返回成都。同年七月，李茂贞再次进犯京师，烧毁宫殿，唐昭宗逃往华州（今陕西华县）。王建得知后，上表请求皇帝迁都成都。不久，王建被任命为凤翔西面行营招讨使，以讨伐李茂贞。

公元897年，王建再次命王宗涤攻打东川，又命王宗谨攻打凤翔。不久，王建命王宗侃取渝州、王宗阮取泸州。同年五月，王建亲自率兵攻打东川。不久，唐昭宗任命谏议大夫李洵为两川宣谕使，诏令王建罢兵，王建不肯奉诏，唐昭宗贬王建为南州刺史，任命李茂贞为西川节度使，李茂贞拒绝接受任命，唐昭宗只得恢复王建官爵。十月，梓州城破，顾彦晖自杀，王建任命王宗涤为东川留后。公元900年，王建兼任中书令，东川、信武军两道都指挥制置等使，赐爵琅琊王。公元903年八月，王建被封为守司徒，进封为蜀王。

公元904年，王建与李茂贞修好，将女儿普慈公主嫁给李茂贞侄子李继崇。八月，朱温弑唐昭宗，立唐哀帝，并迁都洛阳，改元天佑。但王建仍使用唐昭宗天复年号，并在成都设立行台，自行任命官员。公元906年，王建取归州（今湖北秭归县），占有三峡之地。

公元907年，朱温篡位，建立后梁。王建不以后梁为正统，并传檄天下，要联合各藩镇讨伐朱温。各藩镇知道王建的真实用意，无人响应。同年九月二十五日，王建即皇帝位，国号大蜀，并大封诸子和百官。翌年正月，王建在成都南郊祭天，然后大赦境内，改元武成。同年六月，立次子王宗懿为皇太子。公元 909 年，王建颁行《永昌历》。

王建坚持不论三教九流有才者皆用其长的原则，尊重人才，知人善任，选拔书生王先成、布衣李景、道士杜光庭、僧人贯休等人，并任用文学家韦庄为相。王建注意吏治整顿，严惩贪赃不法，对跟随入蜀的功臣武将的不法行为也能严厉惩处。义子王宗佶屡立战功，官至晋公、中书令，自恃功高，结党营私，被罢相之后图谋反叛，被王建命卫士扑杀。义子王宗训任武泰军节度使，镇守黔州（今重庆彭水），恃恩贪暴，骄纵逾制，王建将其斩杀。

王建十分注重发展军事，得蜀之后，在文州（今甘肃文县）、黎州（今四川汉源）、雅州（今四川雅安）、茂州（今四川茂县）与吐蕃人交易马匹，组建了一支强大的骑兵部队。王建在北部与李茂贞之岐国发生多次战争，先击败李茂贞对汉中的进攻，后攻占文州（今甘肃文县）、阶州（今甘肃武都）、成州（今甘肃成县）、秦州（今甘肃天水）、凤州（今陕西凤县）等地，不断北拓；在东边打败荆楚，迁镇江军于夔州（今重庆奉节），加强东部防线；在西南斩杀暗通大长和国的黎州蛮三王，大败大长和国对黎州的进攻，俘斩数万，使大长和国不复犯边。

王建政权原本向百姓征收重税，后听从冯涓的建议，减轻赋税，招募流亡，大力恢复和发展生产，使前蜀成为当时社会最稳定的富国和强国。然而后期又开征苛捐杂税，害民不浅。

但总体来说，王建在位时励精图治，注重农桑，兴修水利，扩张疆土，实行与民休息政策，蜀中得以大治。但王建后期为防篡位，冤杀战功显赫、深得民心的王宗涤和投奔前蜀的勇将刘知俊，猜忌迫害有识之士，加速统治集团的腐朽；又多信内宠，重用宦官，导致内部矛盾尖锐。

公元 913 年七月初七，宠臣唐道袭因与太子王宗懿不和，向王建诬称太子谋反。次日，王宗懿属下在惊惧之中发动兵变，杀死唐道袭。王建派兵镇压，王宗懿逃到民间，后被卫兵追捕杀害，王建乃立郑王王宗衍为太子。公元 918 年六月初一日，王建病故。王建在位 16 年，终年 72 岁。

2. 后主王衍

公元 918 年六月二日，太子王宗衍在父皇灵前继承皇帝位，改名王衍。王衍生于公元 889 年，为前蜀高祖王建第十一子，母亲徐氏。

王衍父王建共生十一子，分别是卫王王宗仁、简王王宗懿，赵王王宗纪，豳王王宗辂，韩王王宗智，莒王王宗特，信王王宗杰，鲁王王宗鼎，兴王王宗泽，薛王王宗平和王衍，王衍在王建诸子中排行最小。王衍初封郑王，因其母徐氏得宠而被立为皇太子。

王衍自幼聪明，颇有文才，能作一些虚浮艳丽的诗词，著有《甘州曲》《醉妆词》等。太子王宗懿被冤杀去世以后，王建因次子豳王王宗辂相貌类似自己，而七子信王王宗杰为诸子中最有才能的一个，因此想在此二子中选择立嗣。这时，王建得宠专权的徐妃，厚结宦官朝臣，一心要为自己儿子王宗衍谋取皇太子位，便伙同得宠宦官唐文扆、宰相张格等反复上书，力荐王宗衍，加之王建老迈昏聩，于是最小的儿子王宗衍被立为皇太子。

王衍即位后，将政事扔给宦官宋光嗣、宋光葆、景润澄、王承休等人，任期为所欲为；而太后、太妃唆使王衍卖官，自刺史以下，每有官职出缺，总有众臣争夺举荐，而以出钱最多者得到官职；又在通都大邑设立旅舍店铺，专以搜刮民财。

王衍年少荒淫，而且以满足自己荒淫为第一要务，一边以韩昭、潘在迎、顾在珣、严旭等人作为专门陪伴自己玩乐的狎客，一边又大兴土木，起造宣华苑，内有重光殿、太清殿、延昌殿、会真殿，有清和宫、迎仙宫，有降真亭、蓬莱亭、丹霞亭，有飞鸾阁、瑞兽门；又建怡神亭，日夜与众多狎客、美女在亭中酣饮作乐，动辄一连八九天。

公元 920 年七月二十六日，王衍颁发诏书，要移驾北部巡视。八月初十，王衍身披金甲，头戴珠帽，手执弓箭，一幅二郎神打扮从成都出发，随从旌旗兵甲延绵百余里，沿途扰民害官耗财难以尽述。直到次年正月初七，王衍才巡游结束回成都。

公元 924 年，王衍任命王承休为天雄节度使。宦官王承休因绝色美丽的妻子严氏而得宠。公元 925 年十月，因严氏之故，王衍又要驾往秦州，群臣直言极谏，王衍不听。当时，后唐庄宗李存勖已经灭后梁，前蜀国人都很恐惧。后唐庄宗派遣李严访问前蜀，王衍与李严在上清宫会见，成都士庶男女，成群结队，夹道欢迎。李严看到前蜀人富物丰，但王衍骄奢淫逸，于是归国以后向后唐庄宗献策攻蜀。公元 925 年九月初十日，后唐庄宗派魏王李继岌与郭崇韬等率兵六万攻打前蜀。当为严氏而巡游的王衍行至绵谷时，后唐军队已经攻入前蜀国境，王衍害怕而急忙回返。唐军所到之处，前蜀州县无不迎降。王衍留王宗弼守绵谷，派王宗勋、王宗俨、王宗昱率兵抵御唐军。王宗勋等人一到三泉即望风而逃，王衍诏令王宗弼诛杀王宗勋等人，王宗弼反而与王宗勋合谋，赠送军资粮草给后唐军队。王衍从绵谷回到成都，公卿百官及后宫嫔妃在七里亭迎候，王衍用宫人充作回鹘卫队入城。第二天，王衍登上文明殿，要商议御敌之策，而满朝群臣面面相觑，束手无策，只能相对而泣。就在这时，王宗弼从绵谷驰归成都，登上太玄门，捕杀成都尹韩昭、宦官宋光嗣、景润澄、欧阳晃等人，并将这些人的首级装进匣子，转送给后唐魏王李继岌。不理国政寻欢作乐的皇帝王衍，这时只有上表乞降一条路。公元 925 年十一月二十七日，后唐魏王李继岌到达成都，在位 8 年的王衍带着棺材，与众臣反缚自身到七里亭迎降，前蜀亡。

公元 926 年正月，后唐庄宗召王衍入洛阳，赐诏言说分封土地给王衍。王衍接到诏书，率领宗族及宰相王锴、张格、庾传素、许寂、翰林学士李昊等人高兴上路。同年四月，王衍走到秦川驿时，后唐庄宗遣宦官向延嗣到秦川驿，诛杀了 38 岁的王衍及其宗族臣属。

三、楚

（907 年—951 年）

公元 907 年四月，后梁太祖朱温封武安军节度使马殷为楚王，史称楚、马楚或楚国，马殷为楚武穆王。楚为历史上唯一以湖南为中心建立的政权，盛时疆域北抵江陵，东至江西，南至连州，西至贵州，即有今湖南全部、四川大部、甘肃东南部、陕西南部、湖北西部和广西、贵州、广东部分地区，在当时十国中，地盘为最大。楚传 6 主，历 45 年，都潭州（今湖南长沙），公元 951 年十月亡于南唐。

公元 852 年，马殷生于许州鄢陵（今河南鄢陵县），父亲马元丰，母亲不详。马殷家庭生活贫困，早年以做木工活为生。公元 884 年，曾投降黄巢的蔡州奉国军节度使秦宗权据蔡州（今河南汝南）叛乱，到处招兵买马，马殷应募从军，被安排在忠武（今河南许昌）决胜指挥使孙儒部下。马殷敢于冲锋陷阵，以勇武闻名于军中，逐渐出人头地。公元 887 年，秦宗权派其弟秦宗衡与孙儒、龙骧指挥使刘建峰等人攻打淮南，同杨行密争夺扬州，掠夺淮地。不久，秦宗衡与孙儒发生内讧，孙儒将秦宗衡杀死。公元891年，孙儒围困杨行密于宣州（今安徽宣城），但久攻不下，便派刘建锋、马殷到附近州县抢掠粮草。孙儒在宣州城下败死之后，其大部分部众投降淮南节度使杨行密。刘建锋、马殷抢掠军粮回来，一时归无去所。于是，收孙儒残部败卒7000多人，以刘建锋为帅，马殷为先锋，张佶为行军司马，流窜江西。途中又收流民散兵达10余万，势力大增。但人员众多，又无地盘，刘建锋和马殷在江西境内难以存身，便转身向湖南进发。

在此之前的湖南，经历了唐朝初期山南道、江南道和岭南道的管辖；唐玄宗时期有江南西道、黔中道和岭南道的区域划分；安史之乱以后，置鄂岳观察使、湖南观察使和桂管观察使；唐末，这里有武安节度使、武贞节度使和静江节度使。就总的情况来看，这一区域逐渐向着脱离唐朝中央控制的趋势发展。到马殷带兵进入湖南的时候，湖南主要有武安节度使邓处讷、静江节度使刘士政、武贞节度使雷满等几种势力，可谓纷繁复杂。三个节度使各自为政，实际上全部成为独立的政治势力，唐王朝的统治在这里已经名存实亡。邓处讷名为湖南之主，但实际上所控制的只有潭、邵两州，而且本身军将不多，实力不足；雷满以蛮族起家，只知道率领蛮军四处抢掠，并无经营政权的能力和意图，只能算作尚有名分的地方土匪势力；刘士政南有容管和豊管，北有武安节度使，只能据军自守。而湖南各处的地方贼寇，大多数据郡为帅，各地蛮族势力纷纷据险自守，整个湖南地区分崩离析，纷乱无序，民不聊生。

公元 894 年，刘建峰和马殷带着蔡州军团从缑陵进入湖南，略地洪（州治豫章，今江西南昌）、鄂（州治江夏，今湖北武汉）、潭（州治长沙，今湖南长沙）、桂（州治始安，今广西桂林）等州。公元 896 年，唐昭宗授刘建峰为湖南节度使。刘建峰酒后调戏亲兵妻，为亲兵所杀。诸将欲立行军司马张佶，张佶却骑马伤髀，病体难支。于是，张佶力荐，诸将拥戴，改立马殷为潭州刺史、判湖南军府事。后数年之间，马殷遣将攻下连（州治桂阳，今广东连州）、邵（州治邵阳，今湖南邵阳）、郴（州治郴县，今湖南郴州）、衡（州治衡阳，今湖南衡阳）、道（州治营道，今湖南道县西）、永（州治零陵，今湖南永州）六州，接着，又尽取桂管属州。公元 901 年，唐以马殷为武安军节度使，并以武安军为当时湖南地区的最高行政机构，即由马殷管辖湖南其他各军节度使。公元 902 年，唐昭宗又加封马殷为同平章事。

公元 903 年，杨行密派刘存攻打武昌军节度使杜洪，围困鄂州（湖北武昌）。杜洪向朱温求救，朱温命马殷与荆南节度使成汭、武贞节度使雷彦威一同出兵救援。马殷遂又派秦彦晖、许德勋率水军相救。不久，杜洪兵败被杀。刘存不甘罢休，又率兵向马殷杀来，结果被马殷打败。屡战不胜的刘存，便想与马殷讲和。马殷并未答应，将刘存斩于马下，成汭的岳州（治巴陵，今湖南岳阳县）刺史郭进忠改附马殷。其后，澧（州治澧阳，今湖南澧县东南）、朗（州治武陵，今湖南常德）节度使雷彦恭断江、岭行商之路，马殷与荆南高季兴合势攻雷彦恭，数年尽占雷彦恭澧、朗之地。之后，淮南杨行密发水军三万击楚，楚王马殷亦发水军三万应战，大败淮南兵，拔岳州，杀岳州刺史陈知新。就这样，马殷用一年多的时间，连得十四州，在湖南基本站稳了脚跟。

公元907年四月，朱温篡唐称帝，建后梁。马殷便派遣使者向后梁纳贡，朱温也为换取马殷对后梁的承认和支持，拜马殷为侍中，兼中书令，封马殷为楚王。不久，又任马殷兼任武昌节度使，充本道招讨制置使。第二年，荆南节度使高季兴屯兵汉口，拦截马殷的贡使。马殷大怒，命许德勋率领水军征讨。许德勋行至沙头，高季兴又派遣使者求和。后来，马殷又派步军都指挥使吕师周攻打岭南，夺取昭州（今广西平乐）、贺州、梧州、蒙州（今广西昭平）、龚州（今广西平南）、富州（今广西昭平）。马殷奋力开疆拓土，成为当时十国中面积最为宽广的国家。

有了实力的马殷，虽然名义上向中原称臣，但实际上早已经成为独立王国，并以称臣为名在政治和经济等方面捞更多好处。公元910年，经马殷向后梁要求，后梁加封马殷为天策上将军，开天策府，置十八学士，并在境内分置武平、静江等节度府。同年，马殷仿效朝廷体制，改潭州为长沙府，作为国都，并且在长沙城内修宫殿，置百官，任命弟马賨为左相、马存为右相。

出身贫困的马殷能够开疆，成为帝王的马殷也善于守成。马殷深知自己地广人稀，实力不强，便实施休养生息政策。为使湘楚地区获得一个相对稳定的政治环境，马殷遣使朝贡，主动向中原皇帝朱温称臣。为保境安民，马殷不轻易挑起战事，与吴国的几次争战，都为对方率先挑衅；对于北部的荆南，马殷为畅通商路曾派大将王环领兵进攻，王环连战连胜，势如破竹。按照当时战况，不需太久，就可以灭掉荆南，但当高季兴遣使求和，马殷立即中止战争。在马殷的谋略中，留下荆南这个处在中原和吴、楚、蜀之间的屏障，免得自己和中原王朝直接接壤发生冲突，远比占领荆南更为有利。

为了发展经济，马殷四处收罗人才。公元 910 年六月，楚在长沙开天策上将军府，主要目的就是为了笼络治国人才。而湘楚地区能够在较短时间内富庶一方，与马殷尽心尽力笼络精英人士分不开。同时，楚注重奖励农桑，发展茶叶，倡导纺织，重视贸易，使楚国经济得以发展。为了促进茶叶的生产与贸易，楚令民间自由造茶，并允许民间自由销售。同时，经中原王朝同意，楚在中原京师及襄（今湖北襄阳）、唐（今河南唐河）、郢（今湖北钟祥）、复（今湖北天门）等州设置商业货栈，用湖南所产的茶叶换取中原的丝绸和战马。为了大力发展商业，楚利用湖南地处南方各政权中心的地理优势，采取免收关税的政策，吸引各国商人，鼓励发展与中原和周边地区的商业贸易。楚还利用境内盛产的铅铁铸钱，十文当铜钱一文，如铅钱开元通宝、铁钱乾封泉宝等在境内流通。由于铅铁钱币笨重，携带不便，商旅出境，往往在楚就地购买大量产品出境销售。楚以此手段，利用境内所余之物换取天下百货，很好地促进了楚地经济发展。为促进手工业发展，楚规定境内缴税，必须以帛代钱。如此一来，养蚕业和丝织业很快在湖南兴盛起来，同时带动了长沙的棉花种植和以棉花为原料的纺织业。楚地的矿冶业也极为发达，马希范广修宫殿用丹砂涂壁，一次即用数十万斤，证明当时楚地丹砂矿的开采已成规模。通过上述各种措施，湖南的农业、手工业、商业都得到很快发展，国家和百姓逐渐富裕。在当时的十国当中，楚国之繁荣首屈一指。

公元929年三月，马殷命次子马希声参与政事。第二年，79岁的马殷病逝，马希声继位。当时后梁已经被后唐取代，后唐皇帝李嗣源任马希声为武安、静江节度使，兼中书令。然而，继位后的马希声，表现出的不是治国才能，而是不断释放的劣根性。马希声颇为不孝，依照礼节，父死儿子必须守孝三年，马希声却不以为然；父王灵柩已经扶上灵车，文武百官不断叩请，马希声却坚持要把自己喜欢的鸡汤炖好，喝完，令众臣惊愕不已。马希声有权之后，滥杀无辜成为施行权力的体现，尤其是对有兵有权的大臣，总是寻找借口斩杀清除。

治国毫无建树的马希声于公元932年七月去世，为遵马殷兄终弟及的遗命，六军使袁诠、潘约等人前往朗州，迎接时任镇南节度使的马希范继位。马殷第四子马希范，是一位十足的昏君，登上帝位以后，一门心思贪图享乐，酒色财赌样样在行。马希范妻彭氏治家极严，马希范向来惧怕。公元938年十月彭氏去世，马希范开始纵情声色，通宵饮宴，四处淫乐，不分内外。一次，马希范看上一位商人的妻子，就要杀死商人强行霸占，商人妻子不堪受辱上吊自尽。马希范不仅好色，而且穷尽奢华，大造宫室花园，金银雕饰门窗栏杆，丹砂涂墙。马希范还极其残忍，许多忠臣良将都死于马希范刀下。

公元947年五月，马希范病逝于长沙。从此，历史上称为"众驹争槽"的马家弟兄内耗拉开序幕。马希范去世以后，一部分楚臣拥立马希广为楚王，另一部分楚臣拥立马希萼为楚王。马希萼争位不胜，向南唐主李璟称臣求助，在南唐协助下攻入长沙杀马希广，马希萼自立为楚王。公元951年，马希崇推倒马希萼，派将官押送马希萼到衡山县囚禁，马希崇自立为楚王。不料后来押送官拥立马希萼为衡山王，马希萼向南唐求救。南唐主令大将边镐率兵攻入长沙，马希崇投降，马希萼被南唐软禁，楚国灭亡。

1. 武穆王马殷

马殷为许州鄢陵（今河南鄢陵县）人，生于公元852年，父亲马元丰，母亲不详。公元907年四月二十五日，后梁太祖朱温封马殷为楚王。史称马殷父子割据统治的湖南及其周边地区为楚，马殷为楚武穆王。

马殷自称伏波将军马援之后，早年家中困苦，以木匠为业。公元884年，秦宗权据蔡州（今河南汝南）叛乱，马殷应募从军，成为忠武决胜指挥使孙儒的部下，以勇武闻名军中。公元887年，秦宗权派其弟秦宗衡与孙儒、刘建峰等人攻打淮南，同杨行密争夺扬州。不久，孙儒杀死秦宗衡，自率兵将夺取高邮，驱逐杨行密。公元891年，孙儒将杨行密围困在宣州（今安徽宣城）。公元892年，孙儒命刘建峰与马殷掠夺邻近郡县。不久，孙儒战败被杀，刘建峰、马殷收拢残部七千人，南下前往洪州（今江西南昌）。途中，刘建峰被推举为主帅，马殷为先锋指挥使，行军司马张佶为谋主。刘建峰、马殷沿途广收散兵流民，到达江西时，兵马已经有十余万。

公元894年，刘建峰和马殷进入湖南，驻扎在醴陵。潭州刺史邓处讷为了防备刘建峰，派邵州（今湖南邵阳）指挥使蒋勋、邓继崇驻守龙回关（今湖南长沙东）。马殷赶到龙回关，遣使劝降蒋勋。刘建峰命人着邵州军的衣甲，打着邵州旗帜，前往潭州（今湖南长沙）。潭州守军没有防备，开门迎纳。刘建峰斩杀邓处讷，自称武安军留后。

公元895年，唐昭宗任命刘建峰为武安军节度使，马殷为内外马步军都指挥使。不久，蒋勋向刘建峰求取邵州刺史，被拒绝后，便与邓继崇一同起兵攻打湘潭。公元896年，马殷平定蒋勋之乱。同年四月，刘建峰被部下陈赡所杀。众将杀死陈赡，推张佶为留后。不料张佶在前往府衙时，坠马受伤。张佶认为马殷有勇有谋，为人宽厚，力荐马殷为主帅。当时马殷正在攻打邵州，众将便派人前去请回马殷。

马殷得知后，命部将李琼继续攻打邵州，自己星夜返回了潭州。马殷回到潭州后，张佶将留后的位子让给马殷，自己率众将参拜，定下君臣名分。马殷仍旧任命张佶为行军司马，并请张佶攻打邵州。不久，马殷被朝廷任命为潭州刺史、判湖南军府事。

公元 898 年，唐朝廷任马殷为武安军节度使。当时湖南治下七州，除潭州、邵州外，衡州（今湖南衡阳）、永州（今湖南零陵）、道州（今湖南道县）、郴州、连州（今广东连县）都被他人占据。马殷命李琼、秦彦晖为岭北七州游奕使，率偏将张图英、李唐攻下衡州、永州。之后，李唐又率兵夺下了道州。连得三州后，马殷命李琼从衡州出发，向南攻占郴州和连州。李琼不负众望，捷报频传。于是，马殷在不足一年的时间内，连得七州，完全控制了武安军的辖区，实力大增。

这时，马殷的下一个目标，定在静江节度使（府治桂州，今广西）刘士政的领地。刘士政得到消息后，积极备战，派副手陈可璠率兵戍守天险全义岭。马殷决定采取外交攻势，先派出使者前往桂州谈判。陈可璠看出马殷用心，根本不让使者通过。马殷得报，命秦彦晖率士兵 7000 人，佯攻正面；另派李琼从侧面寻找过岭之路，准备偷袭。全义岭守将陈可琳，得到王建武要率增援部队到来，便命手下四处抢夺百姓耕牛，以备招待王建武军。百姓耕牛被杀，愤愤不平，主动带秦彦晖军队从小路过全义岭，奔袭王建武的秦城营寨，王建武被斩杀。与此同时，李琼、秦彦晖围住了静江节度府桂州。刘士政见两员猛将丧命，士卒大半逃散，只好出城向李琼投降。刘士政归降后，其他的宣、岩、柳、象四州也望风而降。此后，岳州刺史邓进忠归附，吉州刺史彭开来降。公元 899 年，马殷又命部将李唐攻取道州。不久，李琼取郴州、连州。至此，马殷仅用一年多的时间，连得十四州，基本上控制了湖南。唐朝廷只得承认马殷占领湖南的既成事实，派李俨前来，加封马殷为同平章事头衔。

公元 903 年，杨行密派刘存攻打武昌军节度使杜洪，围困鄂州（今湖北武昌）。杜洪求救于朱温，朱温命马殷与荆南节度使成汭、武贞节度使雷彦威一同出兵救援。马殷派秦彦晖、许德勋率水军相救。不久，杜洪兵败被杀，刘存又指挥军队讨伐马殷。秦彦晖等人顽强抵抗，刘存屡战不胜，便打算与马殷讲和。马殷未允，命秦彦晖急攻淮南军，斩杀刘存，夺取岳州（今湖南岳阳）。

公元 907 年，朱温称帝，建立后梁。马殷遣使纳贡，被封为侍中兼中书令、楚王。不久，马殷又兼任武昌节度使，充本道招讨制置使。同年九月，朱温削除武贞军节度使雷彦恭（雷彦威之弟）官爵，命马殷与荆南节度使高季兴出兵讨伐。雷彦恭向淮南求救，被许德勋击败。马殷又派秦彦晖攻打朗州（今湖南常德），雷彦恭投奔淮南，其弟雷彦雄等被擒获。澧州（今湖南澧县）、辰州（今湖南沅陵）、溆州（今湖南怀化）等地全部归附马殷。不久，马殷又派步军都指挥使吕师周攻打岭南，夺取昭州（今广西平乐）、贺州、梧州、蒙州（今广西昭平）、龚州（今广西平南）、富州（今广西昭平）。

公元 910 年，马殷请求开天策府，置办官属。不久，马殷被拜为天策上将军，并任命弟弟马賨为左相，马存为右相，廖光图等十八人为学士。公元 912 年，马殷被封为武安、武昌、静江、宁远等军节度使，洪、鄂四面行营都统。

公元 923 年，唐庄宗李存勖灭亡后梁，建立后唐。马殷得知后，命儿子马希范入京朝贡。公元 924 年，马殷又兼任尚书令。公元 925 年，唐庄宗平定前蜀，马殷非常恐惧，上表请求致仕，没有得到允许。公元 926 年，唐明宗李嗣源即位，马殷遣使进贡，被封为守尚书令。公元 927 年，唐明宗命尚书右丞李序为册礼使，持节册封马殷为楚国王。

马殷在位期间，一直实行保境安民政策，对外礼尊中原，不兴兵戈，坚持睦邻友好，很少主动对外交战；对内减免百姓赋税，同时下令以布帛代替钱币交纳赋税，促使百姓安心从事生产。当时，湖南为全国重要的产茶之地，马殷鼓励百姓种茶，并将茶叶销往其他诸国，获取帛绢、战马等物，每年收入颇丰，国库日渐充盈，地方经济繁荣。公元 930 年十一月十日，马殷病逝。马殷在位 24 年，终年 79 岁。

2. 衡阳王马希声

公元 930 年十一月二十七日，33 岁的马希声嗣位。马殷有子三十多人，嫡长子马希振在诸子中较为贤明，本应该成为王位继承人。然而，马希声生母袁妃貌美出众，深受马殷宠爱，马殷一直让马希声执掌兵权，因此被确定为王位继承人。

马希声生于公元 898 年，为马殷次子。马殷建立楚政权以后，任命马希声为判内外诸军事，掌兵权。时楚国谋臣高郁对马殷忠心耿耿，南平国君高季兴便派人行反间计。马殷不信谣言，无动于衷，而马希声则轻信谣言，以为高郁迟早会谋反，便削夺了他的兵权，并假借父亲之命将高郁杀死。公元 930 年十一月初十日，马殷去世，临终前遗命诸子要兄终弟及。

马希声继位后，慑于北方后唐的势力，不敢称王，自动废去王号，用后唐年号，并被后唐授为武安、静江军节度使，兼任中书令。马希声耽于享乐，生活奢侈腐朽，闻知后梁太祖喜欢吃鸡，于是效仿朱温，命御厨每天为自己烹制五十只鸡。就连父亲马殷下葬的时候，马希声仍然要吃够鸡才出席，而且面部毫无悲伤表情，众臣无不失望。公元 932 年七月十一日，在位 3 年的马希声病逝，终年 35 岁。

3. 文昭王马希范

马希声去世以后，以马殷兄终弟及的遗命，六军使袁诠、潘约等人前往朗州，迎接时任镇南节度使的马希范。同年八月十二日，回到长沙的马希范继承王位。

马希范为楚武穆王马殷第四子、衡阳王马希声异母弟，母亲陈氏，生于公元 898 年。马希范继位后，后唐于公元 932 年九月任命马希范为武安节度使，兼任侍中；次年二月又任命马希范为武安、武平节度使，检校太尉，兼任中书令，行潭州大都督府长史，封扶风郡侯，并于公元 934 年正月，封马希范为楚王。公元 939 年四月，后晋加封马希范为天策上将军，赐予官印，听由马希范开府设置官属。

公元 939 年八月，黔南节度使巡属之内的溪州刺史彭士愁率领奖州、锦州土著军万余人袭扰辰州、澧州，焚掠镇戍之所。九月初三日，马希范命令左静江指挥使刘勍、决胜指挥使廖匡齐率领衡山兵五千人前去剿抚。刘勍等人进攻溪州，望城一战，土家军战败，彭士愁放弃州城，退守保山寨。山寨石崖四面绝壁，刘勍率楚军围攻，并截断彭士愁营寨水源、粮道。次年正月，刘勍借助大风，用火箭焚烧彭士愁的山寨，彭士愁率领土兵逃入奖州、锦州的深山。次年正月二十九日，彭士愁遣其子彭师暠率领诸土酋长献纳溪、奖、锦三州的印信和地图向楚国投降。因彭士愁在所属地区威望颇高，马希范只得相约议和。经过谈判，历时两年的割据反割据战争结束，双方缔结盟约，铸铜柱立于溪州会溪坪。同年二月，马希范以彭士愁为溪州刺史。从此，土著二十余州并入楚国版图。

也许，将土著二十余州并入楚国版图，是马希范为数不多政绩中唯一具有历史意义的一桩。而作为一届楚王，马希范留下更多的，是心胸狭窄、嫉贤妒能、荒淫贪婪、残害百姓等一系列负面行为。马殷儿子众多，马希范与马希声生于同一日，马希范以马希声先立为王时不加辞让，一直怨恨在心。等到马希范继位，即对马希声一母弟兄及生母袁妃狠下毒手。马希声同母弟马希旺担任亲从都指挥使，马希范经常谴责，袁妃请求免去马希旺官职，让其去做一名道士，马希范不允许。后来，马希范解除了马希旺的军职，让马希旺居住在简陋的竹屋中，不让其参与兄弟间的饮宴聚会，马希旺很快忧愤而死。

为静江节度使的马希范异母弟马希杲，忠国爱民，政绩突出，得到朝野好评。如此利民利国利君的地方大员，却引起楚王马希范的怀疑。公元936年四月，南汉将领孙德威进犯蒙州和桂州，马希范委托军府事于同母弟武安节度副使马希广，自己亲领大军奔赴桂州。马希杲得知此事，十分惊恐。为保全儿子性命，马希杲母亲华夫人远到全义岭迎接马希范，并谢罪说敌军入境，是因为马希杲治理政事不得法，使王上亲自带兵跋涉险阻之地，这一切都是自己和儿子的罪过，并表示甘愿削去封邑，以此来顶替所犯下的罪过，马希范不予理睬。不久，马希范将马希杲调往朗州。三个月后，又将马希杲转移到镇武平军（今湖南常德）严格控制起来。

马希范妻彭氏相貌一般，但治家得法，很让马希范畏惧。公元938年十月，彭氏去世，马希范原形毕露，开始纵情声色，通宵饮宴娱乐。马希范听说有一商人妻子长得漂亮，便杀害其夫要强行霸占，逼使商人妻子上吊自尽。

马希范不仅好色，而且穷尽奢华，大造宫室、花园，花钱如流水。公元942年，马希范建造天策府，高大宏伟的楼宇门窗栏槛全用金玉装饰，涂刷墙壁所用丹砂达几十万斤。楚地多产金银，茶叶利润尤其丰厚，其父马殷一世积攒无数。然而，马希范穷奢极欲无尽无休，制作长枪大槊，用黄金作装饰，可以执举游玩而毫无实用价值；宫室、园囿、服用一应追求奢侈豪华；建造高大雄伟的九龙殿，以沉香木雕刻八条十丈长龙，皆用金宝妆饰。马希范经常头系一丈多长的头巾端坐八龙中间，称自己为第九龙。

如此无度靡费，财物用度不足，马希范便加重赋敛。常常派遣使者查计田亩，民众不堪重负纷纷逃走。公元943年，马希范下令在正常租税之外，大县加贡纳米二千斛，中县一千斛，小县七百斛；无米者输纳布帛。马希范还听任捐钱拜官，按输钱多少确定授官等级，致使朝政腐败不堪。如此糟蹋国家坑害百姓也糟蹋自己的楚王马希范，在位15年后，于公元947年五月初八日去世，终年50岁。

4. 废王马希广

公元947年五月十一日，马希广继楚王位。马希广为楚武穆王马殷第三十五子，母亲陈氏。

马希广心地善良，温文尔雅，待人温和，处事明直，胞兄马希范对其十分器重。马希范在位时，连封马希广为武安节度副使、领镇南节度使、判内外诸司事、天策府都尉。天策府为朝廷按唐太宗的先例赐给楚国的恩典，楚王即天策上将。以马希广为天策府都尉，可见马希范对胞弟的偏爱。马希范临终前，召见天策府十八学士之一的拓跋恒及重臣，诏令辅佐马希广继位。马希范去世后，拓跋恒考虑在马希范的诸弟中，马希萼年龄最长，在弟兄排行中远在马希广之前。马希萼时任朗州（今湖南常德市）节度使，掌握着重镇的兵政实权，而且为人刚狠无礼。因此，拓跋恒担心马希萼如果不服，一定会引起内乱，便请马希广让位给兄长马希萼。而直都指挥使刘彦瑫、天策学士李弘皋等大臣，坚决主张执行先王遗命，拥马希广继位。不久，后汉高祖刘知远封马希广为天策上将军、武安军节度使、江南诸道都统、兼中书令、楚王。

时在朝中任天策左司马的马希萼胞弟马希崇，经常通过秘密渠道将朝中情况告诉马希萼，并鼓动心胸狭窄的马希萼争夺王位。朝臣大将都看出马希萼的企图，并为马希广和楚之社稷担心。公元947年十月，马希萼要来潭州（今湖南长沙），假以奔丧之名逼宫。刘彦瑫、周廷诲等将领建议马希广，派侍从都指挥使周廷诲等带水军迎接，命马希萼率领的永州将士解甲，并趁此机会除掉马希萼。岂知马希广却道："即使分国而治，也不能伤害吾兄。"

公元949年，马希萼公开发动叛乱，率军南下进攻潭州。当时马希萼认为后汉朝廷偏袒其弟，便绕开后汉，向强邻南唐称臣，南唐任命马希萼为同平章事。马希广派出刘彦瑫、许可琼等人率部前去抵抗，刘彦瑫在仆射洲打败马希萼。正在刘彦瑫等人要乘胜追击、一举歼灭落荒而逃的马希萼时，突然收到马希广的紧急诏令，要求刘彦瑫放弃追击，不得伤害马希萼。就这样，刘彦瑫等人只好鸣金收兵，已是弓下之鸟的马希萼，就这样浩浩荡荡平安归回老巢。

公元950年九月，马希萼收拾旧部，勾结辰州（今湖南怀化）、梅山（今湖南安化）土著军队，并请求南唐协助攻击马希广。十一月，马希萼留儿子马光赞镇守根据地朗州，自己动员全境人马，向长沙进发，并自称顺天王。

曾经有一土著首领彭师暠向楚国称臣，楚人见其耿直粗

犷，很不待见，只有马希广惜其才华，待如上宾，还任命为强
挚指挥使，兼任辰州刺史。彭师暠对此十分感动，发愿誓死报
答马希广的恩情。马希萼手下朱进忠率领朗州军来到长沙时，
彭师暠请求带领一支奇兵，绕到湘江西面，再让大将许可琼以
战舰横渡湘江，前后夹击，大破敌军。马希广认为可行，但大
将许可琼却有另一套方案。马希广采纳许可琼意见，令属下诸
将听从许可琼的节制调度，并赐给许可琼诸多金银。而令马希
广怎么也意想不到的是，此时的许可琼，已经被马希萼收买，
而且马希萼许诺，推翻马希广以后，与许可琼分治湖南。当马
希萼率四百多艘战舰停泊在湘江西岸时，许可琼将营垒封闭起
来，不让士兵知道朗州军队的进退情况，自己趁天黑单人小船
前去与马希萼策划、协调消灭马希广的行动。

　　时长沙大雪，平地积雪四尺有余，长沙与朗州两军很久不
能交战。马希广听信巫师之言，在江边塑起鬼像，昼夜作法礼
拜以驱马希萼军。公元950年十二月，马希萼军从水陆两路同
时向长沙发起急攻。楚步兵指挥使吴宏、小门使杨涤各自领兵
出战，彭师暠则带兵在城东北角战斗。马希萼领兵进攻长乐
门，牙将吴宏、杨涤等人在门中作战，马希萼部被打败。不
久，许可琼公开投降马希萼，吴宏、杨涤等人听说以后，知道
抵抗已无意义，便四散逃命，长沙很快沦陷。马希萼兵与土著
兵在长沙疯狂烧杀抢掠三天三夜，宫殿居室化为灰烬，所蓄财
宝被洗劫一空。马希广见大势已去，带妻子儿女藏于慈堂，第
二天被马希萼部下抓获。两天后的公元950年十二月十五日，

马希萼派人将自己这位忠义而愚蠢的亲弟马希广杀死。马希广在位4年，生年不详。

5. 恭孝王马希萼

公元950年十二月十四日，马希萼自立为楚王。马希萼生于公元900年，为楚武穆王马殷第五子，衡阳王马希声、文昭王马希范弟，废王马希广兄。

文昭王马希范去世前，放弃弟兄中年龄最长的异母弟马希萼，而传位给同母弟马希广。时任朗州（今湖南常德市）节度使、掌握重镇实权的马希萼于公元949年发动叛乱，并于次年九月收拾旧部，勾结辰州（今湖南怀化）、梅山（今湖南安化）土著军队，请求南唐协助，攻陷长沙，自称天策上将军，武安、武平、静江、宁远等军节度使、楚王，并任其同母弟马希崇为节度副使。

马希萼一改马殷只向中原王朝称臣的国策，转而向淮南的后唐李璟称臣，并派掌书记刘光辅前往后唐上贡。蓄谋楚地已久的李璟抓住机会，特意厚待刘光辅，同时按照马希萼的要求，册封其为楚王。刘光辅感激李璟的礼贤下士，居然私下告诉李璟，如今楚地兵疲主骄，正是趁虚而入一举可取的大好时机。李璟自然明白机会千载难逢，即刻任手下大将边镐为信州刺史，屯兵袁州（今江西宜春），秘密潜伏，伺机动手。

马希萼空有野心，却并无远见。登位之后，大开杀戒，疯狂报复，纵酒荒淫，将事务全权交给胞弟马希崇。然而，马希崇有着比马希萼更大的野心，才能见识却不及马希萼。在得到马希萼授权以后，马希崇转而将事务全部交给下属处理，自己比马希萼更加荒淫，楚之朝政混乱不堪，民怨如沸。加之朝廷对士卒不加赏赐，招致军心思变，甚至连出卖马希广的许可琼也没有得到任何好处，反被派往蒙州当刺史，引起众多将领的反感，楚之政权已经摇摇欲坠。

马希萼有一位名叫谢彦颙的家奴，身材修长，容貌俊美，伺候主子心有灵犀，马希萼给其极大恩宠。依仗主人的畸形偏爱，谢彦颙肆无忌惮，众将参加饮宴时，本该在门口侍立的谢彦颙，竟然安坐于上位，使众将既恼火又羞耻。

马希萼叛乱夺权时，勾结放纵土著士兵肆意掠夺，让曾经辉煌壮观的宫殿木折石崩，战火之下的潭州城狼藉一片，残败不堪。这时，马希萼命静江指挥使王逵、指挥副使周行逢带领本部人马维修都城，而且不给工钱。长期拿钱宠养的兵将，认为这是让自己干死囚犯才干的苦役，明摆着是在污辱。盛怒之下，王逵与周行逢干脆就地生变，以长柯巨斧破开潭州城门，率领士卒杀向武陵。酒醒后的马希萼急忙派唐羡前去追击，阻止二人回到武陵。唐羡在到达武陵之前，遭到王逵与周行逢的伏击，唐羡所率士兵一哄而散，唐羡拨转马头，只身逃回潭州。

王逵与周行逢进入武陵，已经没有退路可言，于是废掉马希萼子马光赞的当地留后职位，以马光惠为节度使。马光惠为南楚开国之君马殷长孙，父亲为官至武顺节度使的马殷嫡长子马希振。本该继承王位的马希振无缘王位以后，便出家当道士。后来马希振去世，儿子马光惠步入南楚政坛。王逵、周行逢打着马光惠的旗号，以朗州为根据地与马希萼对抗。可是没有过多久，王逵又将马光惠废黜，请辰州（今湖南沅陵）刺史刘言主政武平军。刘言本是庐陵人，长期跟随溪州洞土著首领彭玕。彭玕本是汉人，因为受到吴国压迫，带着刘言投靠马殷，得到马殷的重用，后嫁女给马殷子马希范，刘言因此得到辰州刺史的职位。因为当年彭玕的提携，刘言在土著人心目中颇有威望。王逵与周行逢拜刘言为节度使，开始在湘楚大地另起炉灶。

数月后，楚旧将徐威等将领也发动政变，拥护马希崇为武安留后，将马希萼囚于衡山县。刘言凭借王逵的力量在朗州立足后，即出兵攻打潭州。马希崇为了让刘言退兵，竟然杀死马希萼的手下亲信，并派人带着人头到朗州求和。如此作为，让彭师暠认为马希崇还不及其兄马希萼，便与衡山具指挥使廖偃商议，一起放出马希萼，并拥马希萼为衡山王。做梦也想不到还能东山再起的马希萼，千恩万谢彭师暠和廖偃，设衡山县为衡山府，任命彭师暠为武清军节度使，全权代理一切政务。彭师暠拦江设险，编竹为舰，招兵买马，很快收集一万多人，马希萼实力渐起。

此时的马希崇腹背受敌，无力抗衡，只好向南唐称臣乞援。李璟立即命边镐率军入湖南。没过多久，边镐兵临潭州城下，马希崇已经无路可逃，只好向南唐军投降，南唐军随即进驻长沙。此时的马希萼，居然给李璟上书，希望封自己为武安军节度使，并保证以后对后唐百依百顺。李璟不予理会，仍封自家大将边镐为武安军节度使，留守长沙。边镐迫使马希萼入南唐，马希萼虽然拥兵上万，但为表示自己对南唐的顺从，立即按边镐的要求进入南唐。南唐不准马希萼离境，只任命马希萼为江南西道观察使、守中书令，仍封楚王。公元953年，马希萼在南唐都城金陵（今江苏南京）去世，终年54岁，被谥恭孝王。

6. 楚王马希崇

公元951年九月，楚马步都指挥使徐威等将领废马希萼，立其弟马希崇为楚王。

公元947年马希范去世，将领根据遗命拥立比马希萼年龄小的马希广继位。时任天策左司马的马希萼同母弟马希崇，以马希广继位违反父亲兄终弟及的遗命、应该由马希萼嗣位为由，经常向马希萼传递马希广及朝中动静，挑拨策应马希萼反叛夺位。公元949年马希萼起兵，次年攻占都城潭州（今湖南长沙），杀马希广，自封为楚王，任命马希崇为节度副使，并将政事全权交给马希崇，自己专事享乐荒淫。

马希萼的做法惹怒马步都指挥使徐威、左右军马步使陈敬迁、牙内侍卫指挥使陆孟俊、水军都指挥使鲁公绾等宿将老臣，加上主持政务的马希崇在背后扇风点火，旧将老臣的抵触情绪终于爆发。公元951年九月的一天，马希萼在端阳门宴请诸将，马希崇故意称病不往。徐威等人将十多匹惊马放进宴会现场践踏撕咬，然后派一批壮士冲入劫杀卫兵，惊魂未定的马希萼被当场控制。正在马希萼盼望胞弟马希崇救驾时，马希崇来到现场，徐威等人当着马希萼的面，呼马希崇为楚王，马希萼眼睁睁看着最为信任的胞弟自立。马希崇篡位后，遣大将彭师暠将马希萼押解至衡山县囚禁。

成为楚王的马希崇，以过于其兄的荒淫纵酒欢歌。武陵节度使刘言与王逵等人发兵直趋潭州，声称马希崇篡位罪不可赦，要替马家主持公道。马希崇闻讯，派出二千兵马阻止刘言大军，又派出使者以分国而治为筹码向刘言请和。刘言要求马希崇尽诛马希萼旧日将佐，马希崇畏惧刘言威势，派兵砍下马希萼都军判官杨仲敏、掌书记刘光辅、牙内都指挥使魏师进、都押衙黄勋等十多位旧将的脑袋送于刘言。

马希崇的所作所为，寒透了拥立老将的心。老臣宿将认为马希崇的德行才能，还不及已经被废的马希萼。于是，老将彭师暠便与衡山县指挥使廖偃放出马希萼，并拥马希萼为衡山王，马希萼任命彭师暠为武清军节度使。彭师暠招兵买马，很快收集兵众过万人。就在朗州刘言虎视眈眈、衡山马希萼势力大增、徐威等人密谋杀马希崇向马希萼邀功认错的情况下，马希崇急派心腹范守牧请兵于南唐。已经做好进攻准备的南唐主李璟，命守候在楚界的边镐直趋潭州城下。在位月余无路可逃的马希崇，于同年十月十六日向南唐军投降。

马希崇投降以后，占领潭州的南唐大将边镐逼马希崇全族入南唐。马希崇在举族号哭声中，登船离开潭州。进入南唐的马希崇，被封给一个永泰节度使兼侍中的虚衔，居住金陵。随后，马希崇及族人又被迁往扬州居住。公元956年，后周攻南唐，占领包括扬州在内的淮南地区，马氏家族遂又被迁往后周都城大梁（今河南开封），后周世宗曾封马希崇为羽林统军。从此以后，马希崇情况不详。

四、吴 越

（907 年—978 年）

公元 907 年五月，后梁太祖朱温封镇东镇海节度使钱镠为吴越王，史称吴越国，钱镠为吴越武肃王。吴越先后尊中原依次更迭的后梁、后唐、后晋、后汉、后周及北宋六个王朝为正朔，一直接受中原王朝的册封。吴越强盛时拥有今浙江省全境、江苏省东南部、上海市和福建省东北部一带。吴越都杭州，传 5 主，历 72 年，公元 978 年降于北宋。

公元 852 年二月，钱镠生于杭州临安（今浙江临安）。相传钱镠出生时颇有异相，且相貌奇丑，父亲钱宽以为不祥，要抛弃其于屋后深井之中，只因祖母怜惜保护，方得保全性命，因此取乳名为婆留。

迫于生计，钱镠少时曾贩私盐，其间坚持习武，在射箭舞槊方面长于他人，也略通文字。公元 875 年，浙西狼山（今江苏南通狼山）镇遏使王郢反叛，在苏浙福建一带自立山头。浙西临安石镜（石镜山在临安南一里）镇将董昌，募各县乡兵八千人，每千人为一都，置一都将，号曰杭州八都。前往应征的钱镠凭借胆识及一身武功，被董昌留在重要岗位。钱镠不负董昌所望，带领队伍大败王郢，后来又剿灭逞凶当地的土匪曹师雄，从此声名大振，钱镠因此被任命为石镜镇衙内都知兵马使。

公元879年，黄巢率大军入浙江，要经石镜去福建。钱镠带领队伍，凭借地利人脉优势，多次伏击小股黄巢军，每次获胜，传名乡里，钱镠因此获得不少军功。不久，董昌率军攻入杭州，并自封为刺史。时镇海军节度使周宝无力阻拦，更无力驱逐，只得上奏，任董昌为杭州刺史，钱镠也因此升任为都指挥使。

公元881年，黄巢军进攻长安，唐僖宗李儇逃奔成都，大唐王朝号召力和吸引力加倍减损，拥兵各地的节度使蠢蠢欲动，无不厉兵秣马，网罗人才，不惜飞蛾扑火般投向那个皇帝梦。时任淮南节度使的高骈，借机拉拢董昌，欲借董昌之力膨胀梦想。在认识董昌身边的钱镠时，更是一厢情愿地要纳钱镠于帐下。不料钱镠见高骈行为猥琐，便当场委婉拒绝。

这时的两浙首府杭州，财赋甲于东南，成为众多地方军阀争夺的重点。而第一个直接下手的，是声名欠佳的浙东观察使刘汉宏。公元882年七月，刘汉宏派其弟刘汉宥率越州（今浙江绍兴）兵来攻杭州。刘汉宥将兵两万，来到西陵（今浙江萧山西郊）安营扎寨。就在刘汉宏立足未稳时，钱镠带兵闯入军营横冲直撞，刘汉宥兵卒左右无措，瞬间被钱镠击败。公元883年十月，刘汉宏亲率浙东十多万大军水陆并进，誓要置钱镠于死地。钱镠探知越州军卒多为刘汉宏新抓的壮丁，遂率敢死军偷袭越州军。刚放下农具的越州新兵，一见猛如狼虎的杭州兵，扔下兵器狂奔逃散。转眼成为光杆司令的刘汉宏，只得假扮伙夫，隐匿逃命。之后，刘汉宏尽出精锐，扬言要与董昌决战。钱镠建议董昌，攻灭刘汉宏在此一战。董昌依钱镠意见，亦尽出精锐于钱镠。公元886年十月，钱镠率杭州军南下诸暨（今浙江诸暨），绕道急进五百里至平水（今浙江会稽山东），直趋曹娥埭（今绍兴东南约四十余里），大败越州军韩公玫部，接着发水师攻击越州军朱褒部，与朱褒部相遇在虞江，钱镠顺风尽烧敌舰。惨败之后，无兵可用的刘汉宏被擒杀，董昌让杭州予钱镠。公元887年春，唐僖宗李儇任钱镠为杭州刺史、领左卫大将军。时已驰骋疆场十多年的钱镠，终于有了自己的根据地。

一路拼杀屡屡得胜的钱镠，杭州已经盛不下自己的雄心。恰好这时，淮南节度使高骈治下大乱，吕用之、毕师铎杀成一团。镇守润州的镇海军节度使周宝，被牙将刘浩伙同薛朗赶出润州。无处可走的周宝投身常州。时钱镠派大将杜棱、阮结、成及率军于公元887年三月攻下了常州，周宝被俘。钱镠为借周宝人气，抓住机会大做文章，先让周宝做节度使。不久周宝去世，钱镠隆殓厚葬，因此广得苏南人心，为日后攻占苏南打下了基础。

接下来，钱镠将目标定在苏州。各路割据势力，都对当时繁华之都苏州垂涎三尺。公元888年九月，钱镠命堂弟钱銶攻打镇守苏州的徐约。公元 889 年三月，钱鏐攻下苏州，徐约在乱箭中毙命。其后孙儒派大将刘建峰夺取润州，钱鏐开始严防北路。孙儒兵败被杀，润州被杨行密抢先据有。

之后的几年时间里，天下到处混战，钱鏐四面出击，实力与日俱增。此时，即位不久的大唐昭宗李晔皇帝，以给各地手握重兵的割据头目加官晋爵来安稳民心。已经升任镇海节度使的钱鏐，在控制苏、杭二州以后，昭宗皇帝李晔于公元 894 年五月，下诏拜钱鏐为同中书门下平章事，即以宰相身份领节度使。有了如此响亮头衔和高大上旗号，钱鏐的目标，盯在身边最大割据势力浙东观察使董昌身上。这时，已经野心膨胀的董昌，在放开手脚爬上皇帝宝座的全过程中，又给了钱鏐剿灭董昌占其地盘的绝佳政治旗号号和时机。

脾气暴躁独断专行并无远虑的董昌，于公元 895 年二月在越州自称大越罗平国皇帝，改元顺天。钱鏐公开站出来，以大唐忠臣的名义，三番五次苦劝董昌不要做忤逆之事，并以此作为对董昌知遇之恩的报偿。之后，钱鏐从朝廷获得彭城郡王、浙东招讨使大旗。只差挟天子以令诸侯的钱鏐，于公元 895 年六月，派都知兵马使顾全武攻打董昌。自为皇帝的董昌，也深知不是钱鏐对手，便向杨行密和湖州刺史李师悦求援。这时的杨行密和李师悦，都不愿看着钱鏐打朝廷旗号做大做强，便双双出兵。钱鏐命顾全武对付李师悦，命都指挥使许再思防御杨行密。公元 896 年正月，顾全武大败越州军，徐徇等人投降。顾全武率军进逼越州，在余姚（今浙江余姚）扫除袁邠，包围越州城。当年五月，声败名裂的董昌跳水自尽，钱镠尽占董昌之地。公元896年，唐昭宗改威胜军为镇东军，任钱镠为镇海、镇东节度使，加检校太尉、中书令，赐铁券。公元900年，钱镠移镇海军治至杭州。不久，唐昭宗加封钱镠为检校太师，挂其画像于凌烟阁。公元902年五月，唐昭宗再封钱镠为越王。

钱镠深知吴越地小国弱，又有南吴、南唐等强国为邻，处境险恶，遂在政治上采取主动向中原政权称臣的策略，从而在保持辖区安定的同时，为自己和子孙后代争得吴越国王、天下兵马都元帅等头衔。已经称吴越国王的钱镠，虽然没有公开称帝，但政治制度及行为作派，已经与皇帝并无二致，所居名为宫殿，府署称为朝廷，将吏皆称臣朝拜，并且建有自己的年号。

钱镠之后，其七子钱元瓘在位十年，善事后唐、后晋政权，保土安民，先后被封为吴王、越王、吴越国王、天下兵马大元帅。公元941年八月，钱元瓘去世，其六子钱弘佐继位。钱弘佐喜好读书，性情温顺，很会作诗。钱弘佐即位后，因年纪尚幼，无力控制朝政，又宠信谄媚之人，然之后终能一改过失，亦不失为一代明君。公元947年六月钱弘佐去世，因其子年幼，故由其弟钱弘倧继位。钱弘倧为钱元瓘第七子，钱弘佐弟。钱弘倧继承王位不足一年，被三朝宿将胡进思废黜。公元948年正月，钱元瓘第九子钱弘俶被胡进思拥立为吴越国王。钱弘俶在位31年，于公元978年五月献所据两浙十三州之地归于宋朝，吴越国就此终止。吴越地区的富庶，以及吴越诸位国君为民为义的执政理念和胸怀，一直为后世史家赞叹，更荫佑钱家子孙千秋万代。

就总体而言，自钱镠建立吴越国以来，吴越历代君王坚持保境安民、善事中原政权、兴修水利、大兴农业、发展经济、重视文化、建设杭州城、苏州城，使原本远离中原的边地，成为富甲天下的人间天堂，其功至伟。而且吴越历代王族基本和谐、治国策略前后相承、始终以民心向背为评判标准，这在中国封建历史上，实在难能可贵。

就中央官制来说，吴越大抵仿效唐制，除对中原王朝称臣、不设枢密院与枢密使以外，其他和唐朝官制基本相似。地方采用州、县两级行政体制，又为应对五代时期较多的战乱，设置了军这么一个新的州级地方行政单位，但军的权力比州大。法律则沿用隋唐时期的律、令、格、式四种形式，在唐律基础上加以修改，以适应发展变化后的实际情况，更适应新的统治者的意愿。军队在原杭州八都的基础上，发展到十三都，另有武勇都被纳入中军，而中军又分为左、右两军，每军各设都指挥使一人。

吴越坚持开展多边外交政策，不但始终奉中原王朝为正朔，也与周边所有国家保持着良好的经济文化交流关系，而且一直与契丹国开展经贸往来，用吴越的丝绸、瓷器和香料，换取契丹国的马匹、皮革等江南紧缺物资；日本、朝鲜和中东、东南亚等国，也是吴越的商贸伙伴，这种广泛的经贸往来，对吴越国的经济发展和军事力量的提升，都起到了很好的保障作用。

为了达到富国富民的目的，吴越历任统治者，都非常重视通过水利建设促进农业生产。吴越历代君王的治水决心、方略和成就，在中国封建王朝历史上，也堪称典范。

吴越国的水系主要有钱塘江与太湖。钱塘江流经吴越衢、处、婺、睦、杭诸州。由于钱塘江进入杭州湾的河口地段，皆为疏松的沙质土壤，经不起钱塘江涌潮的冲击淘涮，上游夹带而来的泥沙和海潮席卷而来的沉积物不断淤填，致使钱塘江主流或南坍北涨，或北坍南涨，摇摆不定。而吴越建都的杭州，位于钱塘江至杭州湾的出口处。这里风大浪急，潮汐侵袭严重，致使钱塘江岸受到严重的冲刷破坏，直接威胁都城的安全和百姓的生活。为解决上述难题，钱氏首创"竹笼沉石"结构的捍海塘，从而较为成功地对治了这一问题。

钱氏捍海塘以石头、竹木与沙土等材料筑就扎实稳固的护堤，护堤与水际之间，深栽十余排巨大的滉柱，即木桩，用来抗击潮水的冲击，又迂回缓留潮水带来的泥沙和浪渣，使其不断绕桩沉积，以对海塘起到长期的保护作用。钱氏以竹笼巨石滉柱杂草砂石为主要原材料，并加以科学组合建造的捍海塘，标志着我国筑塘技术进入一个新的历史阶段。

太湖出海道古称三江，即类江、松江与东江。三江古时极大，唐时东江、类江不断淤塞，至钱镠建吴越时，太湖平原洼地变成沼泽，太湖范围不断扩大，加之唐末割据战乱不断，水利设施年久失修，地势四周高中部低的太湖流域，全然成为旱涝重灾区。因此，吴越继承发展了唐代实行的营田管理制度，于中央设立钱氏直接掌控下的都水营田使与都水营田副使，专司营田事宜。营田使例由吴越最高统治者兼任，具体由营田副使主持营田事宜。为保证营田任务的落实，吴越于太湖旁置撩浅卒四部，凡七八千人，专为导河筑堤，开浚出海河道，修建圩田。为兼防旱涝，在平原西部修筑防水堤坝，按照"五里一纵浦，七里一横塘"的渠系规划原则，加以置闸、开渠、灌溉、车库、防护等设施，围农田于中间，挡积水于堤外。农民旱则运水种田，涝则引水出田，极大地扩大了耕地面积，保护和发展了太湖平原的农业生产，支持和激发了农民种田致富的积极性，也为吴越政权的深得民心开拓了田地。

具有城市饮水、农田灌溉和航运三大功能的杭州西湖，唐朝末年葑草蔓合，湖面缩小，蓄水量大幅减少。当时杭州与西湖相配套的城市水利设施，包括城内的茅山河、盐桥河与清湖河，这些河都可以行船，出水门后与城外河渠相连。吴越置撩湖兵士千人，日夜开浚，保证了西湖饮水、灌溉和航运三大功能的正常发挥。另有越州鉴湖、明州广德湖等，在吴越时期都得到很好的治理和维护。吴越还发明龙骨水车，普及牛耕，奖励开荒，提倡种桑养蚕，有效提高了生产力。

西湖东北杭州城外的上下河塘，即江南运河，为大运河在吴越境内的主要河段，北起吴与南唐之润州，绕太湖东岸达苏州，南迄杭州。钱镠在杭州上塘河南口，开挖茅山河直通钱塘江，并在河口立龙山、浙江二闸，以阻塞潮沙进入运河，保证了大运河在吴越境内的畅通，也保证了吴越与全国各地的联系。

吴越国政治安定，经济繁荣，文化也较其他地区发达。由于当权者广开言路，礼贤下士，重视网罗文人学士，唐末名家皮光业、林鼎、沈崧、罗隐，武将杜陵、阮结、顾全武等，都受到吴越君王的礼遇。罗隐不但成为重要功臣，文学方面也留名后世；贯休能诗善书，擅长绘画，所画《十六罗汉图》状貌古野，绝俗超群，在中国绘画史上有着很高的声誉。

吴越统治者提倡佛教，佛学方面禅宗、天台宗和律宗都有很大的发展。吴越都会杭州有寺院 150 多所，素有江南佛国之称，临安的功臣塔，杭州的灵隐寺，余杭大涤山的天柱观，杭州的六和塔、雷峰塔、保俶塔等，灵隐寺的弥陀石佛、摩崖石刻和石塔、凤凰山的梵天经幢等，均为吴越时修建，而且建筑、雕塑技术，称绝后世。

社会的安定，经济的繁荣，在促进文化发展和佛学兴盛的同时，也促进了印刷业的进步。1971 年绍兴城北桥头出土的"吴越国王钱俶敬造《宝箧印经》八万四千卷中"的一经卷经文，字迹清晰，纸质洁白，印刷精美；绍兴出土的《宝箧印经》扉画线条明朗精美，文字清晰悦目，纸质洁白，墨色精良，千年如新。更为重要的是，吴越雕版印刷的数量在我国印刷史上前所未有，忠懿王钱弘俶印刷大量佛经、佛图普施民众，有数字可考者达六十八万二千卷；吴越高僧延寿和尚主持刊印了大量的《弥陀经》《楞严经》《法华经》《大悲咒》等佛教经典，而且用绢素印观音像两万本，开我国丝织品印刷的先河。

吴越社会生产力的发展，将起源于浙江的原始制瓷业推上一个崭新的高度。这一时期的越窑，无论在烧造技术，还是制瓷艺术方面，都达到了顶峰，制作的以秘色瓷为代表的优质青瓷，赢得了类玉、类冰的美誉。

钱镠建国，吴越即坚持民为社稷之本的治国理念。尤其在纳土归宋这样的重大节点上，充分显示了吴越诸王对爱民理念的坚守和落实。公元 975 年，宋太祖赵匡胤消灭割据政权南唐以后，十国之中仅有吴越尚未统一。吴越国王钱弘俶审时度势，为保一方生民，于公元 978 年五月前往宋都开封，决定"舍别归总、纳土归宋"，并将全国十三州一军八十六县的全部兵民、土地、财富及王者的尊严富贵悉数献于宋朝，从而使吴越的生产力免遭破坏，生民免遭涂炭，城市依旧繁荣，百姓生活正常安宁。这，在动辄为一己之私屠城灭国制造千里赤地的五代十国时期，已经立国 70 多年、而且仍坐帝王高位的吴越统治者，更显示出政治家爱民的真诚和顺应时代潮流的远见卓识。

1. 武肃王钱镠

后梁太祖朱温，于公元 907 年五月三日，封镇东镇海节度使钱镠为吴越王，从而使割据吴越地区已经很久的钱镠，更加名正言顺地成为吴越之王。

公元 852 年二月十六日，钱镠生于临安县石镜乡大官山下的临水里钱坞垅，母亲水丘氏。相传钱镠出生时突现异光，而且相貌奇丑，父亲钱宽认为不祥，要弃其于屋后深井之中，因为祖母阻拦，方才保得性命。

钱镠自幼习武，擅长射箭舞槊，暇时学习《春秋》，兼读《武经》，对图谶纬书也有涉猎。为生计，钱镠早年也曾贩卖私盐。公元 875 年，浙西镇遏使王郢拥兵作乱，石镜都镇将董昌招募乡勇平叛。时年二十四岁的钱镠，踊跃应募投军，而且凭借一身武艺，被董昌任命为偏将，随军平定王郢之乱。公元 878 年，宣州（今安徽宣城）、歙州（今安徽黄山）一带群盗蜂起，有朱直管、曹师雄、王知新等数股势力聚兵劫掠。钱镠奉命率军讨平盗贼，因功被授予石镜镇衙内知兵马使、镇海军右职。

公元 879 年，黄巢军劫掠浙东，进犯临安，钱镠采用骚扰、伏击等战术，袭击黄巢先头部队。后发动群众，广设疑兵之计，使黄巢军放弃进攻杭州，钱镠因此受到淮南节度使高骈的奖励。

公元 880 年，董昌聚集杭州各县乡兵，组建临安县石镜都、余杭县清平都、于潜县于潜都、盐官县盐官都、新城县武安都、唐山县唐山都、富阳县富春都、龙泉县龙泉都等八都兵，任命钱镠为石镜都副将。不久，高骈表奏朝廷，任董昌为杭州刺史、钱镠为都知兵马使、太子宾客。公元 882 年，越州观察使刘汉宏与董昌矛盾激化。刘汉宏命其弟刘汉宥与都虞候辛约进驻西陵（今浙江萧山西北），欲吞并杭州。钱镠率八都兵渡过钱塘江，偷袭刘汉宥，火焚其营寨。刘汉宏又命部将黄珪、何肃屯兵诸暨、萧山，而后亲自率军督战，都被钱镠击溃。

公元884年，唐僖宗以宦官焦居璠为杭越通和使，命董昌与刘汉宏罢兵和解，董昌与刘汉宏都不肯奉诏，仍继续交战。刘汉宏命朱褒、韩公玫、施坚实等率水军屯驻望海（今浙江镇海）。公元886年，董昌命钱镠进攻越州，许诺一旦占据浙东，即将杭州授予钱镠。钱镠遂率军出平水，沿山路急行数百里，收降浙东将领鲍君福，接着攻破越州。刘汉宏败走台州（今浙江临海），被台州刺史杜雄生擒献于钱镠，最终刘汉宏被逼跳水自尽。董昌占据浙东，遂自称知浙东军府事，移镇越州，将杭州让于钱镠。公元887年，唐廷正式任命董昌为越州观察使，任钱镠为左卫大将军、杭州刺史。

之后不久，浙江西道、淮南道先后发生兵变。镇海节度使周宝被部属刘浩、薛朗驱逐，逃到常州。周宝治下苏州也被六合镇将徐约攻取，淮南节度使高骈则被部将毕师铎囚禁。钱镠抓住时机，命成及、杜棱攻破常州，后杜棱又攻取润州（镇海军治所，今江苏镇江），逐走刘浩，俘获薛朗。公元888年钱镠处死薛朗，而后命从弟钱铢击破徐约。这时，接连得胜的钱镠，被唐昭宗任命为杭州防御使。与此同时，庐州刺史杨行密起兵攻入淮南道，在淮南、浙西一带，孙儒与钱镠进行混战。数年转战之后，杨行密杀孙儒占据淮南道，并夺取浙江西道的润州、常州；钱镠则占据苏州，并收编孙儒零散残部，组建武勇都，使自己有了一支很有战斗力的亲军。

公元892年，唐昭宗在越州设置威胜军，任命董昌为威胜军节度使、陇西郡王；又在杭州设置武胜军，以钱镠为武胜军都团练使。此时的钱镠，已经占据浙西数州之地，并拥有杜棱、阮结、顾全武、沈崧、皮光业、林鼎、罗隐等一干文武人才，势力逐渐壮大。公元893年，钱镠升任苏杭观察使，并征发二十万民夫以及扩建后的十三都军士修筑杭州罗城。不久，唐昭宗任钱镠为镇海军节度使、润州刺史，钱镠对浙江西道的统治，从此被朝廷正式承认。公元894年，朝廷又赐钱镠为同中书门下平章事，使钱镠成为使相。

公元895年，董昌在越州自立为帝，建立大越罗平国，并任命钱镠为两浙都指挥使，钱镠拒绝任命。以中原朝廷忠臣自居的钱镠，致信百般劝谏，董昌不听；钱镠又率三千兵马前往越州，亲自面见董昌，再次劝说董昌勿为唐廷忤逆。同年五月，唐昭宗削除董昌官爵，加封钱镠为浙江东道招讨使、彭城郡王，令钱镠讨伐董昌。董昌命部将陈郁、崔温屯兵于香严、石侯，并向淮南节度使杨行密求救。公元896年，杨行密派部将安仁义援救董昌。钱镠命顾全武进攻越州，斩杀崔温，击败徐珣、汤臼、袁邠等将。不久，顾全武攻破越州，俘获董昌。董昌在押赴杭州途中，投西小江自尽。同年十月，唐昭宗改威胜军为镇东军，任命钱镠为镇海、镇东两镇节度使，又加检校太尉、中书令，赐铁券，恕其九死。

公元 897 年，钱镠前往越州，接受镇东军节度使的任命，并以越州为东府。从此，钱镠基本控制两浙，进一步巩固了独有一方的割据局面。公元 898 年，钱镠将镇海军治所从被杨行密占据的润州迁到杭州，唐昭宗再次加封钱镠为检校太师，挂其画像于凌烟阁，并改其乡里为广义乡勋贵里。

钱镠在平定两浙内部敌对势力之后，基本上停止了大规模的军事行动，仅以自卫和保境安民为基本国策。公元 902 年，钱镠进封为越王。不久，武勇都左右指挥使徐绾、许再思趁钱镠出巡衣锦城，起兵叛乱，攻打杭州内城。钱镠潜入杭州，遣马绰、王荣、杜建徽等人分别防守城门，又命顾全武前往东府备变，以防叛军占据越州。顾全武担心叛军会向淮南求援，建议钱镠与杨行密联姻。钱镠命六子钱传璙随顾全武前往广陵（今江苏扬州），向杨行密求婚，而徐绾果然向淮南宣州节度使田頵求救。顾全武到广陵游说杨行密，杨行密遂嫁女于钱传璙，命田頵回军。田頵带徐绾、许再思返回宣州。公元 903 年，田頵起兵反叛，被杨行密镇压。徐绾被淮南军俘虏，随即被杨行密装入槛车送交钱镠，钱镠将徐绾处死。

公元 904 年，钱镠上表朝廷，求封吴越王，唐朝廷改封钱镠为吴王。公元 907 年，朱温篡唐称帝，建立后梁，加封钱镠为吴越王。从此，钱镠虽然没有公开称帝，但政治制度及行为作派，已经与皇帝基本相同。

公元 908 年，朱温又加封钱镠为守中书令，将其故乡临安县改为安国县。公元 909 年，钱镠又加守太保。公元 911 年，钱镠加守尚书令，兼任淮南、宣润等道四面行营都统。公元 912 年，后梁郢王朱友珪尊钱镠为尚父。公元 916 年，钱镠派安抚判官皮光业入贡中原，后梁末帝朱友贞加封钱镠为诸道兵马元帅。次年朱友贞又加钱镠为天下兵马都元帅，准予设立元帅府，辟置官属。

公元 921 年，钱镠又获赐诏书不名的殊礼。这时，西川（前蜀）、淮南（南吴）、岭南（南汉）、福建（闽国）等地割据者先后建国称帝，并劝钱镠据吴越登基，钱镠拒绝了诸位的劝进，一如既往地奉中原王朝为正朔。公元 923 年，钱镠被册封为吴越国王。至此，钱镠改府署为朝廷，设置丞相、侍郎等百官，一切礼制皆按照皇帝的规格。不久，晋王李存勖灭后梁建后唐，钱镠又遣使进贡，李存勖赐予钱镠皇帝御用的玉册、金印。新罗、渤海等海外诸国，皆接受钱镠册封，尊钱镠为君长。

面对当时的历史环境和地理环境，钱镠秉承孔孟仁爱思想和儒家大一统理念，从求生存、求发展的治国目的出发，政治上奉正朔，惜人才，爱百姓；经济上根据客观实际，积极主动谋求发展；外交上妥善处理与周边国家的关系，争取相对稳定的发展环境。因此，在五代前后，钱镠始终以唐朝忠臣自居，劝董昌放弃称帝以蕃王室，废罗隐兴兵征讨后梁之策，充分践行大一统理念。公元 912 年，后梁册封钱镠为尚父，并敕诏要钱镠广筑牙城。时有术士献策，以填平西湖大拓国土、有利钱氏后世为诱惑，钱镠以百姓借湖为生、无水即无民而拒绝，从而为百姓留下一湖生活之水，为后世留下一处人间仙境。

统一两浙以后，钱镠下令修筑捍海石塘，使杭州不再受潮水危害；派七八千士兵治理太湖，使太湖流域成为旱涝保收的粮仓；派千名士兵夜以继日清除西湖杂草淤泥，保证了西湖饮水、灌溉、航运、景观作用的持久发挥。钱镠建都杭州，疏浚钱塘江的入海通道，以杭州港为中心，与北方沿海的登州（蓬莱）、莱州、青州通商；通过海舶与闽南进行贸易；借助大运河与北方广泛开展商贸往来；同日本、高丽、大食（阿拉伯）等国开展贸易，使吴越的农业、手工业、运输业同时得到发展。

钱镠鼓励种桑养蚕，吴越国内绸、缎、罗、锦、纺、绒、绉、绢等各种丝织品质量精美；两浙刺绣尤其是杭绣驰名中外；茶为吴越地区主要特产，最为著名的西湖龙井成为中外佳品；牙雕作品和青瓷、白瓷、彩瓷等制品，成为当时世界上最为名贵的奢侈艺术品。

钱镠治国有略，修身治家也十分谨严，临终前向子孙提出十条家训，要求子孙"心存忠孝，爱兵恤民；中国之君，虽易姓宜善事之；度德量力而识事务；民为贵，社稷次之；免动干戈即为爱民；视万姓三军并是一家之体；莫爱财无厌征收，毋恃势力作威，毋得罪于群臣百姓；倘有子孙不忠、不孝、不仁、不义，便是坏我家风，须当鸣鼓而攻"等，思想植根深厚，含义博大精深，寓意指向久远，钱氏家族代代相传，世世因循，钱氏家训成为珍贵的历史遗产，也成为钱氏家族人才辈出的德行保障和行动指南。

公元 926 年，后唐李嗣源即位。中原局势混乱，朝廷诏命难以到达吴越。公元 929 年，后唐供奉官乌昭遇、韩玫出使吴越。韩玫与乌昭遇不睦，回国后诬称乌昭遇面见钱镠时朝拜称臣，并私下向钱镠透露国事。枢密使安重诲因曾向钱镠索贿未能如愿而心存旧恨，于是上奏朝廷，将乌昭遇斩首，并削除钱镠官爵，勒命其以太师之职致仕。公元 931 年，安重诲因罪被诛，后唐明宗李嗣源重新任命钱镠为天下兵马都元帅、尚父、吴越国王，并命监门上将军张篯前往杭州谕旨，说明昔日命钱镠致仕，纯为安重诲矫诏妄行。

公元 932 年，钱镠病重，召集臣下托付后事，并立钱元瓘为王位继承人。同年三月二十八日，钱镠去世。钱镠在位 26 年，终年 81 岁。

2. 文穆王钱元瓘

公元 932 年三月二十八日，遵吴越武肃王钱镠遗训，众臣拥钱元瓘继吴王位。钱元瓘生于公元 887 年，原名钱传瓘，为钱镠第七子，母亲陈氏。

钱传瓘出生那一年，父亲钱镠被唐僖宗李儇任命为杭州刺史、领左卫大将军。公元 895 年，钱元瓘被授为盐铁发运巡官，不久又改任户部金部司郎中，赐紫衣、金鱼袋。公元 901 年，改任钱元瓘为礼部尚书，遥领邵州刺史。次年，钱镠部将徐绾、许再思谋反，并勾结吴王杨行密的宣州观察使田頵合兵围攻杭州。钱镠遣使求和，杨行密同意撤军，但要钱镠献子为质。钱镠遍问诸子，皆面有难色，唯时年 16 岁的钱传瓘挺身而出，自愿做人质。公元 903 年，田頵兵败被杀，钱传瓘趁机逃回杭州。

成年后的钱传瓘智勇双全，跟随父亲屡立战功，被升为检校尚书左仆射、内牙将指挥使。公元 905 年，处州刺史卢约之弟卢佶领兵侵犯永嘉，钱镠命钱传瓘率师讨伐，钱传瓘避敌精锐，出奇兵偷袭，大败敌军，斩杀卢佶。公元 913 年，淮南行营招讨使李涛率兵二万进犯吴越，钱传瓘受命率师迎战。钱传瓘充分利用地形优势，节节诱敌深入，最终于千秋岭生擒李涛。公元 919 年夏，钱镠大举伐吴。钱传瓘被任命为水战诸军都指挥使，率领 500 余艘战舰，自水路进攻淮南。钱传瓘事先命兵士将石灰、豆子、火油等物装满船舱，交战中，吴国艨艟巨舰向吴越水军猛冲而来。钱传瓘避过敌军锋芒，命令水师滑向侧翼，躲过敌军第一波攻击。南吴水军急忙掉转船头，再次组织进攻，无奈舰体高大沉重，又处逆风之中而停止不前。钱传瓘见时机已到，命令吴越水军顺风直下，冲向南吴舰队。待两船接近，钱传瓘命吴越士兵向空中抛撒石灰。石灰顺着风势飘向南吴舰船，南吴水军被迷双眼。吴越兵又将豆子撒向对方舰船，南吴士兵站立不稳，一时大乱。钱传瓘趁势纵火烧船，火借风势，将南吴舰队烧得七零八落。这一战役，俘虏南吴裨将 70 多人，焚毁战舰 400 余艘，淮南因此向吴越求和。战后，钱传瓘因功被封为镇海军节度副使、检校司徒。后又加封为检校太师、中书令等职。后梁末年，钱传瓘迁任清海军节度使、检校太傅、同平章事。公元 923 年，加封检校太师，兼任中书令、镇东等军节度使、观察使、处置使等职务。

同年七月，年事已高的钱镠奏请后唐，授钱传瓘两镇。同年闰八月初五日，后唐朝廷下诏任命钱传瓘为镇海、镇东节度使。公元 932 年三月，钱镠患病，召文臣武将商议后，将印信、锁钥授予钱传瓘。同年三月二十八日钱镠去世，钱传瓘于父亲灵柩前继位，改名元瓘。

钱元瓘服丧满期，后唐于公元 933 年派将作监李纮拜封钱元瓘官爵，又命户部侍郎张文宝授钱元瓘兼任尚书令；同年七月十三日赐封钱元瓘为吴王。公元 934 年正月二十三日，后唐加封钱元瓘为吴越王。公元 937 年四月十四日，钱元瓘册立五子钱弘僔为世子，任用曹仲达、沈崧、皮光业为丞相。同年十一月十九日，后晋高祖石敬瑭下诏，加任钱元瓘为天下兵马副元帅，进封为吴越国王。此后，又进封为天下兵马元帅。

这时，任静海军节度使的九弟钱元球，私下招募数千兵马，并联合十二弟顺化军节度使钱元珦，准备起兵向钱元瓘夺权。得知钱元球有叛逆之心以后，钱元瓘调钱元球任温州刺史，钱元球不从。钱元瓘与属将合议，决定提前动手。公元 937 年三月，钱元瓘召钱元球与钱元珦到杭州共议国事。钱元球闻讯认为机会来临，便袖藏利刃直奔杭州。钱元球和钱元珦进入皇宫，被埋伏武士擒获斩首，其余跟从者不予追究。

钱元瓘继承王位之后，遵从钱镠遗命，继承父王治国方略，继续推行尊奉中原的政策，先后臣服于后唐、后晋两朝。钱元瓘在位期间，任命处州（今浙江丽水）刺史曹仲达为知政事，协助处理朝政；又设置择能院，选两浙文人名士为官，提高了行政效率；注重农业生产，劝课农桑，鼓励百姓垦荒耕田，免除生活困难者租税；积极发展与日本、朝鲜半岛古国的友好交流，使吴越国继续保持安定繁华的局面。

就在钱元瓘专心治国期间，最为器重的世子钱弘僔不幸病逝。世子早夭的巨大打击，使钱元瓘精神时有恍惚，有时莫名哭泣，显示精神失常。公元 941 年七月，杭州城内突发大火，焚毁民宅千余间，宫室府库几乎全毁，财产损失无法估量，惊惧中的钱元瓘身患不能自己之疾。同年八月，钱元瓘病重不起，便托世子钱弘佐与内都监章德安等近臣。公元 941 年八月二十四日，钱元瓘去世。钱元瓘在位 10 年，终年 55 岁。

3. 忠献王钱弘佐

公元 941 年九月三日，14 岁的钱弘佐继承吴越王位。钱弘佐为吴越文穆王钱元瓘第六子，生于公元 928 年，母亲许氏。钱元瓘初以五子钱弘僔为世子，公元 940 年钱弘僔突发重病而亡，钱元瓘以钱弘佐为镇海、镇东节度副使、检校太傅，以确立其世子地位。然钱弘佐能够顺利继位，多亏钱元瓘托事得人。

受世子钱弘僔卒然去世及王宫特大火灾等多重打击，身患惊骇之症的钱元瓘一病不起。自知时日无多的钱元瓘，召来亲信内都监章德安，嘱托立储传位大事，章德安发誓拥立钱弘佐。

然而，誓易发，落实难。因钱元瓘信任章德安这个文臣的同时，亦信任内牙指挥使戴恽这一武将，并于临终前，将吴越兵权悉数委于戴恽。戴恽对钱元瓘虽无二心，但在继承人选上，却有着自己不可告人的打算。钱元瓘有亲子十四，另有一养子名叫钱弘侑。钱弘侑乳母郑氏，为内牙指挥使戴恽亲戚。因为此种关系及个人野心，戴恽一心要拥立钱弘侑。在钱元瓘病重期间，戴恽已经集结兵力，时刻准备不惜发动兵变强行拥立钱弘侑。

掌握戴恽阴谋的章德安等大臣，经过精心谋划，封锁钱元瓘去世消息，营造出钱元瓘无恙的假象，在皇帝寝殿内埋伏三百甲士，然后以钱元瓘口谕，宣戴恽前来议事。公元941年八月二十五日，戴恽奉诏来到内殿，埋伏甲士一拥而上，吴越首席武将顷刻一命归西。章德安废钱弘侑为平民，恢复其原孙姓，并幽禁于明州。同年九月初三日，章德安与众将吏奉钱元瓘遗命，拥钱弘佐继承吴越王位。

钱弘佐即位时年仅14岁，由曹仲达继续担任首相辅政。在父王所托老臣的辅佐下，吴越政事井井有条。几位辅政大臣相继离世以后，年岁渐大开始亲政的钱弘佐，却一时难辨忠奸。内都监使杜昭达与都指挥使阚璠二人，认为钱弘佐尚未成年，便擅自收贿，贪厌无行。当时杭州有一财主程昭悦，深知杜、阚二人贪财无厌，便以重金贿赂。经杜昭达、阚璠二人力荐，程昭悦得以在钱弘佐身边做事。善于察言观色的程昭悦，很快得到钱弘佐的信任。阚璠担心引狼入室，便屡屡敲打程昭悦；程昭悦私下收集阚璠罪状，并密告钱弘佐。钱弘佐听信程昭悦谗言，要外放阚璠为明州刺史。就在阚璠准备上任之时，程昭悦又担心放虎归山，于是向钱弘佐诬告阚璠与杜昭达勾结谋反。钱弘佐大怒，立即抓捕二人，投入牢狱，由程昭悦审问。程昭悦命人严刑拷打，得到心仪招供，钱弘佐于公元 945 年十一月二十二日，将阚璠与杜昭达斩首，程昭悦趁机大肆株连，冤杀数百人，钱弘佐也因此声名受损。两年后的公元 947 年二月，内都监程昭悦收聚众多门客，收贮大量兵器，招兵买马，交往方士，谋求反叛。经过查实，钱弘佐命内衙指挥使储温率武士抓获程昭悦，将身边奸臣押往越州斩首。

总体而言，钱弘佐温和谦恭，英武睿智，喜好读书，礼贤下士，勤于政务。继位后视察府库，询问库吏得知国中积粮足够十年之用，便下令免除全国三年赋税。

公元 945 年十月，南唐皇帝李璟灭建州（今福建建瓯）王延政，虏归金陵，又进攻福州李仁达，李仁达求援于吴越。吴越多数文臣武将反对出兵救援，钱弘佐为免于唇亡齿寒，力排众议，于公元 946 年十月，命统军使赵承泰率三万精兵，水陆并进解救李仁达；又派大将余安走水路急赴福州。吴越军奋勇进击，打败南唐主将冯延鲁，李弘达为报吴越出兵相救之恩，将福州送给吴越。从此吴越被南唐压制的劣势得以扭转。

公元 947 年三月，钱弘佐任命其弟东府安抚使钱弘倧为丞相。同年六月二日，钱弘佐因病去世。钱弘佐在位 7 年，终年 20 岁。

4. 忠逊王钱弘倧

钱弘佐英年早逝，其子太过年幼，诸臣奉钱弘佐遗命，于公元 947 年六月十三日，拥立 19 岁的钱弘倧继承吴越王位。钱弘倧为文穆王钱元瓘第七子、忠献王钱弘佐异母弟，生于公元 929 年，母亲鄜氏。

钱弘倧初任内衙指挥使、检校司空；公元 944 年十一月，出任东府安抚使，后多次升迁至检校太尉；公元 947 年三月，钱弘佐任命钱弘倧为丞相。钱弘倧继位不久，命其弟台州刺史钱弘俶共同参预相府事务。

钱弘倧生性聪明机敏，严厉刚毅，对其兄钱弘佐容忍宠养众将的做法不以为然。称王继位以后，钱弘倧诛杀杭、越二州败坏法纪的三名官吏。而胡进思倚仗迎立钱弘倧有功，经常干预政事，钱弘倧越来越厌恶，打算将胡进思外放，胡进思不悦。后来，又因为对众多朝野之事看法的分歧，与胡进思的矛盾不断激化。

当初，李达命其弟李通主持福州留后事务，自己前往拜见钱弘倧，钱弘倧加封李达兼任侍中，并更其名为李孺赟。不久，李孺赟反悔，以二十株金笋及其他珍宝，贿赂内牙统军使胡进思，请求返回福州。胡进思向钱弘倧求情，李孺赟再回福州。后李孺赟反叛，钱弘倧责备胡进思，使胡进思更加不安。钱弘倧与内衙指挥使何承训计划诛杀胡进思，并与内都监使水丘昭券商议。水丘昭券认为胡进思权势巨大、党羽众多，一时难以制服，不如暂时宽容，以待时机，致使钱弘倧犹豫不决。何承训担心事情泄露对自己不利，反而将密谋告诉胡进思。公元947年十二月三十日除夕夜，钱弘倧举行宴会，与众将领欢宴。当夜，胡进思率领亲兵百人，着戎装持兵器潜入宫内，将在位半年的钱弘倧抓获，并软禁在义和院。接着，胡进思对外宣称钱弘倧突然中风，决定传位于其弟同参相府事的钱弘俶。钱弘俶当面与胡进思讲明，只有在胡进思答应能够保全其兄钱弘倧性命的前提下，自己才敢接受此命。骑在虎背上的胡进思，只得答应钱弘俶要求。于是钱弘俶继位，开始处理国事。

公元948年正月十二日，钱弘俶将钱弘倧及其妻儿迁居越州（今浙江绍兴）衣锦军私宅，赐予丰厚财物，并派遣亲信匡武都头薛温带领亲兵护卫钱弘倧。不久，胡进思请求钱弘俶诛杀钱弘倧，被钱弘俶驳回。胡进思又假传钱弘俶命令，让薛温处死钱弘倧，薛温不从。胡进思再派两名刺客，深夜行刺钱弘倧，被薛温带兵将刺客诛杀。胡进思多次谋害钱弘倧均未得逞，日夜担心钱弘倧和钱弘俶兄弟报复，在惊怕之中，胡进思很快去世。此后的二十多年，钱弘倧一直居住生活在越州，直到公元973年病逝，终年45岁。

5. 忠懿王钱弘俶

公元 947 年十二月三十日，吴越统军使胡进思发动政变，软禁忠逊王钱弘倧，假诏迎立钱弘倧弟钱弘俶为吴越王。钱弘俶为吴越文穆王钱元瓘第九子，生于公元 929 年，母亲吴氏。

钱弘俶十余岁时，任内衙诸军指挥使、检校司空。公元 947 年，钱弘俶出镇丹丘，同年三月，钱弘佐封钱弘俶为台州刺史。公元 947 年六月十三日钱弘倧即位，调钱弘俶入京，参与主持相府工作。九月中旬，钱弘俶从台州出发，十月抵达杭州辅政。胡进思囚禁钱弘倧，于南邸迎钱弘俶即位时，钱弘俶再三申明，并得到胡进思不再伤害钱弘倧性命的承诺后，方才同意在元帅府代理政事，并于次年正月继承吴越王之位。

钱弘俶在位期间励精图治，首诛内衙指挥使何承训，惩其反复，以安人心；下令免除百姓历年所欠赋税；将境内荒废土地免费分给农民耕种，公不加赋；置营田卒数千人，以维护圩田保证耕种，使境内无弃田，粮食丰稔；公元 953 年境内大旱，百姓有卖儿卖女者，钱弘俶下令官府出资赎回被卖子女，归还其父母，并开仓赈济，缓解灾情；大力鼓励手工业发展，广开贸易，富国富民。

钱弘俶自幼受父祖影响，心向佛法。任台州刺史时，经常听天台山主持德韶禅师讲经说法；即位之后，奉德韶禅师为国师；公元 955 年，钱弘俶效法印度阿育王建八万四千塔之圣事，铸八万四千小型宝塔供各地供奉，并在境内造经幢，刻佛经，建寺院，修佛塔，遣使往华夏各地及高丽、日本寻求佛教诸宗典籍，在首府杭州重修灵隐寺，创建永明禅寺（今净慈寺），建造六和塔、雷峰塔，修造烟霞洞、慈云岭、天龙寺、飞来峰；广印佛经佛像，结缘众生，同时促进治下印刷业的发展，也促进了吴越文化的繁荣。

钱弘俶慈厚宽仁，在保护其兄前吴越王钱弘倧方面，体现得尤为充分。公元947年十二月底，吴越统兵使胡进思率内衙亲兵闯入钱弘倧内殿，将钱弘倧软禁。胡进思假传钱弘倧突患风疾不能视事、要传位于丞相钱弘俶。接着赶赴文穆王钱元瓘第九子钱弘俶府上，要立钱弘俶为王。生性慈厚的钱弘俶，却并不以此为喜，而是首先向手握兵政实权的胡进思提出，要胡进思保证不残害兄长性命，才能即位为王，否则誓不从请。骑虎难下的胡进思别无他计，只得答应。

钱弘俶继承王位以后，担心胡进思加害其兄，便派亲信都头薛温率大量亲兵，赴越州日夜保卫钱弘倧。并密告薛温，非自己当面嘱托，他人之言均不必信。之后，胡进思经常劝钱弘俶解决钱弘倧，钱弘俶驳回不理。胡进思假传王命，要薛温杀钱弘倧，薛温好言谢绝。胡进思重金雇佣两名杀手，赴越州深夜刺杀钱弘倧，结果刺客被薛温擒杀。多次施计无果之后，莫名恐惧下的胡进思很快去世。在吴越王钱弘俶的保护下，类似政变下台的钱弘倧，以优厚待遇在越州悠然生活二十多年后病逝。这一个例，在数千年封建王朝宫廷政变史上，绝无仅有。

要说钱弘俶的历史功绩，最值得感念和记取的，是钱弘俶顺应历史潮流，舍弃王位、舍别归总、纳土归宋的壮举。

公元 959 年六月，后周世宗柴荣去世。半年之后，后周殿前都点检赵匡胤发动陈桥兵变，取代后周建立宋朝，即后世史家所称的北宋。钱弘俶依祖训，转而臣于北宋，并经常遣子钱惟浚进开封纳贡。志在统一大业的赵匡胤，先后出兵灭后蜀，平南汉。公元 972 年，赵匡胤开始为攻灭南唐做准备。钱弘俶分析天下大势，赵匡胤征服南唐之后，吴越将无可替代地会被提上议事日程。为了保全吴越百姓的身家性命，为了保全苏杭这一被称为人间天堂的福地，钱弘俶最终决定舍弃王位，舍别归总，纳土归宋。

公元 975 年十一月，南唐李煜投降，赵匡胤随即致书钱弘俶，请钱弘俶前往开封一聚。公元 975 年十二月，忐忑中的钱弘俶带家人及大批贡品前往开封。在得知钱弘俶要进京的消息之后，吴越百姓日夜祷告，并在西湖之畔修造保俶塔，以求钱弘俶平安归来。而赵匡胤在得知钱弘俶要来汴梁的禀报以后，在东京汴梁城专门为钱弘俶新建了礼贤府。次年二月，钱弘俶来到汴梁。十分重视这次召见的赵匡胤，派皇太子远道相迎，在崇德殿亲自接见，又给予丰厚赏赐，并破例封钱弘俶妻孙氏为吴越国王妃。三个月后，赵匡胤让钱弘俶南返回国。临行时，赵匡胤将一个黄色包袱交给钱弘俶，嘱咐回杭州后打开。钱弘俶当即表示，今后将三年一入朝。赵匡胤答以南北两地路途遥远来往不易，表明等有诏书再来。钱弘俶回到杭州拆开包袱，不料里面全是奏折，而且每一奏折都是恳请赵匡胤扣留钱弘俶。看完这北宋文武大臣的奏折后，钱弘俶十分惊恐而又非常感动，对赵匡胤，更是感恩戴德。

宋太祖赵匡胤去世后，其弟赵光义继位。公元978年，钱弘俶离开开封已经三年。为兑现"三年一入朝"的诺言，钱弘俶于年初乘坐马车，不远万里来到开封，同样受到宋太宗赵光义的隆重宴请和招待。同年四月，江南陈洪进献漳、泉两州投降北宋。钱弘俶知道，这时江南大地，唯有吴越尚未姓宋。钱弘俶于是上一奏折，请求免去自己天下都元帅之职，并请废除自己所有的官阶待遇，只求一回故土。当然，赵光义未能同意。这时，钱弘俶知道，是时候该表明吴越国的重大决定，于是郑重声明，将吴越十三州、一军、八十六县、五十五万户居民，包括胜似天堂的苏杭繁华城市，也包括传承百年万民拥戴尊荣如天富贵无比的吴越王位，悉数献于北宋。

曾为华夏统一大业，曾为每一寸土地都付出了巨大代价的赵光义，闻言大喜，当即赞赏钱弘俶为保全两浙、兵不及刃、顺归天命的伟大壮举。

在此之后，宋太宗在扬州虚设渤海国，封钱弘俶为渤海国王，仍留汴京生活。之后的日子里，钱弘俶谨慎行事，用心度日。公元988年八月二十四日，钱弘俶60大寿，宋太宗赵光义派使者赐予礼物。钱弘俶兴致极高，与宾客尽情欢宴。当天夜晚，这位在吴越王位达三十一年，并深受两浙百姓爱戴、做出特殊历史贡献的前吴越王去世，终年60岁。

五、闽

（909年—945年）

公元909年四月，后梁太祖朱温封威武军节度使王审知为闽王。至此，已经割据福建十多年的王审知，名正言顺地成为闽国王，史称闽太祖。闽统治区域大致相当于今福建一省。闽共传7主，历37年，都闽侯（今福建省福州市），公元945年八月亡于南唐。

王审知为唐朝淮南道光州（州治定城，今河南潢川）固始（今河南固始）人，秦国名将王翦后代，琅琊王氏之后，五代祖曾经做过固始县令。虽然先辈曾有显赫历史，但从四代祖一直到父亲王凭，都以务农为生。王审知兄弟三人，长兄王潮在固始县任小吏，二哥王审邽与王审知随父务农。但兄弟三人广读诗书，性格豪放，乐于助人，常言天下大事，在五里三村很有名气。尤其是王审知，自幼喜爱读书，儒家经典能读尽读，兵家之书深加钻研，在兄弟之中以善谋见长。

唐朝末年，政治腐败，社会混乱，民不聊生。尤其山东一带，各路豪杰风起云涌，地痞流氓结伙横行。在席卷各地的大动乱中，寿州（州治寿春，今安徽寿县）贩卒王绪与其妹夫刘行全，于公元 881 年八月聚集周边数百壮汉造反，很快攻下寿州。之后王绪借势占领固始，队伍迅速扩大。这时，王绪闻听当地王潮兄弟勇猛多才，便召请他们来到军中，命老大王潮担任军校，让两兄弟跟随左右。王潮弟兄善待下属，领兵有方，威望渐长。此时，已经拥有寿、光二州的王绪，日夜担心被隔壁势力更强的蔡州刺史秦宗权算计，索性率众投降秦宗权。

公元 885 年春，秦宗权与宣武节度使朱温大打出手。而野心不断膨胀的秦宗权，永远缺粮缺钱，便命在光州的王绪送钱送粮。王绪部众已经少吃缺穿，当地百姓早被连续搜刮，送钱送粮的军令难以执行，又担心狠毒残暴的秦宗权军法从事，王绪便尽收光州、寿州兵五千人，驱赶二州吏民渡江南下，一路转掠江（州治浔阳，今江西九江）、洪（州治豫章，今江西南昌）、虔（州治赣县，今江西赣州）州，又攻陷汀（州治长汀，今福建长汀）、漳（州治漳浦，今福建漳浦）二州。

王绪到达漳州，以道险粮少，下令军中不得携老弱亲属跟随，犯令者斩。王潮兄弟扶其母董氏随军一路南下，王绪召王潮弟兄问责，并要以军法斩杀其母董氏。王潮兄弟怒目，众将士求情，王绪方才暂停执行。

王绪在漳州难以立足，便又转战北上。心胸狭窄生性多疑的王绪，听军中所谓望气者说军中有王者之气，便下狠手清除属下中有才华的部将。将士们见王绪如此愚蠢狠毒，个个气愤不已。一天，王潮私会王绪妹夫刘行全，刘行全亦担心王绪会难容自己，并提议先下手为强。于是，王潮与王审知游说前锋诸将，安排数十名壮士埋伏竹林。王绪在刘行全陪同下路过竹林时，被王潮等人控制。众将士见王绪被缚，欢呼不已。王潮借机推举刘行全为帅，刘行全知道自己在军中的威望不及王潮兄弟，便力举王潮为三军主帅。王潮便以王审知为副帅，刘行全为先锋。

王潮原计划向西进军，辗转至蜀地，以保护唐朝皇帝而建功立业。当王潮行及沙县（今福建沙县），泉州（治晋江，今福建泉州）人张延鲁等，因刺史廖彦若横征暴敛、残忍无道、百姓将士不堪忍受为由，率地方耆老奉牛肉美酒拦道，恳请王潮留在泉州为民除害。王潮知道泉州为福建一座大城，而且有良港，海上贸易发达，地方富庶，是一方难得的根据地，便顺应民意，领兵包围泉州城。廖彦若死守泉州，一时难以攻下。

年之后，王潮终于占领泉州，处死廖彦若。福建观察使陈岩见王潮已经很有实力，便报请唐廷任命王潮为泉州刺史。

王潮名正言顺地成为泉州最高首领以后，与其两位兄弟王审邦、王审知齐心协力，积极整顿队伍。身为副使的王审知，更能礼贤下士，与士兵同甘共苦，史书载"凡部伍劳逸，审知皆躬视；士未食，不亲匙箸；士未饮，不近杯水"，因此在军中威信极高。同时，王氏兄弟特别注意搞好与各方面的关系，一方面招怀离散，另一方面均赋缮兵，并严明纪律，所过州县均秋毫无犯，得到福建百姓的拥戴。

陈岩临终前，要让王潮主持福建军政，但被妻弟范晖夺取政权。王潮不承认范晖，命王审知进兵讨伐。王审知围攻福州，远近州县纷纷策应。范晖向威胜节度使董昌求援，董昌派温（州治永嘉，今浙江温州）、台（州治临海，今浙江临海）、婺（州治金华，今浙江金华）州五千兵士救援。王审知等强力攻城，福州城内粮尽，范晖弃城逃跑，被部将杀死。公元893年五月，王潮迁官署到福州，礼葬陈岩，嫁女给陈岩儿子，厚待陈岩家属，赢得陈岩部属及福州百姓拥戴。

占领福州以后，王潮兄弟军威大震。王潮趁机传檄四方，建州徐归范、汀州钟全慕，以及山区、沿海等处游散的武装力量，都相继归顺，王氏兄弟遂占有福建全境。于是，唐昭宗李晔任命王潮为福建观察使，王审知为副使，承认了王氏兄弟对福建的控制。公元896年九月，唐朝升福建为威武军，以观察使王潮为节度使。王潮遣僚佐巡州县，劝农桑，定租税，交好邻道，保境安民，闽地遂治。

公元897年王潮病重，委任王审知掌管军政事务。当年十二月王潮去世，次年三月王审知嗣位，自称福建留后。十月，唐昭宗以王审知为威武节度使。公元907年四月，朱温篡唐建后梁，王审知立即遣使前往开封朝贺。两年后，朱温下诏，加封王审知为闽王。

王审知接替王潮掌握福建军政大权以后，很好地处理了与王潮诸子的关系。王潮有四子，即王延兴、王延虹、王延丰、王延休，王审知都给予高官厚禄，从而安抚了人心，团结了家族，巩固了政权。同时，王审知一直尊奉中原王朝为正朔，称臣纳贡。即使杨行密占据江淮地区，阻挡住了闽向中原王朝进贡的通道，王审知改走海路，从山东上岸再到开封，费尽周折也未间断朝供。为缓和各方面的矛盾，王审知坚持以理服人，轻易不开杀戒。闽西黄连洞（今宁化县南潭飞礁）二万多饥民围长汀，亲统大军赶到长汀的王审知，并没有下令诛杀，而是先找饥民头领了解情况，并实地查看，将引起动乱的酷吏绳之以法，数万饥民弃甲归田，并以王审知为青天。

作为主政福建的首位闽王，王审知对福建的社会经济发展做出了极大的贡献。王审知励精图治三十余载，稳定政治，休养生息，发展经济，在当时纷乱的五代十国时期，闽地与吴越一样，被史家誉为世外桃源。而且王审知本人极为节俭，成为闽王以后，生活方面也仅限于吃饱穿暖。一次，王审知裤子破一大洞。正在库房视察的王审知，顺手从包装物上撕下一块麻布补在破洞处，然后前去登殿。另有一次，有人上贡一个价值不菲的玻璃瓶，王审知将这件在当时绝对稀罕的尤物摔在地上，言说瓶子再精美，也无济于治国安民。

王审知十分重视农业发展，派有生产经验的颜仁郁管理农业，挑选得力官吏出巡州县，劝课农桑，广招因战乱流亡各地的农民，并给予合理安排，规定耕种公田者其税什一，以减轻农民负担；鼓励农民种植茶树，大量生产茶叶出口，以增加百姓收入；重视沿海商贸，免除繁重商税，鼓励海上贸易，海外船舶出入频繁，香料珍宝等贵重商品大量进口，泉州和福州成为沿海重要的商贸进出港口。

王审知在闽地最为称道的，是其爱惜人才、尊敬士人、注重教育、兴办学校、为闽地文明和发展，投入的不懈努力和具有的远见卓识。

当王审知将闽地治理得井井有条时，唐昭宗李晔于公元904年封王审知为琅琊王，并派闽中福唐县人翁承赞前往福州宣旨。极有才华的翁承赞于公元896年考中进士，先后任西安参军、右拾遗等职。王审知欣赏翁承赞的才华，一再挽留共同治理闽地。翁承赞志在侍奉唐廷建功立业，谢绝了王审知的盛情。三年后，起兵篡唐的朱温也看中翁承赞的才华，留翁承赞在后唐任职。朱温加封王审知为闽王，又派翁承赞到福州宣旨，王审知再次极力挽留。翁承赞见王审知励精图治，开明节俭，将闽地治理得富庶一方，不失一位有德之君，即情愿为故土效力。但翁承赞知道朱温性情，担心就这样留下来，一定会给闽地招来麻烦。于是，翁承赞返回后唐，以年事已高为由，向朱温申请致仕后回到福州。王审知立即封翁承赞为闽国同平章事，即宰相之职，后又加封为晋国公，并赐其出生地乡名为"文秀"，里名为"光贤"，以示荣宠。翁承赞为相以后，帮助王审知整饬吏治，发展经济，吸引名士，大办教育。从此，王审知要求各地广开学校，做到州有州学，县有县学，乡僻村间广设私塾，并拨专门经费。公元921年，在福州留晖门外，建经、史、哲学、文学为主的"四门学"，聘请著名文人陈郯、黄滔等为四门博士，专门教书育人。针对天下大乱典籍严重散失的情况，王审知令各地搜集，街坊查寻，森罗卷轴，亲自签题，多加缮写，修继大量儒学文献典籍，以供儒生学习和官方收藏。有王审知的要求和奖掖，重视儒学成为闽地官吏的群体行为，各地统治者以提倡儒学为时尚，福建的儒学很快从沿海传播到山区。被称为喜儒术通春秋的王审知兄泉州刺史王审邽，以道义为自任，开学育才，主政泉州 12 年，为泉州赢得海滨邹鲁的美誉；建州刺史王延禀，在辖区大力提倡儒学，后人感恩，为其立庙祭祀；浦城县令杨澄提倡儒学，弦歌之化，流于桑梓。

王审知见唐末战乱中，有许多文臣名士颠沛流离，无处安身。为恭请天下英才，王审知在福州和泉州专门修建招贤院。招贤院内建宽敞馆舍，筑亭轩水榭，辟曲径通深幽，开竹道达水畔，备小舟供垂钓，欢迎名士大儒来归。时著名文士翰林承旨兵部侍郎韩偓，被控制朝政的军阀朱温放逐南方。韩偓举家到处流浪，各地统治者无人理会。失望之余，韩偓听闻王审知虚位待士，便挈族入闽，王审知待其为上宾。于是，唐名儒卿士辗转而来，先后入闽避难定居者有唐右省常侍李洵，中书舍人王涤，右补阙崔道融，大司农王标，吏部郎中夏侯淑，司勋员外郎王拯，刑部员外郎杨承休，弘文馆直学士杨赞图、王倜，集贤殿校理归传懿，及郑璘、郑戬，秘书省正字徐寅，太学博士倪曙等。随之而来并无官爵的文人名士，更是不可胜计。如此一来，五代十国时期尚属偏隅之地的闽，一时成为中原优秀传统文化传播的中心，并且很快在中华文化史上占有了一席之地。据统计，入闽文人在招贤院创作的诗篇，被收入《全唐诗》及其他诗集者多达 340 余首；五代时期仅泉州中进士者达 6 人，至宋代多达 862 人，这一现象在全国各州府中极为罕见。当然，这与王审知弟兄亲力而为、大兴儒学、请揽名人文士、促进全闽教育有着直接关系。

公元 925 年四月，王审知病危，以其子节度副使王延翰权知军府事；十二月，王审知病逝，子王延翰自称威武节度留后。公元 926 年九月，后唐任命王延翰为威武节度使。十月，王延翰自称大闽国王，立宫殿，置百官，威仪文物，皆仿天子之制。王延翰袭位一月，外放其弟王延钧为泉州（治晋江，今福建泉州）刺史。王延翰极度荒淫，广泛选取民女以充后庭，王延钧上书极谏，王延翰怒，二人因此不睦。王审知养子王延禀为建州（今福建建瓯）刺史，王延翰下书要王延禀也为自己采选美女，王延禀严厉回绝，王延翰便准备整治二人。十二月，王延禀、王延钧合兵袭破福州，杀王延翰，王延禀推王延钧为闽王。公元 927 年正月，王延禀返回建州时，要王延钧善守先人基业，王延钧听后脸色大变。公元 931 年四月，闽奉国节度使（镇建州）王延禀听说王延钧患病，便率水军袭福州。王延禀兵败被擒斩，王延禀子王继升逃奔吴越。

王延钧好神仙之术，道士陈守元等因此得宠。陈守元提议修建宝皇宫，土木之盛花费之巨前所未有，财政缺口越开越大。为满足继续挥霍，王延钧派中军使薛文杰搜刮民脂民膏。薛文杰以聚敛求媚，便派属下四处打听富有者，然后加以莫须有罪名，再以榜捶火斗逼使认罪，然后籍没其财，引起举国人心不稳。

公元 935 年十月，杀死其父王延钧的王继鹏即皇帝位。王继鹏与其父一样，拜道士谭紫霄为正一先生，拜陈守元为天师。公元 937 年王继鹏修紫微宫，饰以水晶，土木之盛，倍于宝皇宫。王继鹏整天在宫中炼丹，将国家政事交给道士陈守元。手握宰相之权的陈守元大肆收受贿赂；主管财政的吏部侍郎蔡守蒙公开买官卖官，闽国朝野乌烟瘴气。更为甚者，王继鹏听信谗言，将王审知子王延武、王延望及其子五人全部杀害，又将矛头对准王审知时期的拱宸、控鹤军使朱文进和连重遇。朱文进和连重遇带拱宸、控鹤二都士兵纵火长春宫，闯进内殿杀死王继鹏，立王审知第八子王延曦为帝。

比起王继鹏等，王延曦的昏庸残暴有过之而无不及。王延曦骄傲奢侈，荒淫无度，猜忌宗族，而且不理朝政，嗜酒如命，达旦狂饮，并以酒量为任命官员标准，又对宗室族人大肆诛杀。看王延曦丑态百出，时任建州刺史的王延政写信劝其以王氏基业为重，王延曦便派亲信业翘去建州监视王延政，并与王延政兵戎相见。进谏不听反被排斥的王延政，干脆于公元 943 年在自己控制的建州称帝，国号大殷，改元天德。这样一来，小小闽地便同时存在两个王氏政权。面对如此情况，王延曦不思救治，而且更加昏庸。一次，王延曦在酒宴上要杀指挥使魏从朗，任凭曾拥立自己的大恩人朱文进和连重遇苦苦哀求，王延曦还是杀了魏从朗，并表示出对朱文进和连重遇的不信任。朱、连二人索性动手杀了王延曦，由连重遇出面，胁迫众臣立朱文进为帝。

朱文进成为王氏之外的闽主，便将王氏宗族王审知十子王延喜以下少长五十多人全部斩杀。不久，泉州指挥使留从效率军杀朱文进。建立殷国的王延政收复闽地，以福州长乐府为东都，恢复闽国号。但经过王审知子孙的接连糟蹋、任意挥霍和相互屠戮，闽国已经不堪一击。

王审知子孙的持续内乱，给南唐发兵来攻提供了大好时机。公元 945 年南唐攻破闽都，王延政被迫投降，其他闽国属地纷纷易帜。王审知兄弟抛头颅费心血拥有并建设成为富庶之邦的闽国，就此灭亡。

此后的闽地，泉州都指挥使留从效自领军府事，南唐以留从效为泉州刺史，留从效遂据有漳、泉二州。后来，南唐置清源军，以留从效为清源节度使。李仁达据福州称帝，南唐发兵围攻，吴越发兵救援，吴越大破南唐兵。从此，福州并入吴越版图；建州（今福建建瓯）、剑州（今福建南平）、汀州（今福建长汀）并入南唐版图；泉州、漳州（今福建漳州）仍由留从效割据。留从效以勤俭养民为务，很有王审知遗风，深受百姓爱戴。公元 964 年七月，留从效病逝，其兄子留绍镃嗣位，之后在内乱中延续到公元 978 年，闽地尽归北宋。

1. 太祖王审知

公元 909 年四月初四，后梁太祖朱温加封威武军节度使王审知为中书令、闽王。王审知生于公元 862 年，为光州固始（今河南省固始县）农民王凭的第三子，母亲董氏。

王审知为秦名将王翦的后代，琅琊王氏之后。其五代祖王晔为固始令，因善政爱民，被百姓挽留而定居光州（今河南信阳地区）固始县。王审知喜爱读书，周礼之书无不皆览，韬钤之术尤所精致，兄弟三人很有才华，也很有抱负，因而闻名十里八乡，当地人称王氏兄弟为"三龙"。

唐朝末年群强并起，战祸频仍。公元 881 年秋，安徽寿州（今安徽淮南）屠户王绪拉起一支队伍打到河南，占领光州。公元 885 年，王绪攻陷固始后，听说王潮、王审邦、王审知兄弟勇猛有才，便召到军中，让王潮担任军校（军正）。之后，为避免蔡州节度使秦宗权催要军粮，王绪带领军队五千人，裹挟部分光州吏民渡江南下，经过江西南昌、赣州，进入福建，连陷长汀、漳州等地，部众发展到数万人。王潮、王审知兄弟三人跟随王绪队伍进入福建，因王绪为人多疑而听信术士之言，以怀疑军中有王者气而诛杀有才能的部将，使中层人人自危。王潮为求自保，便游说联合前锋诸将，以计擒获并囚禁王绪。不久，王绪自杀，前锋诸将拥王潮为首领。

公元 886 年，福建观察使陈岩任命王潮为泉州刺史。王潮兄弟三人同心协力，积极整顿队伍，搞好军民关系，招怀离散，均赋缮兵，严明纪律，不但军队素质大大提高，而且得到福建百姓的拥戴。在王潮兄弟率领军队开往沙县（属福建省三明市）途中，泉州名人张延鲁等来到军前挽留，希望王潮兄弟能够留下来，消灭残暴至极祸害一方的泉州刺史廖彦若，为闽地百姓除害。于是，王潮开队伍到泉州，经过一年苦战，于公元886年八月攻下泉州城，诛杀廖彦若。福建观察使陈岩上疏，任命王潮为泉州刺史。

公元891年陈岩病危，寄书请王潮来福州，意欲授福建军政予王潮。未等王潮赶到，陈岩已经病逝，陈岩妻弟福州护军使范晖自称留后。范晖骄侈，陈岩旧将不服，便陆续投奔泉州王氏兄弟，而且出谋献策，建议王潮谋取福州。公元892年二月，王潮派从弟王彦复为都统、三弟王审知为都监，攻打福州。围攻一年后，范晖弃城逃跑，被部将杀死。王潮兄弟据有福州，厚葬陈岩，抚恤家属，使一大批陈岩属部安心归顺，王氏军声大震，接着传檄四方，远近州县纷纷归顺。已经在福建坐大的王潮，被唐昭宗任命为福建观察使，以王审知为副使，王氏兄弟遂占有福建全境。

王审知相貌雄伟，体魄健壮，深谋远虑，处事稳妥，在军中很有威望，也很得其兄王潮信任。王潮也对王审知严格要求，对其失误，动辄加以皮鞭，王审知虚心接受，毫无怨言。公元896年三月，唐廷升福州为威武军，任命王潮为威武军节度使。虽然王潮四子已经成人，但还是决定不传位于儿子，而是任王审知为节度副使，从而给军中及各地一个明确信号，以增强权力的稳定性和吸引力。四月，唐廷又封王潮为检校尚书右仆射。公元897年王潮病重，便委任王审知掌管军政事务。同年十二月王潮去世，王审知让职位于二哥王审邦，王审邦认为自己功业不及王审知而不受，于是王审知嗣位。公元 898 年三月，唐朝册封王审知为威武军节度留后、检校太保、刑部尚书；冬十月，又授金紫光禄大夫、尚书省右仆射、威武军节度使，兼任三司发运使。至此，王审知全面掌握福建军政大权。

之后的公元 900 年二月，唐朝加授王审知同中书门下平章事，即宰相职名；不久又授光禄大夫、检校司空、特进、检校司徒；公元 902 年，唐廷授赐王审知十二枝武库戟，令其立于私邸门前，以示朝廷恩宠；公元 904 年四月，唐朝派遣右拾遗翁承赞前往福州，加王审知为检校太保，封琅琊郡王。公元 907 年，朱温篡唐建立后梁，王审知遣使朝贺，朱温于公元 907 年五月，进封王审知为威武节度使兼待中；公元 909 年四月，后梁太祖朱温加封王审知为闽王。自此，继其兄王潮割据闽地多年的王审知，名正言顺地成为福建最高统治者，闽国之谓也据此而立。

王审知很有远见，也很有驭将才能。统帅军队以后，即严禁掠夺和滥杀，军纪严整，受到百姓欢迎。王审知坚持扫清闽地残唐兵祸和固有土匪，给当地百姓一个平安的生产生活环境。王审知出身垄亩，了解民情，执政即以保境安民富民育民为己任，坚持与民休息，重视生产，减省刑法，珍惜费用，减轻徭役，降低税收，奖励通商，发展文化，使经济文化相对落后的闽地，第一次得到大规模的全面开发。正是王审知的远见和作为，在闽地发展史上留下光辉的一页。

王审知重视整顿吏治，坚持任人唯贤，广泛收罗人才，在福州、泉州设立招贤馆，引唐末流亡士人及公卿子弟聚集闽地，加强治国力量，做到政治清明；注重发展教育，在各州县建立学校，教育闽地子民。王审知注重节俭，与普通百姓一样简屋陋舍，粗茶淡饭，麻鞋布衣。

王审知关注民生，继续奉行兄长王潮实行的招怀离散政策，遣人将背井离乡的闽籍流民召拢回乡。凡从外地返回者，均借给耕牛及犁耙等农具，帮助和鼓励恢复生产。随着人口增加，又以优惠政策鼓励引导农民到小溪场（今安溪县）、归德场（今德化县）等山区开垦梯田，从事农桑，发展经济。对房屋损坏不能栖身者，协助修筑住宅，使之安居乐业。这些政策举措，既体现了民为邦本的执政理念，又有力地促进了农业生产，使原来荒芜的山区成为衣食丰饶之地，保证了百姓衣食无忧，又增加了政府财税收入。王审知还主持兴建扩建了福清、长乐沿海大堤，泉州六里陂、九溪十八坝，连江东湖，晋江四十里灌渠，疏浚受益幅员达 25 平方公里的福州西湖，同时围海造田，扩大耕地；在平原推广双季稻；在山区开垦茶园，广建茶厂，闽北山区有官焙达三十八处，民焙一千三百三十六处，大量生产茶叶出口创收；因地制宜发展纺织、陶瓷、冶金、铸造等工业生产，在福州西南建炉冶十三所，铸造铜钱开元通宝，后来又铸大铁钱，五百文为贯，以利商品流通，促进贸易发展。

王审知注重发展对外贸易，公元 905 年，开辟连江的黄岐半岛为对外贸易港，并发挥海洋优势，尽去繁苛，招引外商，北至新罗、东洋，远至南洋、印度及阿拉伯等国，经常有使者和商旅往来，通过闽港进口的象牙、犀角、真珠、香药等名贵物资转售内地，为闽换来丰厚利润。闽地的陶器、铁器大量远销国外，获取金贝而返，获利更丰。

为扩大与国外交流，王审知尤其重视陶器制作技术的提高和产品数量的增加。福建考古人员在南安、安溪两县普查，发现四处五代闽国瓷窑，所产白瓷、青瓷，影青瓷和其他色釉，品种多样，造型精美。当时闽冶炼、铸造业已相当普遍，安溪、晋江、南安、惠安、德化都是冶铁基地。由于对外贸易的发展，闽造船业相当发达，当时已经能够制造长二十丈、载人六七百的远航大船。泉州成为当时福建造船最发达的地方。为发展对外贸易，王审知还加强福州港的建设，使海舶畅通无阻，对福州的江河、沟洫进行改造整理，巨舶得以顺潮水至城下，使福州水陆交通更加便利。

王审知扩建福州城，公元902年，王审知筑福州外罗城四十里，将冶山、安泰河、大航桥以南的居民区、商业经济区全部括入城内，形成内外两重城垣。内重为政治中心及贵族居住地，外重为平民居住区和商业经济区，形成三坊七巷和闽都古街。随着人口的增加和经济的发展，王审知又于公元905年与公元908年两次在罗城南北两端扩建夹城，使南北周围扩大二十六里四千八百丈，并开浚渠道与江湖相通。夹城建成后，将屏山、乌山、于山、白塔、乌塔等制高点全部连在城中，福州的防御能力也大为提高。

公元925年五月，王审知患病卧床，命长子威武节度副使王延翰为权知军府事，同年十二月十二日王审知去世。王审知在王位17年，终年64岁。

由于王审知为闽地开发做出了杰出贡献，世人尊称其为"开闽王"。宋太祖赵匡胤敬仰王审知的德政，遂于公元974年下诏重修忠懿王祠，并御笔亲题四字庙额"八闽人祖"。

2. 嗣王王延翰

王审知去世后，其长子王延翰嗣位。王延翰身材高大，皮肤美白，喜好读书，颇通经史，然而只是金玉其外。王审知在世时，因对其管束严厉，尚能协助父亲处理政务。王延翰初任节度副使，后历任管内都指挥使、特进检校太傅、江州刺史，封琅玡郡开国公。公元925年五月，闽太祖王审知患病卧床，命王延翰暂时代管军府事务。其间，王延翰力侍汤药，寝食俱忘，很是尽心。同年十二月十二日，王审知去世，王延翰继位，自称威武军留后。公元926年二月，王延翰向后唐庄宗李存勖表奏福建情势。同年三月，李存勖授任王延翰为威武军节度使。四月李存勖遇害，后唐明宗李嗣源继位，五月，李嗣源加授王延翰为同中书门下平章事。

王延翰一上任，心思并不在巩固政权和保境安民，而是极尽奢侈，荒淫无度。王延翰令人在西湖四周广筑宫室，修建精美绝伦的亭台楼榭，绵延10余里，号称水晶宫。王延翰不理政事，每天携妃嫔宫女游宴其间，专事逍遥。后宫妃嫔如云，王延翰仍嫌不足，命人在辖内各州大肆抢掠民女充实后宫。王延翰原配崔练师相貌一般，但性情泼辣。见王延翰宠信宫女，崔练师妒意冲天，而又无法制止丈夫招蜂引蝶的行为，即对宫女中貌美者幽禁别室，以各种毒辣手段加以折磨迫害，数月间害死宫女妃嫔达84人。不久，崔氏病亡，王延翰肆无忌惮，益发荒淫，朝政也更加昏暗。

后唐明宗李嗣源初继位，王延翰认为这是自己违背父训实现野心的大好机会。于是，拿出司马迁《史记·闽越王无诸传》，要求将吏传看，并认为闽自古有国王。军府将吏们对这种掩耳盗铃的做法心领神会，便纷纷上书，劝请王延翰称王。公元926年十月初六日，王延翰自称大闽国王，国号闽，修建宫殿，设置百官，礼仪细节以及礼乐典章制度效仿天子。

骄淫奢侈的王延翰轻视欺侮兄弟，继位不到一月，就将二弟王延钧外任为泉州刺史。王延翰大选民女充实后宫，王延钧上书极力劝谏，王延翰非常生气，因此兄弟两人产生嫌隙。时任建州刺史的王延禀，本姓周，为王审知养子，而且年长于王延翰，军事治世才能均比王延翰强。王延翰以其为养子而不加待见，两人因此素来不和。王延翰写信命王延禀挑选美女送入宫中，王延禀回信很不客气，两人间的矛盾更为加深。不久，王延禀派使者前往福州，王延翰认为这是一个报复王延禀的好机会，遂派人毒杀了使者。这件事以后，王延禀坚定了发动政变的决心。为增加胜算，还拉拢泉州刺史王延钧。王延钧对被王延翰无端外放早已不满，遂与之密谋共同出兵，诛除暴君。

公元 926 年十二月，王延禀、王延钧合兵攻袭福州。王延禀率军顺江而下，势如破竹，很快抵达福州。福州指挥使陈陶仓促应战，兵败自杀。当天夜晚，王延禀领兵奔福州西门，攀梯进入城内。王延禀率百余壮士直扑王延翰寝宫。王延翰惊慌失措，逃到别室藏匿。同年十二月初八日早晨，士兵搜出王延翰。王延禀历数王延翰罪行，并指斥王延翰伙其妻崔氏毒杀王审知，然后在紫宸门外斩杀王延翰。自此，王氏兄弟内讧的序幕正式拉开。王延翰在位 2 年，生年不详。

3. 太宗王延钧

闽太祖王审知养子建州刺史王延禀，伙同泉州刺史王延钧杀死嗣王王延翰当日，王延禀拥王审知次子王延钧嗣位。

王延钧继位后，王延禀离开福州回治所，王延钧想到王延禀能杀王延翰，亦能杀自己。于是，杀王延禀之心顿起。但因一时政权未稳，王延钧只能暂且忍耐。王延禀回到建州，亦是越想越觉得自己窝囊，分明是自己先行拿下福州，为何却要让位给王延钧。于是，王延禀于公元 931 年四月，留次子王继升镇守建州，自己与长子王继雄率领水军奔袭福州，向王延钧夺位。

王延禀兵临福州，自己攻打西门，让其子王继雄从海路攻击南门。王延钧接到急报，命侄王仁达率军迎战。王仁达埋伏精兵于船舱，然后高树白旗，呼喊投降。王继雄信以为真，登船受降瞬间，王仁达伏兵骤起，斩杀王继雄，将其头颅悬挂于西门之上。王延禀见子头颅，悲痛欲绝，军心因此动摇，士兵溃散而逃，王延禀被俘。当年五月，王延钧斩王延禀。镇守建州的王延禀次子王继升听闻父亲战败，遂弃城逃奔吴越，王延钧改由亲弟王延政主政建州。

如此几经抢夺杀伐，最终王延钧成为最大赢家。王延钧原任节度行军司马、检校太傅、舒州刺史、封琅琊郡开国伯。嗣位之后，被后唐任命为威武军节度使、累加检校太师、中书令，封闽王。公元932年，王延钧上书后唐朝廷，请求加封自己为尚书令，后唐并未允准。于是，王延钧拒绝向后唐朝贡。

王延钧崇信鬼神，曾为自己请道号玄锡。专攻旁门左道的所谓道士陈守元，得到王延钧的极端信任，并为陈守元大兴土木，建造极具规模华丽至极的宝皇宫。陈守元蛊惑王延钧，让王延钧暂时退位，即可当六十年天子。王延钧欣然从命，由其子王继鹏掌管府事。不久，为六十年天子之梦，王延钧迅速复位。陈守元诱惑王延钧，称六十年后，王延钧将会成为大罗仙人，王延钧便飘飘然以仙人自居。

公元933年，王延钧正式称帝，改年号龙启。称帝后的王延钧，生活更加荒淫无度，日夜沉于酒色，并听信道士陈守元谗言，大兴土木，修筑宫殿，每座宫殿均雕梁画栋，穷工极丽。每天夜间，王延钧命人在宫中燃起数百枝巨烛，让宫苑亮如白昼。闽本来国小地狭，用度有限。继王延翰挥霍之后，王延钧再次大兴土木，四处铺张，国库枯竭。王延钧便任中军使薛文杰为国计使，鼓励其放肆搜刮。薛文杰到处查访，专诬富人莫须有罪名，以没收其财产以资国用，闽人恨之入骨。

薛文杰与枢密使吴英不和，吴英患病请假，薛文杰与妖巫合谋，陷吴英得罪鬼神之罪，王延钧将其诛杀。吴英曾主管闽军，深得军心，士兵听说吴英被杀，忿恨之气酝酿弥漫。同年，南吴进攻建州，王延钧派部将王延宗率军援救。军士以交出薛文杰为出兵条件，王延钧惜薛文杰善于搜刮民财而不舍，其子王继鹏分析利害，劝父交出薛文杰，以解燃眉之急。于是，薛文杰被押往军中，激愤的士兵刀剑齐上，薛文杰顷刻被碎尸万段。

王延钧正妻刘华，为南汉奠基人刘隐次女清远公主，不幸早逝。王延钧再娶金夫人，金氏虽然贤惠却不善奉承，王延钧对其视而不见。王延钧久窥后宫，发现父亲王审知身边的陈金凤双目似火，便很快与陈金凤难舍难离。公元935年二月，王延钧立陈金凤为皇后。当初，王延钧有一宠吏归守明，因容貌俊美而被宠幸，王延钧称其为归郎。后来，王延钧身体每况愈下，陈金凤便与归守明私通。另有百工院李可殷，因归守明引荐，也与陈金凤有染，国人均以为耻，而王延钧也以李可殷为心腹。

王延钧有一貌美婢女名叫春雁，其子王继鹏与其私下往来。王延钧患病后，王继鹏托陈金凤向王延钧索要春雁。陈金凤见王延钧时日不多，亦欲巴结封为太子的王继鹏，便积极配合，王延钧将春雁赐给王继鹏。谁知王延钧次子王继韬，也早已日夜惦记春雁，未曾想兄长抢先一步。于是，王继韬恨王继鹏，时刻谋划置其于死地。王继鹏胆怯，遂与皇城使李仿合谋对付王继韬。

公元935年十月十八日，王延钧在犒赏将士的宴会上，昏昏欲睡人事不省，李仿以为王延钧已经病入膏肓，即命壮士将李可殷杀死在家中。次日早晨，王延钧病情好转，受陈金凤挑拨，严厉责问李仿为何杀死李可殷。李仿惊恐而出，次日与王继鹏率皇城卫士进宫，将躲入九龙帐中的王延钧一通乱剑。被刺成重伤的王延钧扭曲万状，身边宫人不忍看其痛苦残喘，遂将王延钧勒死。王延钧在位10年，生年不详。

4.康宗王继鹏

公元935年十月十八日，王继鹏矫皇太后诏继位。王继鹏为闽太宗王延钧长子，母亲为南汉清远公主刘德秀。

王继鹏初封福王。公元932年，王继鹏父王延钧听信道士陈守元之言退位，命王继鹏掌管府事。王延钧婢女李春燕颇有姿色，王继鹏与之有染。王延钧患病后，王继鹏通过皇后陈金凤向王延钧索要李春燕，王延钧准许。早已钟情于李春燕的王延钧次子、王继鹏弟王继韬恼怒，图谋杀害王继鹏。王继鹏便伙同皇城使李仿，商议对付王继韬。

陈金凤情夫李可殷，曾在王延钧面前说李仿坏话；陈金凤同族陈匡胜轻视王继鹏，让王继鹏和李仿心生怨恨。王延钧病情严重，王继鹏暗中高兴。李仿认为王延钧不能康复，指使手下杀死李可殷，一时震惊朝廷内外。次日，王延钧病情见好，听陈金凤之言查究李可殷死因。李仿恐惧而出，与王继鹏率领皇城卫士进入宫中。王延钧见有变故，躲于九龙帐下被乱兵刺伤，宫人不忍其百般痛苦，便将其勒死。王继鹏与李仿杀陈金凤、陈守恩、陈匡胜、归守明和王继韬。公元935年十月十八日，王继鹏即位，改名王昶。

王继鹏继位后，皇城使、判六军诸卫李仿把持朝政，暗中培养亡命之徒。王继鹏与拱辰指挥使林延皓等，合谋要铲除李仿。林延皓等假意亲近依附李仿，李仿未加怀疑。公元935年十一月二十一日，李仿入朝，林延皓等在内殿埋伏卫士，将李仿捉住杀死，并砍下首级在朝门示众。李仿部下一千多人进攻应天门，未能攻下，于是焚烧启圣门，抢走李仿首级投奔吴越国。王继鹏下诏，宣布李仿弑君及杀死王继韬等罪名，任用建王王继严领判理六军诸卫事务。

公元936年三月，王继鹏改年号为通文，册立李春燕为皇后。次年王继鹏大修紫微宫，以水晶做装饰，花费更加巨大，闽国也更加穷困。时有方士上奏王继鹏，言有白龙夜间出没螺峰，王继鹏便下令修建白龙寺。当时，各种劳役接连不断，王继鹏便委吏部侍郎、判三司蔡守蒙卖官鬻爵，从此闽之官员以纳钱多少来确定。王继鹏贪得无厌，又下诏民间如有隐瞒年龄者处以鞭刑，隐瞒人口者处决，逃亡者族诛，种植水果蔬菜、养殖牲畜都征以重税。

公元938年十一月初，后晋册命王继鹏为闽国王，委命左散骑常侍为册礼使。王继鹏听后，遣进奏官林恩向后晋使者告白，认为王继鹏已经承袭闽国帝号，辞却后晋的册封和使者。谏议大夫黄讽见王继鹏荒淫暴虐，便诀别家人入朝进谏，王继鹏发怒，将其贬黜。永泰人叶翘，学识渊博，为人质直。早年，王延钧曾让叶翘与王继鹏为友，王继鹏亦待叶翘如师。王继鹏即帝位后，任命叶翘为内宣徽使、参政事。后叶翘劝谏王继鹏，王继鹏将叶翘贬黜为平民。

王继鹏心术不正，行为不端，生怕有人暗算皇帝交椅。于是，对自认为有威胁皇权者，一一痛下杀手。公元 939 年，王继鹏忌妒叔父前建州刺史王延武、户部尚书王延望才干名声，诬以叛变罪名将二位叔父及其五个儿子全部杀死。判六军诸卫、建王王继严很得军心，又被王继鹏嫉妒。同年六月，王继鹏罢免王继严兵权。

当初，王延钧将王审知侍从卫队设立为拱宸、控鹤二都。王继鹏继位后，另募壮士二千作为心腹卫士，号称宸卫都，俸禄及赏赐高于拱宸、控鹤二都，拱宸、控鹤二都将士深有怨气。王继鹏要把拱宸都、控鹤都分别下调至漳、泉二州，二都将士家及妻儿老小均在福州，一听加害调离，更加愤怒，暗中寻机报仇。王继鹏喜欢长夜饮宴，强制群臣饮酒，待醉酒伺机清除不睦之人。王继鹏堂弟王继隆，以醉后失礼命丧王继鹏之手。王继鹏叔父左仆射、同平章事王延曦为避祸端，佯装狂呆以谋全身。王继鹏赐给道士服装，囚禁王延曦于武夷山中；不久，又将王延曦召回幽禁在自己私第。

王继鹏经常轻侮拱宸、控鹤军使朱文进、连重遇，二人怨恨。不久北宫失火，宫殿焚烧殆尽，王继鹏怀疑朱文进、连重遇和纵火者通谋，要杀二人；内廷学士陈郯与连重遇交情深厚，便私下告诉连重遇。公元939年闰七月十二日晚，连重遇率拱宸都、控鹤都兵众焚烧长春宫，袭击王继鹏，派人从瓦砾中接出王延曦，拥立王延曦为皇帝。王继鹏与李春燕避往宸卫都，拱宸、控鹤军焚烧宸卫都，部分宸卫都士兵与王继鹏逃往梧桐岭，被追兵抓获。王继鹏与皇后李春燕及诸子，一同被其堂兄王继业所杀。王继鹏在位5年，生年不详。

5. 景宗王延曦

控鹤军使连重遇杀康宗王继鹏，迎闽太祖王审知第八子王延曦继闽王位。

心胸狭窄的王继鹏，在位时动辄诛杀宗室。时任左仆射、同平章事的王延曦，装疯卖傻以避王继鹏屠刀。于是，王继鹏幽禁王延曦于私宅之中。王继鹏另起炉灶建立亲军，轻侮原拱宸、控鹤军使朱文进、连重遇，二人怨恨。后因北宫失火，王继鹏怀疑并计划诛杀连重遇，连重遇率先领兵袭击并杀死王继鹏，将从瓦砾中迎回的王延曦拥立为闽国君主。

原本心胸狭窄的王延曦，顷刻之间从囚徒成为皇帝，压抑已久的恶习迅速膨胀。王延曦的骄奢淫逸、酷苛暴虐、猜忌宗族、报复旧怨，比王继鹏有过之而无不及。而且王延曦不理朝政，嗜酒如命，达旦贪饮，并以酒量为标准任命官员。

看王延曦昏庸无比、丑态百出，其弟建州刺史王延政多次上书劝谏，王延曦发怒，复书责骂王延政。公元 940 年正月，王延曦遣亲信官吏业翘监察建州军，派教练使杜汉崇监福州与建州之间的南镇军。业翘仗王延曦支持，动辄呵斥王延政，王延政怒，要杀业翘，业翘奔向南镇。王延政发兵攻击南镇，打败南镇守兵，业翘、杜汉崇奔向福州。二月，王延曦派遣统军使潘师逵、吴行真统兵四万攻打王延政。潘师逵屯军建州城西，吴行真屯军建州城南，焚烧城外百姓房舍，隔水设置营地。王延政求救于吴越，二月二十六日，吴越王钱元瓘派宁国节度使、同平章事仰仁诠、内都监使薛万忠统兵四万救援。三月初，潘师逵分兵三千，派都军使蔡弘裔出战。王延政派其将林汉彻迎击，林汉彻打败蔡弘裔。三月十一日，王延政遣千余敢死队员，夜间涉水潜入潘师逵营垒，顺风纵火，大胜并杀死潘师逵，潘师逵兵众溃散。三月十二日，王延政率领兵卒进攻吴行真，吴行真将士弃营逃走，死亡达万人。王延政乘胜攻取永平、顺昌二城。七月，王延曦在福州西修建城郭，以防王延政的建州军。

公元 941 年四月，王延曦任其子王亚澄为同平章事，判六军诸卫。王延曦怀疑九弟汀州刺史王延喜与王延政勾结通谋，派遣将军许仁钦带兵三千，到汀州将王延喜抓回福州。王延曦听说王延政写信联络泉州刺史王继业，便将王继业召回福州，赐死于郊外，并将王继业的儿子全部杀死。王继业担任汀州刺史时，现任司徒兼门下侍郎、同平章事杨沂丰为王继业士曹参军，与王继业关系友好。有人诬告，称杨沂丰与王继业同谋，王延曦立即杀死杨沂丰，并夷灭其家族。到此，宗族亲朋基本被王延曦杀尽。

王延曦淫侈无度，资金无法满足。国计使陈匡范夸口可以日进万金，王延曦加封陈匡范为礼部侍郎。陈匡范将向商贾征收的税费增加数倍，假权力威逼征收，一时战果颇丰，王延曦狂加褒奖陈匡范。未过多久，一味加收商贾已经不能凑足日进之额，陈匡范便大肆挪用各部门经费予以补齐。后陈匡范因挖空心思也不能日进万金忧惧而死，王延曦任用黄绍颇代为国计使。黄绍颇建议，以州县户口多少为标准定价，或数百缗或数千缗，凡想做官者，交足同等钱数即可赴任，王延曦认为，此法简捷而且见效更快。

公元 941 年十月，王延曦即皇帝位。次年六月，王延政围攻汀州，王延曦调发漳州、泉州兵五千救援。又遣大将林守亮进入尤溪，派大明宫使黄敬忠屯驻尤口，令国计使黄绍颇率步兵八千以作后援，准备乘王延政出军之际袭击建州。七月，王延政攻打汀州，经过数十次战斗，未能破城准备回返。七月十五日，双方军队在尤口相遇，王延政大破王延曦军队。

王延曦荒淫无度，曾在夜宴时，因宰相李光准醉酒违背意旨，王延曦命人将李光准绑在街市问斩；行斩官吏知道王延曦经常出尔反尔，不敢轻易对宰相动刀，便将李光准拘押在狱中。第二天，王延曦召李光准上朝，并恢复其职位。一次宴会近乎达旦，陪侍大臣一一醉倒在地，只有个头不高的周维岳仍然坚持与王延曦酣战。王延曦说周维岳身材矮小，为什么能装那么多酒。身边有人戏说，也许周维岳另有盛酒的肠胃。王延曦一听，立马命人将周维岳拿下，当场要剖腹察看周维岳腹中专门用于盛酒的肠胃。幸有侍者中机灵者建言，说杀死周维岳，就再也无人能够陪同陛下痛饮到天亮。王延曦这才住手，使周维岳避免了被无端开肠破肚的大祸。

公元943年，王延曦纳金吾使尚保殷之女，封为贤妃。尚氏美貌过人，王延曦十分宠爱。王曦喝酒时，一切杀伐听任尚妃决断。尚妃及尚氏家族要杀何人即杀何人。这种妄杀大臣的行为，前无古人后无来者。

王延曦曾在侍奉王继鹏时，遇新罗国进献宝剑。王继鹏举剑问同平章事王倓此剑能作何用，王倓说可以斩杀不忠之臣，当时王延曦认为王倓在暗指自己。王延曦篡位后，命人发掘王倓坟墓，用剑乱砍王倓尸首，并将其头颅砍下。刚正不阿的校书郎陈光逸，上书谏说王延曦大恶五十条，王延曦令卫士鞭打陈光逸几百下，然后悬挂于庭院树上缢死。王延曦嫁女，索取记载将吏朝贡名册察看，朝士中有十二人未能朝贺，王延曦当堂一一施行廷杖，并迁怒御史中丞刘赞，要当廷杖责刘赞未能及时揭发弹劾这十二人的过失，刘赞因此忧虑而死。

拱宸都指挥使朱文进与阁门使连重遇，自从杀害王继鹏拥立王延曦之后，生怕国人声讨而整天提心吊胆。为抱团取暖，二人互相结为婚姻，并暗中培植亲信，用来巩固势力。一次，王延曦要诛杀控鹤指挥使魏从朗，而魏从朗正是朱文进、连重遇党羽。朱连二人倚仗拥立之功，双双恳切求情，王延曦依旧杀魏从朗，并对二人言中带刺，二人大为惶恐。

李皇后妒忌尚妃，想要谋杀王延曦而立自己儿子王亚澄为帝，便派人联络朱、连二人。适逢李皇后父李真患病，王延曦于公元944年三月十三日前往李真府第问疾，朱文进、连重遇指使亲信拱宸马步使钱达，在途中将王延曦弑杀。王延曦在位6年，生年不详。

6. 昭宗朱文进

王延曦被杀，连重遇和朱文进召百官进朝堂。连重遇宣称，太祖王审知开创闽国，却被淫乱暴虐子孙屡屡践踏，上天已经厌弃王氏，应该另择有德之君为皇帝。众人不敢讲话，连重遇便拥朱文进升座，率群臣拜北，朱文进自称闽主。

朱文进为福州永泰（今福建永泰县）人。闽太祖王审知建亲军拱宸都与控鹤都，以连重遇等为军史。康宗王继鹏即位后，建立自己亲军宸卫都，待遇比拱宸、控鹤二都优厚，因此矛盾迭起。公元939年北宫失火，连重遇奉命率军清理火场，此活又脏又累，士卒愤怨。连重遇又被王继鹏怀疑参与纵火，因此率军叛变，杀王继鹏，迎立王继鹏叔王延曦为帝。这次政变以后，朱文进被任命为拱宸都指挥使。

朱文进与连重遇杀王继鹏以后，一直担心被人所害。而所拥王延曦残忍暴虐，并流露出加害二人之意。公元944年三月，朱、连二人先发制人，刺杀王延曦。篡权继位自称闽主的朱文进，将王氏宗族从王延曦弟王延喜以下少长五十余人，全部收拘杀害。不久，朱文进取消帝号，自称威武留后，向后晋称臣，后晋任命朱文进为威武节度使。公元944年十二月十五日，后晋出帝石重贵册封朱文进为闽国王。朱文进释放宫女，停止正在兴建的众多大型工程，施行与王延曦暴政完全相反的措施，以拉拢人心。

但在此时，朱文进、连重遇的军队，不断被由泉州散员指挥使留从效、陈洪进以及王延政所率领的讨伐军击败，情势日渐窘迫，部下因此离心。公元944年闰十二月二十九日，朱文进及连重遇被为求自保的部属林仁翰刺杀。朱文进在位11个月，生年不详。

7. 福王王延政

朱文进被杀，闽遗老遗少恭请王延政还都福州，嗣闽王位。王延政为闽太祖王审知第十子，闽嗣王王延翰、惠宗王延钧、景宗王延曦弟。王延政初任都教练使，公元930年，其兄王延钧继位。次年，王审知养子建州刺史王延禀谋夺王位，率领水军袭击福州，兵败被杀，王延钧派王延政出任建州刺史。

公元939年，继闽王之位的王延政八兄王延曦，骄淫暴虐，猜忌宗族。王延政在建州整治军队，经营武备，曾多次上书劝戒王延曦，反遭王延曦斥责，二人因此结怨。公元940年正月，王延曦派亲信到建州监视王延政，被王延政驱逐。王延曦攻打建州，闽国内战开启。同年二月，王延曦派统军使潘师逵、吴行真统兵四万攻打王延政。王延政一边求救于吴越国，一边统军死战，王延曦军大败，死亡万余人，王延政乘胜攻取永平、顺昌二城。

公元 940 年四月，吴越国仰仁诠等率援军到达建州，因福州兵已经败走，王延政酒肉犒劳吴越军，请其班师回吴越，仰仁诠不依从，扎营于建州城西北。王延政担心吴越乘人之危，又派人向王延曦请求发兵救援。王延曦任命泉州刺史王继业为行营都统，率兵二万前往救援，并且送书责备吴越国，派遣轻兵断绝吴越国运粮道路。吴越兵粮食用尽，王延政于五月派兵出击，大破吴越军，俘虏斩杀上万人，仰仁诠乘夜逃走。

公元 941 年正月，王延政修筑建州城池，请求王延曦设置威武军于建州，由自己担任节度使。因福州已称威武军，王延曦便以建州为镇安军，任命王延政为节度使，封为富沙王，王延政即改镇安军为镇武军。同年六月，王延曦知王延政拉拢泉州刺史王继业，便将王继业召回福州，然后连同其子一并斩杀。这样，王延政与王延曦兄弟之间的矛盾再一次激化。于是，双方各自整顿军队，再次相互攻伐。公元 942 年六月，王延政围攻汀州，王延曦调发漳州、泉州兵五千人救援。七月，王延政经过四十二次战斗，并未攻下汀州，便退军返回建州。

公元 943 年二月，王延政在建州称帝，国号大殷，年号天德，改将乐县为镛州，延平镇为镡州，立妻张氏为皇后，任命潘承佑为同平章事，杨思恭为仆射，掌握军国之事。自此，王审知所建闽之小国，由其子分割成两个更小的国分别占据。

公元 944 年三月，福州政局又乱，王延曦部将朱文进杀王延曦，自称闽王。王延曦旧臣又杀朱文进，迎接王延政至福州。王延政到福州后，改殷国为闽国，称闽帝，仍以建州为国都，以福州长乐府为东都，派从子王继昌坐镇福州。据建州的王延政称帝后，一切按帝王规格建制。建宫室、筑楼台，造太和殿，盖五凤楼（今鼓楼）。闽国国小民贫，在王审知之后，继位者争相奢华且战乱不断，王延政与王继鹏、王延曦一样横征暴敛，民生苦不堪言。王延政仆射杨思恭，因善于聚敛民财而获得王延政宠幸。杨思恭增收田亩山泽税赋，乃至于鱼盐蔬果，无不加倍征收，建州人称其为杨剥皮。

经过兄弟叔侄相继屠戮，后闽已经成为强弩之末。南唐主李璟于公元944年，以边镐为行营招讨诸军都虞候、翰林待诏臧循为谋臣，随枢密副使查文徽率军从洪州（今江西南昌）进取建州。王延政闻南唐军压境，而福州尚未攻克，乃施疑兵假称南唐出兵助攻福州，诈守将林仁翰杀朱文进出降。王延政得福州即被拥为闽主，泉、漳、汀诸州旧将皆率众归降。南唐军临盖竹（今福建建阳南），知王延政已取福州而不敢轻举冒进。又闻闽将张汉卿率兵自镛州（今福建将乐）驰援建州，臧循退屯邵武，查文徽自率兵退建阳。闽军视臧循军弱，便偷袭南唐军，大胜并斩杀臧循。

公元945年正月，王延政为加强建州防御，令从子王继昌镇守福州，将侍卫军及拱宸、控鹤两都兵马调往建州。令仆射杨思恭与统军陈望率兵前出建阳，列阵建阳溪水南岸以阻截南唐军。两军相持旬余，之后南唐以何敬洙为建州行营招讨马步都指挥使，祖全恩为应援使，姚凤为都监，率兵经崇安抵赤岭（今福建崇安南），进援查文徽。闽将杨思恭以南唐兵少，尚立足未稳，即令陈望领兵涉水进击。南唐将祖全恩以主力当正面，遣奇兵出其后，两面夹击，陈望战败被杀，杨思恭弃阵而逃。王延政闻讯大惊，急召董思安等率泉州兵护卫建州。五月，南唐军攻建州。公元945年八月，王延政终因孤立无援城陷而降，闽国灭亡。

公元946年，王延政被送往南唐都城金陵，南唐帝李璟封其为羽林大将军；公元947年改封为鄱阳王；公元951年再改封为光山王。宋太祖即位后，北宋攻灭南唐，王延政归返漳州，之后不久去世，被追赠为福王。王延政在位3年，具体生死日期不详。

六、南　汉

（917 年—971 年）

公元 917 年八月，后梁清海军节度使刘龑在番禺（今广东广州）称帝，升广州为兴王府，国号大越。次年十一月，改国号汉，史称南汉。南汉为岭南历史上，继南越国之后建立的第二个地方割据政权，鼎盛时期疆域约为今广东、广西全境及海南、云南的一部分。南汉都广州，历 4 帝，国祚 55 年，公元 971 年二月亡于北宋。

唐朝后期，群雄四起，朝廷自顾不暇，对于更加偏远的岭南地区，控制力更不如以前。一时，岭南地区的数十股地方势力趁机发展，争先扩张地盘，图谋独霸一方。

当时的岭南地区，原分广、桂、邕、容、安南五管，同属于岭南节度使管辖。公元 862 年，唐懿宗分岭南为"岭南东道"和"岭南西道"，即为广东、广西中"东、西"二字的由来。在岭南地区多股地方势力中，割据封州（今广东苍梧东南）的刘谦逐渐占据上风。

刘谦父刘安仁，彭城刘氏，世居上蔡（今河南上蔡）。刘安仁本是商人，后经商徙居泉州马铺，便在此安家。刘谦素有才识，因打击群盗有功，授任广州牙将。唐丞相韦宙出为岭南节度使期间，见刘谦气貌殊常，很器重他，便将自己侄女嫁给刘谦。当时黄巢率部转战南方，刘谦因进击黄巢军有功，于公元882年被任封州刺史、贺江镇遏使，有兵万人，战舰百余艘，极富声望。后来，刘谦又负责桂州（今广西桂林）、梧州（今广西梧州）一带的防御。直到公元894年刘谦去世时，一直牢牢地控制着封州。

刘谦去世前，嘱咐刚满二十岁的长子刘隐，天下大乱，唐朝已经难以复返。要想成就大事，眼光切莫只停留在封州之地。刘隐牢记父亲嘱托，在父亲刚去世、他人急于取代时，便狠下决心，一鼓作气诛杀百余政敌。其他觊觎者见年纪轻轻的刘隐有如此手段，刮目相看中拥立刘隐为封州刺史。清海军节度使（即岭南节度使）刘崇龟见刘隐敢于出手，也敢于担当，便任刘隐为右都押衙，将贺江一带的防御继续委任于刘隐。

公元895年，时任清海军节度使的刘崇龟病逝，大唐朝廷派皇族成员李知柔接任节度使一职。另有图谋的刘崇龟手下牙将卢琚、谭弘玘等人联合起来，拒李知柔于门外。同时，卢琚让谭弘玘驻守端州（今广东肇庆）。刘隐抓住机会，于公元896年底大起甲兵，沿西江东下来到端州（今广东肇庆市）。谭弘玘认为刘隐能干大事，便主动与之结交，许诺嫁自己女儿给刘隐。刘隐表面答应，暗地以娶亲为由，藏带甲兵士于船舱，深夜进入端州，斩杀谭弘玘，继而乘胜袭杀卢琚。接着，整顿军容迎接清海军节度使李知柔上任。非常感激刘隐的李知柔，上表朝廷任命刘隐为行军司马。此时的刘隐，实际上已经控制着岭南的军政大权。

公元 900 年十二月，李知柔病故。唐昭宗李晔派同平章事徐彦若接替李知柔的位置。政治行家徐彦若，深知岭南实为刘隐的天下，因此诸事顺着刘隐，并且上奏朝廷晋升刘隐为清海节度副使，将军政之事全权委托于刘隐。公元 901 年十一月徐彦若去世，临终前上表唐朝皇帝，举荐刘隐接替自己的位置。朝廷未采纳徐彦若建议，另外任命兵部尚书崔远为清海节度使。崔远到达江陵，闻听岭南地区盗贼猖狂，广州又为刘家天下，因畏惧而不敢赴任。无奈之下，唐朝廷将崔远召回京师，让刘隐代理清海留后。刘隐网罗中原士人，其中有避祸中原战乱者、唐朝名臣谪死南方所留子孙，以及出仕岭南遭乱不能返还者，如容管巡官王定保、唐太学博士倪曙、刘崇望子刘濬、李德裕孙唐右补阙李衡、唐司农少卿周杰、邕管巡官杨洞潜等，皆被刘隐以礼挽留，置为幕府，或出为刺史，协助刘隐兄弟把舵定向，从而使刘隐一跃成为岭南强藩。

刘隐割据岭南的事实被朝廷承认，加之日渐强大，引起周边其他势力的警觉和不满。当时交州（今越南河内）曲颢、桂州刘士政、邕州（今广西南宁）叶广略、容州（今北流）庞巨昭等分据各管区，卢光稠据虔州（今江西赣州）、其弟卢光睦据潮州（今属广东）、其子卢延昌据韶州（今广州韶关），另有高州（今属广东）刺史刘昌鲁、新州（今新兴）刺史刘潜等七十余寨均不受节制。公元 902 年，虔州卢光稠命其子卢延昌镇守韶州，自己率军越过大庾岭，攻至潮州城下。刘隐亲率大军日夜兼程赶赴潮州，卢光稠大败后逃回虔州。刘隐回头，率军直扑韶州城，结果大败而回。

公元 904 年八月，朱温弑唐昭宗，立李柷为帝。代理清海留后的刘隐，认准已经掌握实权的朱温，一定会继续得寸进尺，便大舍财宝贿赂朱温。于是，朱温以唐朝廷名义，任命刘隐为清海节度使，并于公元 905 年加任刘隐为同平章事。具有宰相头衔的刘隐研断形势，上表劝朱温篡位，更得朱温信任。公元 907 年，朱温篡唐建立后梁，连续加任刘隐为检校太师、兼中书令，领安南都护，充清海、静海两军节度使，进封为南海王。

如此一来，平步青云的刘隐引起众多割据势力的不服。湖南的楚王马殷于公元 908 年九月，派步军都指挥使吕师周大举讨伐刘隐，刘隐抵抗不住，落败而逃。马殷军队趁机夺取广西北部六州，损失惨重的刘隐痛定思痛，不再轻易言战。经过数年休养生息，刘隐终于成为岭南最为强大的割据势力。

就在刘隐踌躇满志，准备大干一场时，却身患重病。被迫放弃讨伐马殷的刘隐，以弟刘龑为清海节度副使。刘龑率兵先后削平诸寨，攻取潮、韶二州，逐走庞巨昭，攻取邕州，平定岭南，并攻占马殷所据的广西西部、南部以及广东部分地区。

公元 911 年三月，38 岁的刘隐病逝，其弟刘龑袭封。凭借父兄在岭南的基业，刘龑于公元 917 年在番禺（今广东广州）称帝，改广州为兴王府。次年十一月改国号汉，史称南汉，刘龑为南汉高祖。南汉立国后，参照唐制建三省六部等中央机构；开科取士；以文人和宗室诸王出任节度使，削弱方镇权力；对外结好邻国；鼓励通商贸易，国势日渐强盛。

公元942年四月，54岁刘龑去世，其子刘玢继位，是为南汉殇帝。刘玢骄傲奢侈，荒淫无度，政事废弛，给其野心膨胀的四弟晋王刘弘熙提供了政变的口实和机会。公元943年三月，刘弘熙挑选力士，在刘玢夜晚开办宴会观赏角力醉酒后，将刘玢杀害。弑兄后，刘弘熙自立，改名刘晟，是为南汉中宗。

刘晟在位期间，屡诛大臣，尽杀兄弟，任用宦官宫女为朝官，使南汉国力日益衰弱。公元958年八月，39岁刘晟去世，其17岁长子刘继兴继位。继位后改名刘鋹的南汉后主，委政事于宦官龚澄枢、陈延寿以及女侍中卢琼仙等人，大量任命宫女为参政官员，臣属将领阉割才能进用，以致小小的南汉仅宦官就达二万多人，政事紊乱不堪。公元970年，北宋派潭州防御使潘美率军攻打南汉。南汉旧将多因谗言被杀，宗室亦遭反复翦除，掌兵者尽为宦官。为满足皇帝游玩，南汉城墙、护城河皆装饰为画廊水榭；楼船战舰、武器盔甲生绿腐朽。刘鋹遣宦官龚澄枢驻守贺州、郭崇岳驻守桂州、李托驻守韶州，以防备宋军。不久，宋军接连夺取南汉贺州、昭州、桂州和连州。刘鋹高兴地认为，此四州本属湖南，宋军夺取以后，定会满意而归。同年十二月，宋军夺取韶州。公元971年宋军节节进逼，刘铄急调十多艘大船，满载金银财宝及嫔妃准备逃亡入海。转眼船及金银财宝连同嫔妃，被宦官乐范等人盗走，走投无路的刘铄出城投降，南汉灭亡。

总体而言，在五代十国乃至整个封建社会，南汉的历任统治者奇葩而又残忍，尤其是在滥用地狱般的酷刑、割菜一样屠灭自家兄弟、任用宫女当政及阉割才能入朝为官等方面，在封建社会政治史上涂抹出最为黑暗的一页。

然而，在刘龑当政前期，以及中宗刘晟的个别做法，也有一些值得记述的地方。政治方面南汉职官基本沿袭唐代制度，但又大为简化。中央三省六部齐全，建国之初即设立宰相，并继续沿用唐同平章事这一称谓。初由兵部尚书、兵部侍郎、礼部侍郎分别兼任宰相；门下省有谏议大夫、给事中等职；南汉以度支、盐铁、户部三司分掌财政，只是将"使"改名"务"，如制置务、盐铁务等。南汉初期，刘龑依靠士人治政，选用士人为诸州刺史，并每年通过科举录用进士、明经十余人任职地方，在一定程度上避免了军阀割据称雄之患。在十国中，南汉是坚持科举考试的国家之一，其科举沿唐制设进士、明经两科；公元 920 年三月，刘龑听从杨洞潜之请，立学校，开贡举，岁以为常。南汉地方仍实行节度使制，节度使多由宗室或文臣出任，为五代时期最先打破由武夫任职刺史节度使的局面。文人掌控州县级权力，既消除武人专横之弊，又利于中央对地方的控制，有利于地方稳定。南汉县级长官为令或知县，县以下设乡、保等区划单位。

南汉政权初创，立法既酷又滥，更为甚者，竟复活并新创诸如灌鼻、割舌、肢解、剐剔、炮炙、烹蒸、剑树、刀山等历史上早已废除之酷刑，甚至聚毒蛇于池中，豢养虎豹之类猛禽恶兽于园苑，将罪犯或欲加害之人投入其中，任毒蛇猛兽活吞生噬。

军事方面，为抗衡强大的邻国，南汉统治者煞费苦心扩充军队。其中最具特色者，为南汉组建了一支以战象为主要作战工具的象军。地处南方的南汉，邻国大多处于亚热带地区，大象众多。南方国家向来有捕捉训练战象的传统。南汉当局不惜重金，从安南、大理等国购进大批战象，同时雇佣当地驯象行家，教授南汉军队驾驭战象及战术战法，从而独有一支千头战象的象军。南汉战象周身披挂厚重铠甲，连大象鼻子也包裹锁子甲。象背以包铁厚木板制成三层塔楼，塔楼上分别有驭手、弓箭手、弩手和瞭望员。每一战象四周有持大刀、长矛、盾牌的步兵，如此构成以战象为核心的作战单位。战时象阵在远程弓弩的配合下，列阵向对方发起集团冲锋。象阵在南汉与周边邻国的战争中，曾发挥过重要作用。但耗费巨大的象阵，笨拙而缺乏机动性，一遇火攻则溃不成军，听闻吓人但实战中作用有限。

外交方面，南汉根据实际情况进退取舍，基本维护了国家利益。早期刘隐兄弟臣服于中朝天子，以忠实的藩镇节度使角色定期朝贡。称帝立国以后，一度断绝与中朝的往来，当听闻中朝强盛时，又遣使入朝恢复朝贡关系，但总体上敬而远之。

对南方诸国，因与南楚接壤，时战时和，胜负各半，交往频繁。与闽关系良好，刘龑即位，闽王审知遣使为子提亲，刘龑以侄女清远公主嫁于王延钧。南平因地处水陆交通要道，南汉有朝贡使节及商贸往来的需要，便主动交好。刘龑执政时期，曾请求以兄事吴越王钱镠。杨吴和南唐为南方政权中实力较强的国家，很长一段时期内，南汉与杨吴、南唐领土并不接壤，但为牵制南楚、闽，南汉积极与杨吴、南唐保持友好关系。从公元 917 年开始，南汉与越南交往长达 55 年。公元 930 年刘龑派梁克贞领兵攻交州，俘曲承美，由于顾及南楚、闽，便对交州采取羁縻政策。公元 931 年，杨廷艺叛乱占领交州，南汉失去了对越南的直接控制。同年，杨廷艺属将矫公羡杀杨廷艺，臣服于南汉。之后吴权占有交州，断绝与南汉往来。公元 954 年吴氏政权衰退放弃王位，再次向南汉称臣，接受南汉册封。

经济方面南汉农业得到进一步发展，随着人口增加和技术提高，可耕地被大量开发，粮食产量大幅提高。粮食之外，岭南各地蔬菜、水果、花木等也得到大量种植。由于南汉历代君主好大喜功，营建宫殿穷极奢华，金银耗费数量巨大，带动手工业和采矿业迅速发展。现存广州光孝寺的两座铁塔，充分见证南汉铸造业的发展。铁塔佛像达千尊以上，塔身形态各异的飞天、飞鹅、飞凤等，工艺优良，铸造技术绝佳，而且历时一千多年仍未出现严重锈蚀情况。南汉陶瓷生产规模大，有广州皇帝岗窑，南海官窑，程洋岗窑、官陇窑等，品种有小口瓶、点彩瓶、罐、四系小瓶、碗、碟、粉盒等，有青、黄、绿与淡绿等各种颜色，而且釉色晶莹、胎质细腻、制造优美，能够媲美南北各地名瓷。南汉商业贸易活跃，与周边政权的贸易往来兴盛，派遣庞师进在荆州设置邸店，并专门建造车乘以供运输，而且西通黔蜀，南通海外，各种香料、珠贝、象牙、犀角等珍贵奇物大量输入岭南，转运各地，获利颇丰。南汉为十国中赋税最重的政权，各州皆有专门的收税机构，江湖池潭陂塘沟渠，聚鱼之处皆纳官钱，猪、羊、鹅、鹿、鱼、果均要课税，税目繁多，税负繁重。

文化方面南汉云集一批颇有才华的文人墨客，文学作品以赋为主，但多为歌颂宫殿、赞美祥瑞之作，如中书侍郎王定保的《七奇赋》，翰林学士承旨王宏的《白龙见赋》等，成就不高。被称为文思敏捷、援笔立成、词藻灿漫的中书舍人钟允章等，也只是名动当时。

史学方面，王定保所著《唐摭言》，为记录和评述有唐一代科举制度的专著。书中大量记载有唐一代科举制度的发展、形态、变迁等史实，保存了当代大量与科举相关的诗文作品，还记录了许多唐五代文人围绕科举的文学活动，为研究唐代科举制度，以及对当代文人生活、思想及创作的影响，提供了丰富的文献资料。中书舍人胡宾王弃官归里，搜求遗文，著成《南汉国史》十二卷，也有很高的史料价值。南汉拥有一流的天文历算名家，如太常少卿周杰，精通历算、术数，纠正了唐开元间天文学大家僧一行主持编写的大衍历数的差错，并加以修订，著成《极衍》二十四篇。南汉高祖时，著名医学家轩辕述，据前人《宝脏论》，博采众长，拾遗补缺，撰成《宝脏畅微论》三卷，成为医学名著。

1. 高祖刘䶮

公元 917 年八月十六日，后梁清海军节度使、南海王刘䶮在番禺称帝，国号大越，次年改国号为汉，史称南汉，刘䶮为南汉高祖。刘䶮初名陟，称帝后改名岩，不久又改名龚；公元 925 年，复取《周易》"飞龙在天"之意，新造一字"䶮"为名，读 yǎn。

刘䶮生于公元 889 年，为唐封州刺史刘谦第三子，生母段氏。刘谦正妻韦氏，素来嫉妒刘谦对段氏的宠爱。听说段氏生子刘䶮，韦氏更加恼怒，一心要杀掉刘䶮。只因刘䶮长相可人，韦氏心生恻隐，便杀刘䶮生母段氏，而自己抚养刘䶮。刘䶮长大之后，高大魁梧，勤习骑射，武艺超群，喜好文辞，素有才识，在长兄刘隐身边，为减缓和阻止岭南分割浪潮立下了汗马功劳。公元 896 年，薛王李知柔被拜为清海（岭南）节度使，出镇广州。刘䶮之兄刘隐时任封州刺史，兼任清海行军司马，刘䶮也被征为薛王府谘议参军。公元 908 年，刘隐兼任清海、静海两镇节度使，以刘䶮为节度副使。公元 911 年，刘隐病逝，刘䶮嗣位。公元 912 年，后梁封刘䶮为清海节度使，检校太保、同平章事；次年又加封为检校太傅。后梁末帝朱友贞即位之后，将其兄刘隐曾有的所有官爵都授给了刘䶮，刘䶮袭封为南海王。

唐末僖宗李儇以后，出镇各地的节度使纷纷割据一方，天下大乱。当时岭南七十余寨全部据地自守，不受节制。刘䶮荡平岭南割据诸寨，击杀高州刺史刘昌鲁等人，在该地重新设置刺史，并最终讨灭卢氏，尽取潮、韶两州；又向西与马殷争夺容、桂二地，夺取马殷容州，驱逐庞巨昭，又攻取邕州，疆界不断扩展，势力日趋增强。

刘䶮在岭南逐步消灭大小割据势力后，于公元917年正式即皇帝位，国号为大越，改元乾亨，建立三庙，设置百官，以杨洞潜为兵部侍郎，李衡为礼部侍郎，倪曙为工部侍郎，赵光胤为兵部尚书，并均委以平章事。

刘䶮继承其兄礼贤下士的作风，重用客居岭表的士大夫，著名者如王定保、倪曙、刘槽、李衡、周杰、杨洞潜、赵光胤等，都被刘䶮安置于国家重要职位上。不仅如此，刘䶮还注重解决士人的后顾之忧，使其能够安心为南汉政权服务。世族出身的赵光胤，不愿为刘䶮政权效力，经常郁郁不乐，日夜思谋回到中原。刘䶮爱其德才，便伪造赵光胤手书，遣使赴洛阳，召其二子赵损、赵益及其家属到岭南，赵光胤惊喜而感动，从此尽心为刘䶮效力。在地方州县，刘䶮接受兵部侍郎杨洞潜建议，改唐末以来一直以武人为刺史的通行做法，改而任用士人为州刺史，使南汉地方吏治比较清明。南汉统治岭南半个世纪，刘䶮后期及身后，当政者个个荒淫暴虐，政治腐败。但中央连续纷乱三十多年，地方却一直较为安定，百姓也尚能维持生计，与文人治州县不无关系。

南汉与楚、南唐、闽相邻，刘䶮以通婚、遣使聘问等途径，与邻国和睦相处。刘隐在位时，曾嫁女与楚国主，是为马皇后。刘䶮建国后，马皇后去世。当时楚国势力较强，曾与南汉争夺岭南西道发生摩擦，两国关系陷入僵局。后刘䶮遣使楚国，重修旧好，楚国也遣使报聘，两国握手言和。南汉与吴、南唐、闽之间使者往来频繁，极少发生争战；与蜀和云南镖信（唐时的南诏）等政权，南汉也经常遣使往来，维护了岭南地区的安定局面。

刘䶮出自商贸之家，重视和鼓励发展经济贸易。凡岭北商贾至南海，刘䶮尽可能亲自召见。广州地处南海，地理位置优越，成为海上贸易中心，使南汉获得丰厚利益，促进了岭南经济的发展。

刘䶮建立南汉次年，即公元918年，接受杨洞潜建议，兴学校，倡教育，置选部，行贡举，举行科举考试，每年录取进士、明经十余人。之后，科举取士岁以为常。刘䶮重视文教，重用士人，促进岭南文化事业的发展。南汉在音乐、历法、诗赋等方面均有建树。陈用拙自少学习礼乐，精通音律，著有《大唐正声琴籍》十卷。周杰精于历算，纠正唐《大衍历》中的错漏，新著《极衍》二十四篇。

然而，刘䶮也是一个荒淫、奢侈的君主。在位期间大兴土木，广建行宫，其宫殿以金银珠宝装饰，奢华至极。宫中广纳美人，常带妃嫔宠臣四处游乐，大肆铺张。为课敛重赋并镇压反抗，刘龑制定并滥用灌鼻、割舌、肢解、跨剔、炮炙、烹蒸等酷刑，倒退而残忍至极，并为其子更加残忍开了先河。

公元 942 年四月，刘龑患病不起。刘龑共有 19 子，长子邕王刘耀枢、次子康王刘龟图因病早逝，三子秦王刘洪度、四子晋王刘弘熙骄横任性，相较五子越王刘弘昌比似有智慧见识，表现得孝顺谨慎，刘龑便与右仆射兼西御院使王翷谋划，要外任刘弘度镇戍邕州、刘弘熙镇戍容州，而要立刘弘昌为太子。崇文使萧益进谏，言为避免身后祸起萧墙，太子还是应该立长。于是，刘龑打消立刘弘昌为太子的想法，后于同月二十四日去世。刘龑在位 26 年，终年 54 岁。

2. 殇帝刘玢

后汉高祖刘龑去世后，其 23 岁的三子秦王刘弘度嗣位。刘弘度生于公元 920 年，母亲赵氏，即位后改名刘玢，改元光天，由晋王刘弘熙辅政。

公元 932 年，刘洪度被封为宾王，不久又改封为秦王。公元 934 年，刘龑命时任总判六军的刘洪度募集宿卫兵一千人，刘洪度专募市井无赖。同平章事杨洞潜向刘龑进谏，作为皇位继承人，秦王应该亲近行为端正之人，刘龑不以为然。

与刘龑相比，刘玢更为荒唐无道。其父刚一去世，刘玢竟在宫中歌舞饮宴，与伶人开怀畅饮，令男女裸体追逐嬉戏。继位后，身边不合意者多被杀害。面对如此新君，朝廷大臣不敢劝谏。为稳固政权，刘玢猜忌诸弟与大臣，每次邀集参加宴会，即命宦官把守大门，宗室成员及大臣凡入内者，均要经过脱衣严格搜身检查。而晋王刘弘熙自从到刘玢身边辅政，即开始惦念皇位。见刘玢如此昏庸，刘弘熙便千方百计投其所好，不断向刘玢进献美女，进一步引导并创造条件，让刘玢彻底沉湎于声色犬马之中。刘玢喜爱手搏，刘弘熙便命指挥使陈道庠引领武士刘思潮、谭令、林少强、林少良、何昌廷等五人，在晋王府习练手搏，刘玢听说后十分高兴。公元 943 年三月初八日，刘玢与诸王在长春宫宴饮，观赏手搏，直到夜晚，刘玢大醉。刘弘熙命陈道庠、刘思潮等人将刘玢弑杀。刘玢在位 2 年，终年 24 岁。

3. 中宗刘晟

晋王刘弘熙弑其兄殇帝刘玢次日，越王刘弘昌等率诸弟进宫，拥刘弘熙即皇帝位。刘弘熙生于公元 920 年，为南汉高祖刘龑第四子，母亲不详。刘弘熙夺位成功以后，改名刘晟，年号应乾。

刘晟初封勤王，后改封晋王。公元 942 年其父刘龑去世，其兄刘玢即位。公元 943 年，刘晟与五弟刘弘昌、十弟刘洪杲等人弑杀刘玢，自立为帝，以刘洪昌为兵马元帅，总管政事，刘洪杲为副元帅，刘思潮等弑杀刘玢有功者，一个个受到封赏。

也许皇位并非正道而来，为了服众，刘晟便大施酷刑，滥开杀戒，而且首先从诸弟头上动刀。公元 942 年七月，岭南循州（今广东龙川）一带盗贼群起，共推博罗县吏张遇贤为主，起兵反叛南汉。张遇贤自称国王，改年号为永乐，设置百官，攻掠南汉沿海州县。时为皇帝的刘玢任命五弟越王刘弘昌为都统、循王刘弘杲为副都统前去讨伐张遇贤。南汉兵作战失利，刘弘昌与刘弘杲被围，指挥使陈道庠等力战解救，才得以免死。而南汉东边州县多被张遇贤攻陷，后又攻陷循州，杀南汉刺史刘传。刘晟即位后，刘洪杲一心报仇雪耻，多次要求讨伐逆贼。然而，这一有利国是的提议，却引起刘晟愤怒。刘晟半夜派使者召刘洪杲进宫，然后将奉诏而来的刘洪杲杀害。

刘龑诸子中，相对贤能者当属第五子刘洪昌。刘龑曾在临终之前，打算立刘洪昌为太子，这件事让刘晟一直耿耿于怀。于是，杀掉刘洪杲之后，担任兵马大元帅的刘洪昌就成为下一个要杀的目标。公元944年，刘晟假意遣五弟刘弘昌祭拜襄帝陵，即刘隐陵墓，刘弘昌带领祭拜队伍正准备出城，就被刘晟所派刺客暗杀。与刘洪杲、刘弘昌同一年遇害的，还有八弟镇王刘弘泽。公元945年，刘晟杀害七弟韶王刘洪雅，同时将为其称帝立下汗马功劳的刘思潮和陈道庠一并杀死。特别是陈道庠，不但斩首弃市，整个家族也惨遭夷灭。

公元947年，毫无人性的刘晟，对幸存的兄弟展开清洗式杀戮。在同一天里，竟有六弟齐王刘洪弼、十一弟息王刘洪暐、十三弟同王刘洪简、十四弟益王刘洪建、十五弟辨王刘洪济、十六弟贵王刘洪道、十七弟宣王刘洪昭、十九弟定王刘洪益等八位亲弟同时被杀。公元954年，又杀十二弟高王刘洪邈。次年，尚在人世的十八弟通王刘洪政也死于刘晟刀下。这样，刘晟共有的 18 个兄弟中，除大哥邕王刘耀枢、二哥康王刘龟图因病早逝，九弟万王刘洪操在与交州吴氏交战中牺牲以外，其他的 15 个兄弟，尽数被刘晟杀害。

刘晟生性荒淫暴虐，得志之后，专门用威势刑法统治臣民，诛灭旧臣及自己兄弟，将侄女收入后宫。以宫人卢琼仙、黄琼芝为女侍中，朝服冠带，参决政事。刘晟修造活地狱，开水锅、铁烙床之类无不齐备。臣民小有过失，所受刑戮惨不忍睹。

公元 948 年，刘晟派工部郎中知制诰钟允章赴南楚求婚，南楚不允。时马希广初即楚王位，马希萼于武陵起兵，南楚大乱，钟允章建议进攻南楚。于是，刘晟派其巨象指挥使吴珣、内使吴怀恩攻打贺州，南楚军败走，死亡数千。吴珣等一鼓作气，接连攻破楚桂、连、宜、严、梧、蒙六州，大获全胜。公元 951 年冬，刘晟又派内使侍潘崇彻攻打郴州，一并打败在郴州的南唐军队，夺得郴州，从而占有南楚岭南之地。这，也许是刘晟在南汉帝位上唯一可述的正面功绩。然而，两次胜利之后，刘晟更加骄横，派巨舰指挥使暨彦赟带兵入海，掠夺商人金帛，作离宫游猎，所建南宫、大明、昌华、甘泉、玩华、秀华、玉清、太微等宫殿灿灿生辉。刘晟与宦官林延遇、宫人卢琼仙等经常夜饮至大醉。一次，刘晟置西瓜于所宠伶人尚玉楼颈上，拔剑斩瓜以试剑锋，结果尚玉楼头颅与裂瓜一并滚在地上。次日酒醒，刘晟大呼尚玉楼侍宴。

公元 953 年刘晟病危，封其子刘继兴为卫王，刘璇兴为桂王，刘庆兴为荆王，刘保兴为祥王，刘崇兴为梅王。公元 956 年，后周世宗柴荣平定江北，刘晟惶恐，派人往后周京师朝贡，被南楚所截，刘晟忧虑万分。刘晟自称通晓占星术，同年六月于甘泉宫观天，刘晟脸色阴沉，从此彻夜放纵饮酒作乐。公元 958 年八月三日刘晟去世，其在位 16 年，终年 39 岁。

4. 后主刘铱

中宗刘晟去世以后，16 岁的刘继兴嗣位，改名刘铱。刘铱为刘晟长子，母亲不详。刘晟在位时，刘铱曾被封为卫王。

刘铱即位后，宠信奸佞，将国家政事全部交给宦官龚澄枢及女侍中卢琼仙等人。刘铱认为，朝中群臣有家室有私心，不会尽忠报国，只有无牵无挂的宦官宫女会忠心为自己效力。遂诏令朝野，欲得重用者，必先阉割然后才能委以官职。在此诏令吸引下，南汉宫中宦官达二万多人。

刘铱疏于政事，却勤于淫乱。刘铱极宠一名波斯女子，称其媚猪。之后，媚猪又在宫中挑选九名体态婀娜的美女一同服侍刘铱。刘铱分别赐号媚牛、媚羊、媚狐、媚狗、媚猫、媚驴、媚兔、媚猿、媚狮，听其名称如同进入动物园，刘铱却美其名曰"十媚女"。

荒唐的刘铱极为残忍，制定了烧、煮、剥、剔、剑树、刀山等各种残酷刑罚，还豢养诸多虎豹之类的猛禽野兽，而且为了刺激取乐，竟将罪犯剥去衣服驱入苑中惨遭生噬，刘铱率领侍妾登上观楼欣赏，听到骇人的惨叫声，便喜不自胜手舞足蹈。更为残暴的是，刘铱心情不好时，会将朝中大臣捉来，或放入锅中烧煮，或活活剥皮剔筋，残忍至极。

此时，北宋政权日益强大，统一天下的态势全面铺开。南汉朝臣建议后主刘铱早做准备，刘铱却不以为然。公元970年八月，南唐李煜奉宋帝赵匡胤旨意，置书劝刘铱投降，刘铱竟然囚禁使者，对李煜更是出言不恭。宋太祖赵匡胤得知后，命潘美率军十万大举进攻南汉。南汉旧将多因谗言被杀，宗室亦尽遭剪除，掌兵权者多为宦官，根本没有能力抵抗宋军。九月，潘美顺江直下，攻克贺州（今广西贺州东南）。十月，又攻下昭、桂、连三州，西江诸州望风而降。两个月后，潘美大军攻下岭南门户韶州（今广东韶关）。这时，刘铱才下令修筑城防工事，可惜为时已晚。次年二月，宋军逼近番禺，刘铱见势不妙，将金银珠宝妃嫔美女装满十几只大船，打算逃往海外继续逍遥，岂知船被宦官盗走。无奈之下，刘铱只好向宋朝投降，南汉遂亡。

刘铱投降后，赵匡胤问责其欺压百姓、横征暴敛之罪。刘铱转而将责任完全推给龚澄枢等人，宋太祖赵匡胤斩龚澄枢，赦免刘铱，并任刘铱为右千牛卫大将军，封恩赦侯。亡国后的刘铱，并无伤心悲愤之情，反而快活自在。公元980年刘铱去世，其在位14年，终年38岁。

七、南　平

（924 年—963 年）

公元 924 年三月，后唐封荆南节度使高季兴为南平王。自后梁太祖朱温以后，就加速向独立王国目标迈进的荆南，终于成为以南平为国名的地方割据政权，而且被后世史家广泛承认。南平辖荆（今湖北江陵）、归（今湖北秭归）、硖（今湖北宜昌）三州，为五代十国时期面积最小的国家，疆域仅包括今湖北西部、重庆东部等地。南平传 5 主，历 40 年，都江陵，公元 963 年二月亡于北宋。

高季兴本名高季昌，曾为避后唐庄宗李存勖祖父李国昌之讳，改名高季兴。高季兴为硖州（今河南三门峡）人，因出身贫苦，少小被家人送给汴州富商李七郎做家童。公元 883 年，唐朝任命朱温为驻汴州的宣武军节度使，富商李七郎为求荫护和自保，主动向朱温献出了大量钱财，被朱温收为养子，并赐名为朱友让。一次，朱温在朱友让家中饮酒，见身为佣人的高季兴身貌不凡，便令朱友让收高季兴为养子，高季兴也因此改高姓为朱。从此，只比朱温小六岁的高季兴，瞬间成为朱温干孙子。而此后的高季兴，倚靠朱温这么一个干祖爷，一路扶摇直上，飞黄腾达。

高季兴极有谋略，深得朱温赏识。朱温曾让高季兴在手下做牙将，悟性极高的高季兴，很快升迁为制胜军使、毅勇指挥使。公元902年五月，凤翔节度使李茂贞劫唐昭宗李晔入凤翔，欲挟天子以令诸侯。为争夺对唐昭宗的控制权，朱温与割据凤翔的李茂贞反目，挥师攻打凤翔。李茂贞自知非朱温对手，干脆闭城不战。朱温经年围攻，终不见李茂贞出城。耗费巨大，收获甚微，众将疲惫，朱温决定撤兵。在此关键时刻，高季兴主动献策，认为天下豪杰一直关注此事，汴军就此无果撤兵，负面影响太大。且敌军被久困孤城，军疲粮竭，定为强弩之末。于是献计派兵士入城，假以汴军粮尽撤军诳李茂贞出城，汴军伺机偷袭，一战即可大功告成。朱温依计施策，并委高季兴全权指挥。高季兴以马景等敢死勇士为饵，嘱马景等以困饿难支投敌见李茂贞，并谎称汴军无粮，朱温已带主力东归，只留万余士兵守营。急于打破僵局的李茂贞，当夜率领全部精锐出击，直扑汴军大营。埋伏的汴军洪水般淹来，李茂贞元气大伤，从此既无力再战，也无力再守，只好将朱温最为痛恨的宦官悉数斩杀，遣使向朱温求和，并将唐昭宗交给朱温，由朱温护驾回长安。

立下汗马功劳的高季兴，不但得到朱温的重用，而且回到长安以后的唐昭宗，封高季兴为"迎銮毅勇功臣"。不久，朱温提拔高季兴为宋州（今河南商丘）刺史。从此，高季兴跟随朱温左右，帮朱温拿下青州（今山东益都）等战略要地，被朱温擢升为颍州（今安徽阜阳）防御使，并特批高季兴恢复本家姓氏。

在唐末四处混战、南北争夺的形势下，战略地位极为重要的荆南地区，聚集了群雄的目光。统有荆州（治江陵，今湖北江陵）、归州（治秭归，今湖北秭归）、硖州（治夷陵，今湖北宜昌）、夔州（治奉节，今重庆奉节）、忠州（治临江，今重庆忠县）、万州（治南浦，今重庆万州）、澧州（治澧阳，今湖南澧县东南）、朗州（治武陵，今湖南常德）八州的荆南，自公元874年起，寇乱相继，诸州皆为邻道所据，最后只留江陵。

曾为蔡州军校的成汭，领蔡州军戍江陵。成汭攻打归州后，自称归州刺史，招还流亡，得精兵三千。后来，秦宗权故将许存带蔡州兵投奔成汭，使成汭如虎添翼。而成汭占领江陵时，仅有居民数十户。成汭招抚流亡，奖励农桑，十多年后人口才增加到一万多户。后来，成汭在与淮南兵冲突中战死，朗州刺史雷彦恭袭取荆南。时为朱温行营副都统、河阳、保义、义昌三道行军司马的赵匡凝，遣其弟赵匡明率兵驱逐了雷彦恭。已经掌握朝廷大权的朱温，任命赵匡凝为荆襄节度使，以赵匡明为荆南留后。朱温急于代唐，赵匡凝兄弟反对，于是，朱温遣大将杨师厚攻打赵匡凝。赵匡凝战败，以轻舟投奔杨行密。公元905年九月，身为荆南节度使的赵匡明率兵投奔王建。朱温让贺瑰为荆南留后，而贺瑰应对雷彦恭等强敌的寇边，只知闭城自守。公元 906 年，朱温以颍州防御使高季兴为荆南留后。

次年，朱温篡唐称帝，任命高季兴为荆南节度使。高季兴遂招集流散兵民，网罗人才，在唐末进士梁震等人的辅佐下，积蓄力量，造船养兵，伺机割据。公元 914 年，后梁封高季兴为渤海王。后唐灭后梁以后，高季兴及时向后唐称臣，后唐于公元 924 年封高季兴为南平王，南平国号由此而来。

后唐灭前蜀以后，高季兴得到归、硖二州。公元 912 年，后梁太祖朱温被其子朱友珪弑杀，后朱友珪登基。次年二月，朱友贞率兵讨伐朱友珪，将朱友珪杀死，遂继位。朱温在世时，高季兴尚不敢放开手脚谋求独立。朱温去世，高季兴大胆索地盘，提要求，尤其在末帝期间，后梁国势日衰，高季兴在袭取襄州不成后，索性断绝了对后梁的贡赋。

公元 928 年十二月，71 岁的高季兴病逝，其子高从诲继位。此时的南平，已经与后唐决裂而向南吴称臣。高从诲认识到，与实力强大的后唐政权相邻，却转而向不相毗邻的弱国称臣，并非长久之计，也非明智之举。于是，高从诲通过楚王马殷，表示了向后唐政权谢罪的意愿，同时给后唐山南东道节度使安元信写信，请求安元信给后唐皇帝李嗣源上奏，表示南平愿意向后唐称臣纳贡。经过如此一番操作，高从诲的请求得到后唐明宗李嗣源的准许。于是，高从诲自称荆南行军司马、归州刺史，派押衙刘知谦上表请求归附后唐，并进献三千两白银赎罪。李嗣源任命高从诲为荆南节度使，兼任侍中。同时，南平主动与相邻政权吴、南唐、马楚、后蜀建立和睦相处的关系，从而解除了长久以来笼罩于南平之上的战争阴云，带来了较长时期的和平稳定局面。

高从诲之后，高保融、高保勖、高继冲在位时期，才干智识落后于时代，南平呈现衰退之势。后周及之后建立的宋朝，比之前中原王朝更加强大，高保融等无所作为，南平政治局势每况愈下。公元960年正月，赵宋政权建立。宋太祖即位之初，对南平已有吞并之心，但由于南平贡奉甚勤，便暂时搁置。公元962年十月，湖南周行逢病卒，在其子周保权继立之际，衡州张文表举兵叛乱，自称留后。周保权遣使求援于南平，并乞援于北宋。次年二月，宋太祖命慕容延钊、李处耘领军讨伐张文表。对南平志在必得的宋朝，借此援救湖南的机会，以假道之名，轻松收降南平。

南平在其40年的发展历程中，因受制于特定的政治、军事环境，一直以藩镇自居，故在其独立的小王国之内，藩镇体制占据主导地位。然而，较之唐末藩镇，南平割据性更强，自主权更大，即便是藩属中原王朝，亦称臣于吴、南唐等周边政权，主要目的只是借此作为庇护，免遭灭顶之灾。而在藩镇名义之下，南平的政治与王国出入不大。在外交方面，南平始终坚持事大政策，既尊崇中原王朝，又尊崇周边其他强大势力，同时借此左右逢源，牵制各方，使在弹丸之地的南平，不但能够自全其境，而且相续达40年。

南平的经济发展取得了较好的成就，农业手工业和人口都有较快的增长，尤其商业比较繁荣。虽然宋初因屡次作为军事基地，为宋廷平定后蜀、南汉、南唐提供经济支持，良好的经济发展势头受到影响，但总体来说，百姓生活尚有保障，经济发展也呈现上升趋势。

1. 武信王高季兴

公元 924 年三月八日，后唐庄宗李存勖封荆南节度使高季兴为南平王，使自后梁太祖朱温之后，一直谋求更大独立空间的高季兴，名正言顺地成了南平王。

高季兴本名高季昌，自称东魏司徒高敖曹的后人，父母不详。高季兴出身贫寒，自小离开父母漂泊江湖。后来流落汴州，成为汴州富商李七郎的家童。公元 883 年，朱温被任命为宣武节度使，李七郎出于自保，主动投靠，进献了大批财货，被朱温收为养子，改名朱友让。后来，朱温在朱友让的家奴中发现了高季兴，见他相貌出众，气度不凡，便命朱友让收为养子，高季兴因此改姓为朱，成为朱温的亲信牙将，并逐渐由制胜军使升迁为毅勇指挥使。

公元 901 年，唐昭宗被宦官韩全诲等人劫持到凤翔投靠李茂贞。次年朱温率兵攻打凤翔（今陕西凤翔），李茂贞坚守不出。由于日久不能破城，朱温打算退兵。后因高季兴献计，朱温打败李茂贞，李茂贞与朱温讲和，交出了唐昭宗。高季兴因功被任命为检校大司空，宋州（今河南商丘）刺史，并被唐昭宗授予迎銮毅勇功臣称号。此后，高季兴跟随朱温攻破青州

（今山东益都），被朱温改任为颍州（今安徽阜阳）防御使，并准许恢复高姓。

公元 906 年，朱温攻破襄州（今湖北襄樊），荆襄节度使赵匡凝投奔淮南，其弟荆南留后赵匡明投奔西川。朱温遂任命高季兴为荆南节度观察留后。公元 907 年朱温代唐称帝，建立后梁，任命高季兴为荆南节度使。不久，朱温下诏削武贞军节度使雷彦恭官爵，命高季兴与楚王马殷出兵讨伐。高季兴命大将倪可福与楚将秦彦晖攻打朗州（今湖南常德）。公元 908 年秦彦晖攻破朗州，雷彦恭投奔淮南。不久，朱温又加高季兴为同中书门下平章事。公元 912 年，朱温被儿子弑杀，后梁国势日益衰弱。高季兴先是出兵攻归州（今湖北秭归）、硖州（今宜昌），结果被蜀将王宗寿击败，随后以助梁击晋为名袭击襄州，又被山南东道节度使孔勍击败。从此，高季兴断绝与后梁的来往。而梁末帝当时忙于应付北方战事，无暇顾及荆南，便对高季兴采取优容政策。公元 915 年梁末帝封高季兴为渤海王，并赐衮冕剑佩，公元 917 年高季兴恢复给后梁的贡赋。

公元 923 年晋王李存勖灭亡后梁建后唐，高季昌得知后，为避李存勖祖父李国昌之讳，将名字由季昌改为季兴，并在一些文臣武将的劝说下入洛阳朝见，被李存勖任命为中书令。庄宗李存勖有意扣留高季兴，因郭崇韬进谏而放归江陵。这次进见虽然充满危险，但也让高季兴摸清了后唐庄宗刚愎自用、荒于酒色、政局不稳的底细。因此，高季兴放手在江陵修缮城池，储备粮食，招纳后梁散兵，招抚百姓，安抚士吏，恢复生产，发展商贸，稳定社会；并礼贤下士，延请高人，任命倪可福、鲍唐为将帅，梁震、王保义等为谋士，实力得到扩充。而荆南虽地狭兵弱，却是南北交通要冲、往来使节必经之地。这时，南汉、闽、楚都向中原称臣，而每年进贡必向荆南借道。已经成为南平王的高季兴，仍然经常扣留使者，劫其财物。如果各国前来讨伐，高季兴则如数奉还，毫无愧色。在中原王朝战乱不断的情况下，高季兴趁势拥兵自立，成为一方割据势力。但所占地区狭小，而且周边西有蜀、东有南唐、南有楚、北有中原王朝，强敌环绕。高季兴直面现实，向周边各国俯首称臣。对于北方中原王朝，凡登临大位者高季兴一如既往称臣纳贡，以求得到封赏。加之荆南地当要冲，各方势力于此角力，任何一方都有能力消灭荆南，但为了避免引火烧身，任何一方都不敢轻易对荆南用兵，荆南遂长期苟安于乱世之中。

公元 924 年，李存勖任高季兴兼任尚书令，进封南平王。次年李存勖任命魏王李继岌与郭崇韬率兵伐蜀。高季兴请求，率荆南兵马取夔州（今重庆奉节东）、忠州（今重庆忠县）、万州（今重庆万县）、归州、硖州等地，被任命为东南面行营都招讨使。但实际上，高季兴只有口头承诺，实际并未出兵。李继岌灭蜀后，命人押送 40 万金帛乘船顺江而下，准备运往洛阳。公元 926 年洛阳兵变，李存勖被杀。高季兴得知，便杀后梁使者，将货物全部截留。后唐明宗李嗣源即位后，高季兴索要夔州、硖州为属郡。朝廷虽然同意请求，但坚持刺史仍由朝廷委派。高季兴又表示已经派子弟前去上任，要求朝廷不要委派刺史。后唐明宗大怒，削除高季兴官爵。公元927年，李嗣源任命襄州刘训为招讨使讨伐高季兴。不久，别将西方邺攻取夔州、忠州、万州。高季兴遂断绝与后唐来往，以荆州、归州、硖州三州之地向南吴称臣，被南吴册封为秦王。

就这样，才智超群、能屈能伸的高季兴，从一个家童到创建南平王国而成为南平王，并在难以立脚的一郡之地立国传代，其智慧和策略很有启示意义。公元928年十二月十五日高季兴病故，其在位5年，终年71岁。

2. 文献王高从诲

南平武信王高季兴去世，高从诲嗣位。高从诲生于公元891年，为高季兴长子，母亲张氏。高从诲年长之后，初仕后梁，担任供奉官，后来历任殿前控鹤都头、鞍辔库副使、左军巡使、如京使、左千牛大将军、荆南牙内都指挥使、濠州刺史、归州刺史，官至检校太傅。

高季兴建立南平国之后，任命高从诲为马步军都指挥使、行军司马、忠义节度使、同平章事。自此之后，父子二人配合，将荆南小国治理得有声有色。公元928年十二月高季兴得病卧床，令高从诲暂管军府事务。高季兴去世，高从诲继任其位。

比之其父，高从诲处世更加切合实际，也更善于协调各方面关系。高季兴去世前，曾与后唐决裂，改向南吴称臣。高从诲继位后，被南吴任命为荆南节度使，兼任侍中。但高从诲认为，后唐近而南吴远，后唐强大而南吴相较弱小，弃后唐而投南吴，远非明智之举。于是，及时采取多项措施与后唐修好。高从诲知道楚王马殷与后唐王朝关系紧密，便请求马殷相助；同时，还向山南东道节度使安元信写信，表示愿意尊后唐明宗为帝，继续纳贡称臣。在马殷与安元信向明宗上奏之时，高从诲借机派手下押衙刘知谦奉表求见明宗李嗣源，并奉三千两银赎罪。李嗣源答应高从诲请求，于公元 929 年七月十七日，任命高从诲为荆南节度使，兼任侍中。次年三月，高从诲遣使入南吴，表明高氏祖茔在北方，奉后唐为不得已。吴国派兵进攻南平，终因无果而回。公元 932 年，后唐封高从诲为渤海王，加封检校太尉；公元 934 年，后唐封高从诲为南平王、检校太师。

高从诲性情通达，亲近大臣，礼敬贤士，委梁震辅佐，以梁震为兄长。高从诲曾流露羡慕楚王马希范的奢靡排场，孙光宪在旁提示马希范是在玩火，高从诲当下醒悟，并感谢孙光宪的及时提醒。从此，高从诲舍弃珍奇稀罕之物，以阅经读史为乐事，政治上省刑简罚，薄赋轻税，南平辖境得以安定。之后，谋臣梁震请求告老致仕，高从诲挽留不住，便在土洲为梁震建筑庭院，任梁震身披鹤氅，专心做荆台隐士。高从诲时常前去探望，一年四季赏赐不断。

梁震致仕，高从诲委政务于孙光宪。孙光宪本为蜀人，当年前蜀被灭，30 岁的落魄旧吏孙光宪独自来到江陵避祸。孙光宪有很高的文学造诣，不久被梁震赏识，梁震向高季兴推荐了孙光宪。心系文坛的孙光宪，一部记载唐武宗迄五代十国史事、包含诸多文人、士大夫言行与政治史实的笔记小说集《北梦琐言》，为研究晚唐五代史提供了可贵材料，《太平广记》《旧五代史》《资治通鉴》都成百条地引用。接替梁震辅政的孙光宪，以儒家民本理念辅佐高从诲，高从诲也给予孙光宪极大的信任，前后任孙光宪为荆南节度副使、朝议郎、检校秘书少监、御史中丞等官职。

公元936年，高从诲遣使送信，劝吴国权臣徐知诰登基称帝。后来，后唐被后晋所灭，石敬瑭夺位之后，高从诲在第一时间送上祝福，给石敬瑭撑足了面子。作为还礼，石敬瑭赏给高从诲一百多匹战马，加任高从诲为守中书令。公元941年，山南东道节度使安从进造反，朝廷派兵攻讨，高从诲赠军粮协助后晋军，朝廷诏令嘉奖，加封高从诲守尚书令。公元946年十二月，石敬瑭侄石重贵被契丹耶律德光所灭，高从诲卖力讨好耶律德光，耶律德光又赏给高从诲一百多匹战马作为回馈。

高从诲也派使者到河东，劝刘知远登基称帝，暗中请刘知远平定黄河、汴州一带后，将郢州（今湖北武汉）划给南平，刘知远没有明确答复。后刘知远进入汴京，高从诲又送上贡礼，请求划给郢州，刘知远未予答应。同年，高从诲趁杜重威背叛，出动水军几千人袭击襄州，被山东南道节度使安审琦击退；又侵犯郢州，被郢州刺史尹实打败，于是断绝与后汉的关系，依附于南唐和后蜀。不久，因断交之后北方商贾不至而加剧了境内的贫乏，又遣使谢罪，请求和好。

南平地域狭窄，兵力薄弱，但因地处交通要道，每年各地向中原政权进贡使者和物品都要经过南平。高从诲与其父高季兴一样，能截留则毫不手软，若对方只加谴责，则留物还人；对方加以刀兵讨伐，不得已时人财一并送还，诸国称其为高赖子。高从诲因地小国穷，只图实有，不图虚名。

公元 948 年十月，高从诲卧病在床，任命其子节度副使高保融兼领内外兵事务。同年十月二十八日高从诲去世，其在位 21 年，终年 58 岁。

3. 贞懿王高宝融

高从诲去世后，高宝融继位。高宝融为南平文献王高从诲第三子，生于公元 920 年，母亲不详。

高保融初任太子舍人、检校司空、节度副使、硖州刺史等职。公元 948 年十月，高从诲病重，任命高保融兼领内外兵事务。高从诲去世后，高保融继位。同年十二月初三日，后汉朝廷任命高保融为荆南节度使、同平章事；后历封检校太尉、同平章事、江陵尹等。次年，后汉加任高保融为检校太师，兼任侍中。

公元 951 年，后周代汉，郭威称帝。高宝融遂遣使前往汴京，纳贡称臣。后周加高保融兼任尚书令，封渤海郡王。后周世宗柴荣即位之后，于公元 954 年进封高保融为南平王，后又加任为守中书令。这一时间，后周日渐强盛，以事大为国策的高保融，一心一意侍奉后周，年年上表纳贡。宽厚中和的柴荣也以礼以财相待，而且每年拨给南平食盐一万石，着实让周边政权羡慕不已。公元958年正月，柴荣率军攻打南唐，高保融派遣指挥使魏璘率领一百艘战船、三千士兵从夏口出发，顺长江东下，协助后周攻打南唐，直抵鄂州，大败南唐军队。于是，高保融派遣客将刘扶带书信前往南唐，劝南唐国主李璟向后周称臣。柴荣得到高保融给南唐的书信后非常高兴，于三月二十二日诏令南平军队返回本国，并赐给高保融大量绢帛。

高保融性情缓慢，才智能力不及其弟高保勖，遇事多听高保勖意见。公元960年，宋太祖赵匡胤建立北宋后，高保融感到压力巨大，因此一年之中三次向北宋进贡。同年八月二十七日，高保融因病去世，其在位13年，终年41岁。

4. 贞安王高保勖

公元960年八月，高保融病逝，由于其子高继冲年幼，因此遗命同母弟高保勖继位。高保勖为高从诲第十子，生于公元924年，母亲不详。

公元936年，高保勖担任汉州刺史。公元948年高从诲病逝，高保勖兄高保融继位，加任高保勖为检校太傅，充任荆南节度副使。公元954年，高保融奏请后周朝廷，加任高保勖为检校太尉，充任行军司马，兼任宁江军节度使。高保勖继位后，遣弟高保寅奏报北宋朝廷，并向北宋进贡，被宋太祖赵匡胤任命为荆南节度使。

高保勖少时多病，体态瘦弱，但有一定的治世之才，曾协助高保融处理过许多政事。然而高保勖继位之后，却贪图享乐，荒淫无度，广选秀女，纳入宫室；召江陵妓女至官府，令身体强壮的侍卫与妓女嬉戏，高保勖拥妻妾于帘后观赏。高保勖大兴土木，建造楼榭亭台，花费无数人力物力，致使百姓怨声载道。老臣孙光宪屡次进谏，高保勖不予理睬，依旧纵情声色、大兴土木。

公元962年十一月，贪欲过度的高保勖一病不起。知道自己大限将至，便召衙内都指挥使梁延嗣等询问身后之事。梁延嗣进言，应该立高保融之子高继冲为接班人，高保勖即以高继冲判内外兵马。同年十二月十九日高保勖病逝，其在位3年，时年39岁。

5. 德仁王高继冲

高保勖去世后，侄高继冲继位。高继冲为贞懿王高保融长子，生于公元943年，母亲不详。

高继冲继位后，北宋任其为节度使。同年，湖南武平节度使周行逢去世，其年仅11岁的周保权嗣位。这时，湖南境内大将张文表叛变，周保权向宋朝求援。公元963年正月，赵匡胤派遣山南东道节度使慕容延钊为湖南道行营都部署，枢密副使李处耘为都监，出兵湖南。

在此之前，赵匡胤曾派内酒坊副使卢怀忠出使南平，以观察南平虚实。卢怀忠摸清南平甲兵不过三万，高继冲年少，谋略不深，朝中老臣，为识时务之人，可以先行平定江陵。于是，慕容延钊以借道为名，要求路过江陵。高继冲不知道慕容延钊的真实目的，没有答应，只愿意提供部分粮草。老臣孙光宪看穿赵匡胤的意图，便恳劝高继冲趁早纳降，一则可保江陵百姓安宁，二则可保王族日后不失富贵。

然而，真要成为亡国之君，高继冲矛盾重重。但迫于情况紧急，又无力抗衡宋军，高继冲便派叔父高保寅和梁延嗣携牛酒前去宋营犒军。慕容延钊承诺只借道江陵，别无他意。梁延嗣回宫复命，高继冲这才放心。慕容延钊设酒款待高保寅，将高保寅灌醉，然后密遣骑兵抄近路直奔江陵。

公元963年二月，高继冲出城迎接借道的宋军，正好遇见李处耘。李处耘见机行事，谓军情紧急，请高继冲再等一等慕容延钊，自己先过江陵去湖南，高继冲信以为真。好不容易等来慕容延钊，慕容延钊也估计李处耘已经进入江陵，便伴高继冲有说有笑走向江陵。不久，高继冲远远看见江陵城头飘扬着宋朝旗帜，知道早已中计，却也不敢多言。

在入城之前，李处耘严令军队扰民者斩首。因此，江陵城在被宋军接管之后，仍是一派平和景象。高继冲回到江陵后，见宋军占据城中各个要冲之地，兵马布列街巷，百姓生活如旧，茫然中只有无可奈何。于是，在南平王位只有两个多月的高继冲，献出南平印绶户籍，以荆南三州十七县之地献与北宋。自此，南平政权成为历史。

南平降表到达汴京，赵匡胤仍任命高继冲为荆南节度使，并派枢密承旨王仁赡赴荆南巡检。这年末，高继冲自请举族归朝，遂被赵匡胤改命为武宁节度使，镇守彭门（今江苏徐州）。在武宁节度使任上，高继冲委政事于臣僚，也有一定德政。公元 973 年十二月十一日高继冲病逝，终年 31 岁。

八、后　蜀

（934 年—965 年）

公元 934 年正月，后唐东、西川节度使、蜀王孟知祥自称大蜀皇帝，史称后蜀，孟知祥为后蜀高祖。后蜀统治区域相当于今四川、重庆大部、甘肃东南部、陕西南部、湖北西部。后蜀传 2 主，历 32 年，都成都（今四川成都），公元 965 年正月亡于北宋。

孟知祥为邢州龙冈县（今河北邢台）人，父亲孟道为邢州将校。而这时孟家比较显赫的人物，为孟知祥伯父孟方立。孟方立当时为昭义军节度使，控制邢、洛、磁三州。公元 889 年五月，李克用曾大举进攻邢洛二州。因为孟方立为人悭吝，惜钱财而不太惜兵将，手下不愿为其卖命。当李克用大兵压境时，孟方立部属溃散逃逸，孟方立见大势已去，便服毒自尽。而接掌兵权的孟方立弟孟迁，根本不是李克用的对手，很快便投降了事。之后，邢州孟氏举家迁往太原，时年 16 岁的孟知祥也在随迁之列。

孟知祥年轻时就聪明好学，性格温厚善良，深受人们喜欢。李克用弟李克让看准孟知祥的优点，就将自己的女儿嫁给他。如此一来，孟知祥便成为晋王李克用的侄女婿。后来，孟知祥父子一直为李克用效力。朱温率军攻打太原时，孟知祥守城有方，得到李克用的赏识，被晋升为晋阳卫指挥使。从此以后，孟知祥官运亨通，一直升迁至亲卫军使。

公元 908 年正月，晋王李克用去世，李存勖嗣位。这时的孟知祥，已经升任为兰州令。当年三月，李存勖又任孟知祥为中门使，成为李存勖的亲信，经常参与晋王决策层面的工作。就在这时，孟知祥极力向李存勖推荐了山西人郭崇韬，一方面为培植自己势力，另一方面为接替自己不愿继续担任的中门使一职。李存勖相信孟知祥，并在孟知祥、郭崇韬等能臣的辅佐下，安抚境内，整饬军纪，大大提升了自己的军事力量和政治影响力。

此前，多任中门使都无辜被杀。孟知祥对伴君如伴虎有着清醒的认识，认为在中门使这个位置上，一旦出现差错，或有小人背后谗言，后果不堪设想。于是，孟知祥假装生病，向李存勖请辞，并在夫人长公主的再三请求下，如愿辞去这一职务。李存勖以郭崇韬为中门使，任命孟知祥为河东马步军都虞候。公元 923 年四月，晋王李存勖在魏州称帝，改崇政院为枢密院，任郭崇韬为枢密使，孟知祥为太原尹，留守北京。这年十月，郭崇韬和孟知祥协助李存勖攻下开封，灭掉后梁，将地盘扩大到整个黄河流域。

地盘迅速扩大的李存勖，勃勃雄心也被进一步激起，而且想一举消灭当时天下所有的割据势力，一统天下。枢密使郭崇韬等上书建议，将第一个统一的目标对准前蜀王衍。李存勖综合判断，便命令太子、魏王李继岌为西川四面行营都统，郭崇韬为东北面行营都招讨制置使，率领大军攻击前蜀。李存勖考虑儿子李继岌年轻且无军事经验，决定将军中大权全部交给郭崇韬处置。郭崇韬知道，自己能如此受到李存勖的重用，与孟知祥的举荐和关心分不开。于是投桃报李，临行前特意向李存勖建议，攻占蜀地以后，由孟知祥守卫蜀国。李存勖和孟知祥既是亲戚又是好友，自然愿意让孟知祥出任这个肥缺。于是，一口答应了郭崇韬，而且还拿出内府珍奇诸物，为即将入蜀的孟知祥举办了欢送宴会。宴会中间，李存勖酒酣之后，对堂姊夫孟知祥表露真情，说因为孟知祥亲贤，故将富有的蜀土托付给孟知祥。

前蜀政治腐败，皇帝王衍荒淫无比。后唐大兵压境，王衍还在嬉戏作乐，后唐军队仅用七十天就灭亡了前蜀。而灭蜀首席功臣郭崇韬，却受到魏王李继岌身边李从袭、马彦珪等亲信的联合诬陷，又得到善于干预朝政的李存勖皇后刘氏的暗中指使，当然，也有李存勖的默许，被冤枉处死。公元 926 年正月，52 岁的孟知祥赶到成都，成都一片混乱。孟知祥慰抚吏民，物赐将卒，很快稳定了局势。

孟知祥查阅成都府库，得铠甲二十万，便很快置左右牙等兵十六营，驻扎牙城内外；置左右牢城四营，分戍成都境内；置左右冲山等六营，驻于罗城内外；置义宁等二十营，分戍管内州县；又置左右飞棹营，分成滨江诸州，加上当初郭崇韬以蜀骑所置左右骁卫等二十六营，兵力大增。孟知祥于是加紧训练军队，并随着军队人数的增加和战斗力的提高，称王于蜀的打算开始滋滋生长。

后来，唐庄宗李存勖在兵变中被杀，李嗣源即位，以亲信安重诲为枢密使。李嗣源不放心西川节度使孟知祥和东川节度使董璋，遂有了进兵讨伐的计划。后唐枢密使安重诲更是认为，孟知祥和董璋手握重兵，尤其是身为李克用亲戚的孟知祥，迟早会成为后唐的巨大威胁，必须尽早清除。而这时在四川的孟知祥也心知肚明，李嗣源的大军迟早会讨伐两川。于是积极备战，借助蜀地得天独厚的条件，打造属于自己的独立王国。就在后唐与两川较劲的关键时刻，后唐客省使李严向李嗣源毛遂自荐，要前往西川担任监军，并明言自己有能力制服孟知祥。

这位李严，李存勖在位时曾因倨傲无礼，差一点被处决。当时任中门使的孟知祥恳切求情，李存勖才勉强饶其不死。前蜀王衍在位时，李存勖曾派李严出使蜀国，李严在蜀期间，精心收集王衍军中的情报，返回后唐报告给李存勖，进一步坚定了李存勖派兵攻占蜀国的决心。因为有前次出使蜀地的经验，这回李严更加自信满满，表示能够为朝廷立功。公元 927 年正月，后唐任李严为监军前往蜀地。孟知祥极为讨厌李严的傲慢和不识时务，但当李严来到成都以后，孟知祥表现得极为友善，并予以热情接待。李严也不识时务，突然有一天在酒席间拿出诏书，要求孟知祥诛杀军中亲信。孟知祥知道，收拾李严的时机成熟，于是一声令下，瞬间李严人头落地。朝廷选派的西川监军就这样被杀，消息传回后唐，明帝李嗣源为稳住孟知祥，并未立刻予以追究。

就个人交往来说，孟知祥与李嗣源有着更亲更久的渊源。李嗣源为晋王李克用养子，孟知祥为李克用侄女婿。之前，李嗣源和孟知祥都在李克用身边任职，当时孟知祥为中门使，李嗣源担任蕃马步军副总管、同平章事，俩人关系融洽，而且孟知祥为李嗣源的上级，曾经对李嗣源照顾有加。如今，李嗣源为一国之主，而孟知祥则是割据西川的地方势力，双方一直没有撕破脸面，尽力保持着之前的友好关系。此时，李嗣源仍不想和孟知祥翻脸，便采取十分人道的怀柔政策。李存勖派孟知祥入蜀时，将孟知祥的妻儿作为人质留在洛阳。这一次，李嗣源特意派遣客省使李仁矩，将孟知祥在洛阳的夫人琼华长公主及了孟昶送往成都。孟知祥很是感激，表示愿意臣服并忠于李嗣源。然而，这时在后唐朝廷专权的枢密使安重诲，总认为割据两川的孟知祥和董璋是威胁后唐政权的最大隐患，并且制订了相关的剿灭计划，暗中布置军队，任用夏鲁奇为武信节度使（镇遂州方义，今四川遂宁）、李仁矩为阆州（治阆中，今四川阆中）节度使、武虔裕为绵州（今四川绵阳东北）刺史，密令积极训练士兵，制造武器，随时准备进攻两川。有着独霸两川想法的孟知祥和董璋知道此事以后，放下几乎明朗的你争我夺，适时联成儿女亲家，为抗击后唐军队结成了同盟。

接着，明宗李嗣源派天雄节度使石敬瑭为东川行营都招讨使、夏鲁奇为副使，立即率领大军进行讨伐，并且派遣右武威上将军王思同为西部留守兼行营马步都虞候，作为伐蜀的先锋。后唐军队来势汹汹，但终因道路险阻、孟知祥和董璋抵抗得力而接连受挫，无功而退。在中原王朝的威胁消除以后，孟知祥和原来的同盟者董璋发生了激烈冲突。经过一系列殊死战斗，孟知祥消灭了董璋的军队，占据了东川。公元 932 年，后唐明宗李嗣源授孟知祥为剑南东西川节度使、成都尹，封蜀王。公元 933 年十一月李嗣源病逝，次年正月孟知祥遂在成都称帝，建立后蜀，以赵季良为司空兼门下侍郎、同平章事，以王处回为枢密使。为别于前朝王建所建蜀国，史称孟知祥所建蜀国为后蜀。

61 岁的孟知祥曾得风疾，不久病情增剧。公元 934 年六月，孟知祥立三子孟昶为太子。七月，在位半年多的孟知祥去世，其子孟昶继位。孟昶年少亲政，多为孟知祥故人的将相大臣骄横不法，抢官要官，夺人田宅，穷奢极欲，视孟昶如无物，大将李仁罕直接提出要主管六军。李仁罕不但派人到枢密院提要求，还要亲临学士院，眼盯着按照自己的要求起草诏书。难得的是，16 岁的孟昶居然能够做到不动声色，先任命李仁罕为中书令、判六军事，然后等李仁罕进宫朝见，令武士捉住，当场处死。

另一员大将李肇，到成都朝见新君，一路上拖拖拉拉，与亲戚宴会不绝，来到成都又假装脚病，挂着拐杖，见了孟昶不肯跪拜。等到李仁罕被孟昶处死，李肇吓得魂不附体，顿时丢掉拐杖，健步上殿跪拜新皇帝。李仁罕外甥张业执掌禁兵，孟昶担心张业反叛，千方百计加以笼络，甚至用为宰相，又兼判度支（财政）。张业于家中私设牢狱，非常跋扈。孟昶于公元948年，以收拾李仁罕的老办法除掉了张业。孟昶还在朝堂设匦，鼓励臣下论说国事；亲笔撰述官戒，发给地方官员，晓谕不要过分剥削百姓。

由此看来，孟昶应该是一位颇有才识的君主，可惜其认识和实践往往相互背离。孟昶以骄奢淫佚为戒，却有众多骄奢淫佚的具体行动；铲除了不可靠的旧人，扶植了一批腐朽的新贵。后蜀开国功臣赵廷隐，家中金帛如山，不断兴筑亭台楼阁，每天征用几千劳动力；孟昶的亲信大臣王昭远，13岁就成为孟昶侍从小使，后来做通奏使、知枢密事，执掌军国大事。在孟昶心目中，王昭远是绝对可靠之人，府库财帛听任王昭远随意支取。随着权力和财富的膨胀，王昭远便自命为强干诸葛亮的能臣，自夸谋取中原易如反掌，进而遣使下书后汉，联络刘知远共谋伐宋。然而，联络书信却落在赵匡胤手中，结果委以赵匡胤口实，招来宋军提前伐蜀。孟昶自己建筑新宫，挑选民间美女充实后宫，一时蜀人恐慌，急忙求人做媒嫁女；孟昶生活起居极为豪侈，所用溺器尽用七宝做装饰。

孟知祥与其手下的大臣将相，都来自后唐官僚，其中部分甚至从后梁降于后唐，转而入蜀。这批官僚进入统治集团，很少有卓越的见识和创新的魄力，也不可能创建一个有新气象的政权，而不思进取，安于现状，骄奢淫佚，就是他们共有的根性。后晋末年，契丹攻入汴梁，四处烧杀抢掠，引起了中原人民的反抗，中原陷入一片混乱。此时南唐由于在伐闽战争中实力受到极大削弱，无力北伐。而众多割据势力中，多年稳定的后蜀国力已经强盛，却丝毫没有夺取中原的雄心。就连多次送上门来的扩张机会，也坐等良机丧失。公元947年十月，原后晋晋昌节度使赵匡赞向后蜀请降，并请求出兵接应。没有进图关中思想准备的后蜀，也无法掂量这一事件的轻重。两个月后，形势已经发生了很大的变化，后蜀这才派兵去接应远在长安方向的赵匡赞。而这时，已经建立后汉王朝的刘知远，岂能允许关中地区落入他人之手。在后汉军队的打击下，后蜀军队败退大散关，损兵折将而未获取尺寸土地。此后，后汉镇守关中的大将李守贞、赵思绾相继叛乱，并请求归降后蜀，再次由于后蜀君臣的畏缩不前，丧失战机。最终，富有而繁华的后蜀仍旧龟缩于两川之地，只待有志的强者前来结束生命。公元965年，北宋大将王全斌率大军攻打后蜀，很快兵临城下，孟昶率众投降。宋军从出兵到灭亡后蜀，前后不过六十六天，比前蜀还少用四五天，可见后蜀是如何的不堪一击。

单就割据蜀地来说，后蜀在政治方面尚能过得去。孟知祥初到成都，蜀中农民正因苦于前蜀暴政而群起反抗。孟知祥一面派兵镇压，一面选用比较廉明的人员做地方官，免除苛捐杂税，招集流散人口，使社会逐渐稳定下来。孟知祥任用武漳等人，在褒中兴建水利工程，灌溉田地数千顷。经过一番经营，后蜀逐渐稳定。就这样，后蜀安于一隅，独立割据断绝了向中原王朝的进贡，天赋之地丰厚的物产全留蜀地，蜀中斗米只卖三文钱，百姓没有繁重的赋役，国库所储粮食金帛丰富；成都城上遍种芙蓉，花开九月一片锦绣；由于蜀中久安，宗室贵戚，达官子弟宴乐成风。每年春季，成都浣花溪一带歌乐喧天，楼阁亭台，华轩彩舫，祥和安怡。而这时的中原正值后汉末年，百姓处在水深火热之中。

五代十国时期，中原战乱频仍，大批文人流寓蜀中，为儒经的学习和传播提供了支持。唐僖宗奔蜀以后，御史刘再思子刘孟温留在成都传授儒学；刘孟温长子刘玙补后蜀石室教授，父子以传授儒学为业；刘保治《尚书》《左氏》尤精，在蜀中传授私家弟子的同时，还为后蜀诸王讲读；名士李谌饱读经书，设馆聚徒，讲授《诗》《书》《易》《礼》《春秋》四十余年。在北方流寓蜀中的文人中，贡献最大者当推毋昭裔。河中龙门（今山西河津）人毋昭裔，早年追随孟知祥入蜀，在后蜀先后担任御史中丞、中书侍郎、同平章事。毋昭裔博学而有才名，出私财百万为蜀营学馆，促学校教育；从公元944年开刻石经，历时8年，刻成《孝经》《论语》《周易》《毛诗》《尚书》《仪礼》《礼记》《周礼》《春秋左氏传》九经；另有《尔雅》及《孝经》《论语》《左传》序言，共计117万字，所用碑石达一千多块，成为中国文化史上一大壮举，也为之后儒学十三经的定型和公认打下了基础。

巴蜀是词发达得最早最快的地区，以文人词名重一时。北方入蜀者以韦庄、牛峤、毛文锡、李珣、牛希济等有名气，本土则由欧阳炯、魏承班、尹鹗、毛熙震、鹿虔扆等领衔。公元940年，蜀人赵崇祚编了一部《花间集》，收十八家词五百首。这十八家除温庭筠、皇甫松两位前辈及中原和凝、荆南孙光宪外，都是蜀人。这部《花间集》在中国文学史上有很重要的地位。它不仅使蜀中作者的词作得以流传，而且推动一个花间词派的形成，对后世诗词创作影响深远而巨大。

1. 高祖孟知祥

公元934年闰正月二十七日，孟知祥称帝于成都，国号蜀，年号明德，史称后蜀，自称大蜀皇帝的孟知祥，为后蜀高祖。孟知祥为邢州龙冈（今河北邢台西南）人，生于公元874年，父亲孟道，母亲李氏。

孟知祥年轻时，随父亲孟道事晋王李克用，凭着优秀的表现，渐得李克用赏识。李克用任命孟知祥为左教练使，并将侄女琼华长公主嫁给孟知祥。李克用去世后，李存勖袭晋王位，对孟知祥也很器重，提拔孟知祥为中门使，典章枢密。后孟知祥辞去中门使，并举荐了郭崇韬，郭崇韬得到了李存勖的信任，于是，李存勖改任孟知祥为马步军都虞候。李存勖称帝后，改太原府为北京，任孟知祥为太原尹、北京留守。公元925年，李存勖任命郭崇韬为招讨使，随同魏王李继岌一同征讨前蜀。郭崇韬临行前，向李存勖推荐孟知祥作为平蜀后镇守西川的最佳人选。不久，前蜀灭亡，李存勖任命孟知祥为成都尹、剑南西川节度使。

公元926年初，孟知祥抵达成都时，郭崇韬已经被冤杀。蜀中人心浮动，局势动荡。孟知祥于是安定众将，又派兵到各地平定盗贼，稳定地方治安，又任用勤政廉洁的官吏，减免苛捐杂税，安抚民心。不久，康延寿领兵反叛，占领并割据汉州（今四川广汉），孟知祥派兵击溃俘杀康延孝，收降其部将李肇、侯弘实等人，同时收降了康延寿的几千士卒，扩充了自己的实力。同年四月，唐庄宗李存勖在兴教门之变中被杀，李继岌在渭南遇害，李克用养子李嗣源被拥立为帝，是为后唐明宗。孟知祥见中原动荡，遂萌生据蜀称王的念头，表面上对明宗李嗣源十分恭敬，保持着君臣之礼，暗地里招兵买马，扩充军备，训练兵甲，增设义胜、定远、骁锐、义宁、飞棹等军，兵力很快增加到7万多人，由李仁罕、赵廷隐、张业等亲信统率。

公元926年六月，孟知祥加拜侍中。后唐宰相任圜遂遣盐铁判官、太仆卿赵季良为三川制置使，制置两川赋税。赵季良本来为孟知祥故旧，于是，孟知祥便留赵季良在西川，从此成为后蜀佐命功臣。

后唐明宗亲信枢密使安重诲，以孟知祥据西川、董璋据东川，皆据有险要富庶之地，拥有强大兵卒，时间久一定难以控制，不顾唐明宗已罢诸道监军的做法，任命客省使李严为西川监军，意欲加强对西川的控制。李严此前曾出使前蜀，回朝后又献灭蜀之策，深为蜀地百姓痛恨。公元927年正月，李严抵达成都，孟知祥设宴招待。席间，李严出示诏书，要求孟知祥诛杀仍留在蜀地的前任监军焦彦宾。孟知祥不听，命客将王彦铢拿下李严，随即将其斩杀。后唐明宗得知，也无法追究此事，还派客省使李仁矩将孟知祥被扣留的家属送到成都，以示恩德。四月，孟知祥奏请朝廷，以赵季良为西川节度副使，参与政务决断。同年十二月，孟知祥发民丁二十万，大修成都城。

公元928年，后唐明宗李嗣源改任赵季良为果州（今四川南充）团练使，并以何瓒接任西川节度副使。孟知祥隐匿制书，上表要求让赵季良留任。请示被驳回后，孟知祥又派部将雷廷鲁前往洛阳再三论请，李嗣源最终答应。后来，李嗣源命孟知祥出兵三峡，配合官军讨伐荆南节度使高季兴。孟知祥遂命部将毛重威率三千兵马屯戍夔州（今重庆奉节）。不久，高季兴病逝，其子高从诲向后唐称臣。孟知祥要求撤回夔州守军，未获批准。孟知祥便指使毛重威鼓动士兵哗变，以自行溃散的方式将军队招回到西川。

此前，安重诲怀疑孟知祥有反叛之心，命亲信将领分守两川治下各州。公元929年，安重诲以夏鲁奇为武信军节度使、李仁矩为保宁军节度使、武虔裕为绵州刺史。武虔裕是安重诲的表兄，而李仁矩素与东川节度使董璋不睦。孟知祥与董璋认为朝廷如此布排，就是要讨伐两川。董璋急忙遣使向孟知祥求婚，希望与孟知祥结成同盟。孟知祥听取赵季良意见，与董璋联姻结盟，以谋共同对抗朝廷。

　　为防止后唐军与守卫在阆州（今四川阆中）、遂州（今四川遂宁）的驻军联合起来突然袭击，孟知祥决定先发制人，在后唐军队到达阆州和遂州之前，先消灭这两地的后唐驻军。孟知祥与董璋商议，决定董璋攻取阆州，而自己派大将李仁罕、赵廷隐攻取遂州，然后合军守剑门（今四川剑阁东北）。剑门关为军事天险，易守难攻，又是入川门户，占领剑门关至为重要。公元930年九月，董璋率先出兵，大败后唐阆州守将李仁矩，并杀死李仁矩全家。消息传到洛阳，李嗣源大怒，以牙还牙杀了董璋在洛阳的全家老小。随后，李嗣源派天雄节度使石敬瑭为东川行营都招讨使、夏鲁奇为副使，立即率领大军进行讨伐，并且派遣右武威上将军王思同为西部留守兼行营马步都虞候，作为伐蜀先锋。同时，为瓦解孟、董联盟，后唐任孟知祥为西南面供馈使，令其负责大军粮草供应。

　　孟知祥无视后唐朝廷所授官职，继续派遣大将李仁罕、赵廷隐为行营都部署，率兵三万攻遂州（今四川遂宁），派张武率领水军攻打信州（今四川奉节一带）。东川董璋连续攻克合（今四川合州一带）、巴（今四川巴中一带）、蓬（今四川仪陇一带）、果（今四川南充一带）等州。同年十一月，张武攻下渝州（今重庆）之后，又攻克泸州（今四川泸州），紧接着，张武又派先锋部队攻黔州（今四川彭水）、涪州（今四川涪陵）。

　　同年十一月，董璋因剑门失守，遣使向西川求救。孟知祥急派赵廷隐分兵援救。十二月，石敬瑭在剑门与赵廷隐交战，大败而回。不久，张武、袁彦超相继夺取渝州、黔州。公元931年正月，李仁罕攻破遂州，夏鲁奇自杀。孟知祥任李仁罕为武信军留后，石敬瑭撤军而回，利州刺史李彦珂、夔州刺史安崇阮皆弃城而逃。而当时后唐军后勤供给难以为继，后唐明宗为此责问安重海。不久，又以离间孟知祥、董璋等人的罪名，将安重海诛杀。李嗣源将西川进奉官苏愿、进奉军将杜绍本遣回西川招抚孟知祥，称其留在洛阳的家属皆安然无恙。

孟知祥得知家属安好，而安重海已经被杀，便邀董璋一起向朝廷谢罪。董璋却坚决不同意，孟知祥三次遣使劝说，都被拒绝。公元932年四月，董璋抢先对孟知祥动兵，攻破汉州。孟知祥留赵季良镇守成都，亲自带领八千亲兵到达弥牟镇。不久，董璋率军赶到弥牟镇，两军展开激烈战斗，双方损兵折将，损失惨重。后董璋偏将张守进投降西川军，孟知祥趁机大败董璋，董璋带几个骑兵逃回东川，剩余士兵全部投降。孟知祥率军全力追赶董璋，到达五侯津，东川马步都指挥使元环投降。董璋与子董光嗣一同继续逃奔，孟知祥命赵廷隐追击。董璋逃到梓州（今四川三台），在兵变中被杀，董光嗣也自缢而死。孟知祥吞并东川，遂占据两川之地。

李嗣源知道孟知祥占据两川后，派孟知祥外甥、供奉官李存瑰前去安抚。同年九月，李存瑰返回洛阳，奉上孟知祥的表文。在表文中，孟知祥奏请李嗣源授赵季良、李仁罕、赵廷隐、张业、李肇五位节度留后为节度使，并请赐给刺史以下官职的封授权与蜀王的爵位，同时将福庆长公主已经病逝的消息报告朝廷。后唐明宗李嗣源为福庆长公主发丧，孟知祥命将领朱浤前去朝见李嗣源。公元933年二月，李嗣源任命孟知祥为检校太尉兼中书令，行成都尹、剑南东西两川节度使、管内观察处置、统押近界诸蛮，兼西山八国云南安抚制置等使，并以工部尚书卢文纪为使，册拜孟知祥为蜀王；赵季良等五人也被拜为节度使，孟知祥与后唐朝廷表面安好。

同年十一月，后唐明宗李嗣源驾崩，孟知祥与李嗣源的个人情分已尽。不久，潞王李从珂与皇帝李从厚争位，后唐内乱。孟知祥便以中原再次纷乱为机会，于公元934年闰正月建蜀称帝，任儿子孟仁赞（孟昶）为摄行军司马，兼都总辖两川牙内马步军都军事；任命赵季良为司空兼门下侍郎、同平章事，王处回为枢密使，李仁罕为卫圣诸军马步军指挥使，赵廷隐为左匡圣步军都指挥使，张业为右匡圣步军都指挥使，张公铎为捧圣控鹤都指挥使，侯弘实为奉銮肃卫指挥副使，母昭裔为御史中丞，李昊、徐光溥为翰林学士。公元934年四月，中原战乱，山南西道节度使（镇南郑，今陕西汉中）张虔钊、武定节度使（镇洋州西乡，今陕西西乡）孙汉韶举两镇之地，降于孟知祥，大散关以南之地，相继归蜀。

公元934年六月，张虔钊、孙汉韶抵达成都，孟知祥设宴招待。席间，孟知祥突发风疾。于是，立儿子孟昶为皇太子，命其监国。次月二十一日，在皇帝位仅七个月的孟知祥病逝，终年61岁。

2. 后主孟昶

后蜀高祖孟知祥去世，太子孟昶于公元 934 年七月二十九日即位。孟昶为孟知祥第三子，公元 919 年十一月十四日出生于太原，母亲李氏。后蜀建立后，孟昶出任东川节度使、同平章事，不久被册立为皇太子。

孟昶登上帝位，首要任务为巩固皇权。而当时对皇权的主要威胁，来自孟知祥时期的功臣宿将大将军李仁罕、御林军首领张业和藩镇节度使李肇。这三人之中，最为跋扈者即李仁罕。李仁罕唐末效力于宣武军，历仕后梁、后唐两朝，在后唐灭前蜀大战中，随军进入西川，隶西川节度使孟知祥麾下，为诸军马步军都指挥使，参与讨平叛将康延孝。在后唐攻两川之战中，李仁罕随孟知祥起兵反唐，夺取遂州武信军、夔州宁江军两处军镇，被任命为武信军留后，后授武信军节度使，加检校太傅。孟昶即位，李仁罕恃功跋扈，强逼孟昶任其为判六军诸卫事，并进位中书令。孟昶审时度势，暂时答应了李仁罕的要求。随即，有政敌告发李仁罕有反叛之心，孟昶便在李仁罕入朝时，下令武士将其捕杀。

解决了李仁罕之后，孟昶着手解决昭武节度使李肇。李肇从孟知祥入蜀，累官至右厢马步军都指挥使、金紫光禄大夫、检校司空，守简州刺史、上柱国。公元 930 年充先锋都指挥使，率兵 3 万攻遂州（今四川遂宁）有功，拜宁江军节度使。孟知祥称帝，充右匡圣步军都指挥使，领宁江军如故。后主孟昶嗣位，累官至左仆射，兼中书侍郎、同平章事，复加司空兼判度支。李肇依仗自己为开国功臣，在进京朝见的路上，竟然在汉州与亲戚欢宴十多天；来到成都后，李肇谎称脚病，倚老卖老拄着拐杖上朝，见孟昶也不跪拜。然而，在孟昶宣布李仁罕罪状时，李肇上殿健步如飞朝拜孟昶。孟昶罢免李肇军职，贬谪邛州（今四川邛崃），永不起用。

公元946年，赵季良去世，张业更加专权。张业为李仁罕外甥，处置李仁罕时，张业正执掌禁军，孟昶担心其反叛，便任其为丞相，兼任度支，将朝廷重权都给了张业。从此，张业在家中设监狱，以酷刑横征暴敛。公元948年，孟昶与匡圣指挥使安思谦设计，将张业逮捕处死。随后，专权贪纵的王处回，穷极奢侈的赵廷隐相继罢相，后蜀骄横故将旧臣基本得以清除。

孟昶真正开始治国理政，发展农桑纺织事业，刻石经，兴学校，蜀地经济文化得到发展，在五代十国中处于领先地位。孟昶亲自撰写《官箴》，颁发全国作为官员行为准则。《官箴》的核心内容即"尔俸尔禄，民脂民膏；下民易虐，上天难欺"，意在告诫为官者谨记百姓才是衣食父母，不可欺压虐待弱势群体，否则会遭到报应。同时孟昶在朝堂设置瓯函，广泛听取官民意见，蜀地出现繁荣景象。

孟昶注重文化保存，曾下诏将九经刻于石上，后来觉得石刻难以保存，又改为木本刻书。公元940年，孟昶命卫尉少卿赵崇祚搜录晚唐至五代18位词人的作品编成词集，名为《花间集》，翰林学士欧阳炯为其作序，《花间集》对后世影响极大。孟昶还创办中国历史上第一个画院，请蜀中著名画师 50 多人在翰林画院住院作画。

然而，承平日久、国家繁荣之后，孟昶开始沉湎酒色，贪图享受，一面大兴土木，建造精美的亭台楼阁；一面命人广征美女，纳入宫室。孟昶日夜与妃嫔酣饮、歌舞。更为致命的是，在罢免一批专横跋扈的功臣宿将之后，又不能任贤用能，却选用了一批庸碌小人，包括王昭远、伊审征、韩保贞、赵崇韬、范禹僻、李昊等，加上安于现状的国君，整个后蜀只能在外界无暇顾及的情况下侥幸生存。

公元 946 年，契丹灭后晋，刘知远起兵太原，中原多事，雄武军节度使何重建以秦、成、阶三州归附后蜀，孟昶派孙汉韶攻下凤州，于是完全恢复前蜀王衍时的疆域。后汉将领赵思绾据永兴、王景崇据凤翔造反，均上表要求归附孟昶。孟昶派遣张虔钊出大散关，何建出陇右，李廷珪出子午谷，响应赵思绾。终因意见不一，行动迟缓而致后汉诛杀了赵思绾、王景崇、张虔钊等，后蜀劳师却无功而还。

公元 955 年，后周世宗柴荣派兵从秦州出发讨伐后蜀。孟昶派韩继勋为雄武军节度使，并高彦俦、李廷珪出堂仓抗击周军。高彦俦大败，退到青泥，于是秦、成、阶、凤四州复被后周占领。

公元 962 年，孟昶立子秦王孟玄喆为皇太子。孟昶很幸运生在后晋后汉之时，中原多事，所以能够据险一方，君臣得以奢侈为乐。北宋兴起，已经攻占荆、潭，孟昶更加害怕，派大程官孙遇联络北汉，谋求共同出兵阻挠北宋的统一行动，孙遇被北宋边吏活捉，给了宋太祖伐蜀的口实。赵匡胤派王全斌、崔彦进等出凤州，刘光义、曹彬等出归州伐蜀。孟昶派王昭远、赵彦韬等抵抗。军队刚从成都出发，王昭远手拿铁如意指挥军事，自比诸葛亮，狂言夺取中原易如反掌。孟昶又派太子孟玄喆率精兵数万守剑门。孟玄喆大张彩旗，车载爱姬，带着乐器与数十歌伎奏乐而行，状似参加宴会。王全斌至三泉，轻松将狂傲无着的王昭远击溃。王昭远焚吉柏江浮桥，退守剑门。王全斌派偏将史延德分兵走小路北击剑门，俘虏王昭远。孟玄喆闻听王昭远战败，止乐息旗携美女逃回成都。蜀兵奔溃，将帅多数被俘。孟昶命曾为王衍写过降表的李昊再次为自己书写降表，于公元965年正月向北宋投降，从宋军伐蜀至孟昶投降，共用六十六天。

孟昶投降北宋以后，被从成都押送到京师汴梁（今河南开封），成都数万百姓哭送达数百里，场面甚为感人。孟昶到达汴京，被授检校太师兼中书令，封秦国公。然而，七天之后，孟昶突然去世于汴京。孟昶在位32年，终年47岁。

九、南　唐

（937 年—975 年）

公元 937 年十月，南吴齐王徐知诰代吴称帝，国号齐。公元 939 年，徐知诰改姓名为李昪，改国号为唐，史称南唐，李昪为南唐烈祖。南唐前承南吴，盛时幅员有今江西、安徽、江苏、福建、湖南、湖北全部或一部分，共有三十五个州，人口五百多万，为十国中版图最大、实力最强的江南政权。南唐都金陵（今江苏省南京市），传 3 世，历 39 年，公元 975 年十一月灭于北宋。

说起南唐，首先要说南唐奠基者徐温。徐温生于公元 862年，为海州朐山（今江苏东海）人，起初亦商亦盗亦贩卖私盐，后投奔庐州（治今安徽合肥）杨行密，隶其麾下为伍长。公元 887 年，杨行密起兵攻广陵（淮南镇治，在今江苏扬州），后又转攻宣州（宣歙镇治，在今安徽宣城），直至公元892 年据有淮南、宣歙（宁国）两镇，被拜为淮南节度使。在此期间，徐温一直效力于杨行密，随其攻灭秦彦、赵锽、孙儒等敌对势力，累升至衙内右直都将、左长剑都虞候。当时，杨行密麾下将领号称有三十六英雄，徐温位列其中。徐温虽然战功不卓，但深有远略，杨行密攻入宣州时，诸将争相掠取财物，唯徐温占据粮仓，施粥济民。公元895年，徐温随杨行密平定濠州（今安徽凤阳），升任随身都知兵马使，加检校工部尚书。当时，杨行密在乱军中掳一李姓幼童，收为养子，后因诸子不容，遂转予徐温抚养，徐温为该幼童取名徐知诰。

公元902年，唐昭宗拜杨行密为东面诸道行营都统，封吴王，杨行密由此建立吴国，并于当年四月北征朱温。当时，吴军以巨舰由水路运送军粮，徐温认为漕运河道已经严重淤塞，建议改以小艇运粮。果然军至宿州，巨舰不能前行，小艇解决了前线缺粮问题，杨行密由此更加重视徐温，留其在身边参预军议。公元903年，南吴宁国节度使田頵、润州团练使安仁义举兵叛乱。杨行密遣军平叛，徐温以计消灭叛军，杨行密升徐温为右牙指挥使。公元904年，杨行密命长子杨渥出镇宣州。徐温私下告诉杨渥大王卧病在床，却命嫡嗣出藩，必为奸臣阴谋。并建议杨渥一旦大王有召，徐温会亲派使者，其余不可轻信，杨渥非常感激。后来杨行密病重，判官周隐以杨氏诸子幼弱，建议由大将刘威暂摄军府。徐温与左牙指挥使张颢支持杨渥嗣位，杨行密让周隐发牒召回杨渥，但周隐扣压牒文。徐温借机盗得牒文，派亲信赶送宣州，助杨渥成功嗣位，徐温更受杨渥重用。后来，杨渥日益自大，反感徐温和张颢，挑选壮士另组东院马军，又调宣州三千亲兵入卫广陵，要置徐温和张颢于死地。徐温与张颢抢先发动兵变弑杀杨渥，又设计制止急于抢班夺权的张颢，拥立杨渥弟杨隆演嗣位并诛杀张颢。自此，徐温以左、右牙都指挥使决断军府一切事务，独专南吴国政。

有如此养父徐温，后改名李昇的养子徐知诰，自然平步青云，何况徐知诰才能超群。徐知诰小名彭奴，出身微贱，自幼便在濠州（今安徽凤阳）、泗州（今安徽泗县）一带流浪。彭奴六岁时，父亲李荣在战乱中不知所踪，由伯父李球带到濠州。不久母亲刘氏去世，彭奴浪迹濠州开元寺。公元895年杨行密攻打濠州，见彭奴目有灵气，将其收为养子，后因众子难容，杨行密便将彭奴交给部将徐温。徐温收其为养子，为其取名徐知诰。

徐知诰天资聪颖，侍奉徐温如父；因为同姓缘故，徐温妻李氏对徐知诰照顾有加。徐知诰长大后，身材魁梧，喜好读书，善于骑射，处事机灵。公元909年，徐温遥领升州（今江苏南京）刺史，任命徐知诰为升州防遏使兼楼船副使。公元910年，徐知诰任升州副使，知州事。公元912年，徐知诰随柴再用攻打宣州（今安徽宣城）李遇，因功升任升州刺史。当时，江淮地区刚刚平定，地方长官多是武夫出身，只知搜刮民财。而徐知诰则勤俭好学，重视儒生，宽仁为政，因而得到民众赞誉。公元915年，时任镇海节度使的徐温被任命为两浙都招讨使，出镇润州（今江苏镇江），统辖升州、润州、常州、宣州、歙州、池州（今安徽贵池），其子徐知训留在广陵（今江苏扬州）辅理朝政。公元917年，徐温见升州富庶，便将镇海军治所迁到升州，改封徐知诰为检校太保、润州（今江苏镇江）团练使。公元 918 年，徐知训被大将朱瑾所杀，在润州的徐知诰得到消息，抢先赶到广陵平乱后，任淮南节度行军副使、内外马步都军副使，从而控制了南吴朝政。

徐知诰执政后，为了收揽民心，宽缓刑法，推广恩信，还建造延宾亭用以接待四方之士。宋齐丘、骆知祥、王令谋等人都成为其重要谋士，其他流落境内的士人，徐知诰都加以任用，还经常派官吏到民间了解疾苦，遇有婚丧匮乏者，便设法予以周济，因此广得人心。公元 919 年，杨隆演称吴国王，任命徐温为大丞相，徐知诰为左仆射、参知政事兼知内外诸军事。公元 921 年，徐知诰被吴王杨溥任命为同平章事，遥领江州（今江西九江）观察使。不久，南吴升江州为奉化军，任命徐知诰为奉化军节度使。公元 927 年十月徐温去世，次月吴王杨溥称帝，任命徐知诰为太尉、中书令、都督中外诸军事，封浔阳公。公元 932 年徐知诰担任镇海、宁国节度使，出镇金陵，并沿用当年徐温的做法，任命儿子徐景通（李璟）为司徒、同平章事、知中外左右诸军事，在广陵辅理朝政。公元 933 年，徐知诰被封为东海郡王。公元 935 年，南吴加封徐知诰为尚父、太师、大丞相、大元帅、齐王，并将升州、润州等十州之地划给齐国。徐知诰在次年开设大元帅府，设置官员。这时，闽国、南汉等国遣使劝徐知诰称帝。

公元 937 年徐知诰建立齐国，并任命宋齐丘、徐玠为左右丞相。同年十月，徐知诰受南吴睿帝杨溥禅让称帝，国号大齐，改元升元，以建康（今江苏南京）为西都，以广陵为东都。公元 939 年，徐知诰恢复李姓，改名为昪，自称为唐宪宗子建王李恪四世孙，即改国号为唐，史称南唐。徐知诰为唐高祖、唐太宗立庙，追尊父祖四代为皇帝，改奉徐温为义祖，并大加封赏徐氏子弟。

李昪称帝后，继续保境安民，休养生息，发展生产，兴科举，建学校，政绩突出。然晚年崇尚道术，因服丹药中毒生病，公元 943 年二月，56 岁的李昪去世。

南唐立国后，烈祖李昪以保境安民为基本国策，休兵罢战，敦睦邻国，同时结好契丹以牵制中原政权，江南地区保持了较长时期的和平，社会生产逐渐复苏并迅速发展，为我国古代经济与文化重心的实质性南移，以及江南地区开放式发展奠定了基础。同时，政府轻徭薄赋，劝课农桑，鼓励商业，政府和百姓安宁。

南唐注重农业开发，农桑之盛前所未有。唐末兵燹使淮南成为重灾区，扬州等地惨遭破坏，以致昔日繁华的都市残败到饥民相杀而食，八州之内人烟断绝数百里。李昪依员外郎宋齐丘建议，将每匹绢的市价从五百文提高到一贯七百，每两绵从十五文提高到四十文，并免除丁口课调；鼓励农民开荒种地，规定每个劳动力开荒八十亩者政府奖励两万钱，并免收五年租税。这一系列政策实施几年后，江淮野无闲田，桑无隙地。

为恢复和发展农业经济，李昪根据江淮环境形势，优先发展水利，下令各州县修复所有湮废的陂塘，疏浚和整补运河，丹阳练湖的整修就是例证。练湖始开于西晋，东晋时成为江南地区的重要湖泊，可溉丹阳、金坛、延陵等县万顷良田。唐末兵乱之后，练湖年久失修，至南唐几无灌溉之力。南唐令丹阳县令吕延桢主持疏浚整治练湖工程，筑塞环岸，疏凿斗门，设插港口，使练湖多雨时节可汲纳四十八派之水，旱季灌溉周围诸县农田，又灌注江南河，使商旅舟船往来免于牛力牵引。随着我国农业经济重心的南移，南唐以水稻种植为主，麦、桑、茶、麻和水果等多种经营为辅的新格局逐渐形成。南唐时光州、扬州、泰州、楚州和泗州等地已广种稻米，不仅产量高，品种也得到改良，泰州的香粳声名在外。北方传统优良品种小麦已在江南地区普遍种植，桑树栽培遍及江淮，旷土尽辟，桑柘满野。

南唐时光州、扬州、常州和润州的茶园闻名于当时，阳羡茶依旧为贡品。扬州蜀岗茶、常州紫笋茶闻名于世，由于茶叶生产的发展，制茶业在南唐兴盛起来，南唐仅官府就有茶叶坊38处，专门生产高级茶品，供皇家和贵族使用。民间制茶作坊更多，境内私茶作坊有1000多处，茶叶给南唐带来可观的收益。

南朝刘宋时期，刘裕迁洛阳锦工于建康，金陵织锦业自此发轫。杨吴时以纺织品输税，极大地刺激了纺织品生产。及至南唐，民间机杼普及，织工无数；润州的方纹绫、水波绫，技术高超；南唐官府设有作坊，品种众多，数量庞大。纺织业的发展促进了染色技术的改进，其中称之为天水碧的染色织品名扬南北。其染制方法即在染碧之后，将其晾展于室外，任雾滤露浸，使其色若有若无，近乎天然。

淮南扬州和楚州是古代主要产盐之地，自古盐商巨富云集。南唐立国后，以盐业为重要资本，后又改置泰州，置海陵监，加强对盐业的管理。又在楚州设置盐城监，管盐亭一百二十三，盐利在南唐财政收入中占据重要地位。

南唐地处江淮水乡，湖泊纵横，造船业十分发达。南唐的扬州、金陵等地是重要的造船中心，官府设置造船工场，建造各类船只。

南唐造纸业因澄心堂纸声远播。由于李煜钟好宣纸，延请四川造纸工匠在池、歙二郡和金陵制造澄心堂纸。澄心堂纸匀薄如一，坚洁如玉，为纸品中的佼佼者，以至一纸百金。南唐宜兴一带的制瓷业，无论胎质、釉色、造型还是文饰，都别具一格。扬州、润州的金银器和铜器制造堪称典范。

在五代十国时代，相对狭小的国土空间，致使各国的物产种类受到限制。为保障国用和民生，各国普遍重视招徕商贾，从而使商品交换活跃，民间交易频繁，城市的经济功能比重增加。金陵、扬州、润州等大城市都有专门的商业市场，有专门制作装饰用花的花行街，有专门加工金银器的银行街等。紧临长江的润州，已经不受固定交易地点的限制，江边停船处即可为市。南唐不但城市商业繁荣，农村草市、圩场也很兴旺。为提升圩市功能，不少圩市被升为县或者置为镇，如新置海陵东洲镇，清江、海陵等升为县，泰州则升为州，均成为商业重镇。南唐商业空间扩大的同时，夜市也更加普遍。随着城市和商业的发展，出现的特殊消费群体增强了城市的消费能力，城市居民中的官员及其家属，军队，部分商贾，城市手工业者，北方南下的士大夫，为参加南唐科考长期滞留的举子，文人墨客以及妓女等，都成为金陵及其周边中心城市有实力的消费阶层，该阶层人数众多，经济能力雄厚，对江淮区域的城市经济繁荣起到了推波助澜的作用。在南唐的商业中，海外贸易也是重要的组成部分，与契丹的贸易主要通过海上进行，即从东海长江口北上，越过山东半岛，直达辽东半岛南端，以交易羊马等牲畜为主，也有猛火油等军用物资。扬州是重要的港口，从这里出口的茶叶、丝绸和瓷器等商品，源源不断地运送到占城、新罗、高丽，远至大食等地，海外贸易给南唐带来丰厚的利润。

南唐建立后，三代国主具有极高的文化素养，又喜好文艺，而且礼遇文士，倡导文治，推行了一系列发展文化事业的政策。实行科举取士，大力招揽人才，重用文士参政；兴建学校，鼓励私学，倡导学风和推行儒学教育；倡导文学，发展艺术；搜集、整理文献图籍和编撰典籍；提倡和崇信佛教、道教，极大地推动了文化繁荣，对后世产生了深远影响。

五代十国为词的重要发展时期，南唐为这一时期词的创作中心，冯延巳、中主李璟、后主李煜等人，为词的发展做出了重要贡献。尤其是李煜，在国亡被俘后，以词慨叹身世、怀恋往昔，形象鲜明，语言生动，突破了晚唐以来词专写风花雪月、男女之情的窠臼，为词的发展开拓了新领域。

南唐重视书画艺术，我国最早的画院出现在南唐。南唐著名画家有董源、巨然、徐熙等人。董源、巨然擅用或浓或淡的水墨描绘江南景色，徐熙擅画江湖上的水鸟汀花，顾闳中所画《韩熙载夜宴图》，为传世的艺术珍品。

总体而言，南唐立国，烈祖李昇注重全面发展政治、经济、文化，在文学、美术、书法、音乐等方面都取得了卓越的成就。李昇设太学，兴科举，广建书院、画院。安定、富强的南唐，成为饱经战乱沧桑的文人士大夫理想的栖身之所。南唐的社会文化之盛，在五代十国，甚至中国历史上所有的割据政权中，都堪称翘楚。农业方面兴水利，重农桑，轻赋税，扩大多种经营；商业方面通南北，衔四海；手工业方面纺织业、印染业、矿冶业、制茶、造纸、晒盐、造船、金银陶瓷、文具制造等，均有突出成就，造就了江淮地区和平安定的社会环境，促进了南唐经济社会文化的繁荣发展。

烈祖李昇驾崩，子李景继位，改名李璟。李璟在位期间，与吴越间战祸频起，而吴越国的军事行动往往与中原政权互相呼应。为了对付吴越，公元945年，南唐乘闽国内乱之机出兵占据建（今福建建瓯）、汀（今福建长汀）、漳（今属福建）三州，灭亡闽国，俘闽主王延政，形成对吴越三面包围的态势。而吴越国也乘势出兵与南唐争夺闽国之地，并夺得福州（今属福建）据为己有。公元949年，淮北因处于后晋、后汉交替混乱之季，李璟派皇甫晖出海、泗诸州招纳正在相互混战的各路豪强武装和因战乱四散的流民。公元951年，马希萼与马希崇兵戎相见，南唐借机出师，一举灭马楚，马希崇降。后来，楚将刘言起兵击败后唐军。刘言被其部下杀死后，周行逢及其子周保权先后统治湖南，楚地得而复失。公元955年至958年，后周政权三度入侵南唐，南唐始终处于被动防御的不利局面。寿州一战，周世宗柴荣御驾亲征，周军势如破竹，遂攻占泗、濠、楚等州，后唐军一溃千里，淮河水军覆没。李璟上表柴荣自请传位于太子李弘冀，请划江为界，南唐尽献江北之地，包括淮南十四州及鄂州在江北的两县。同时，南唐奉周正朔，用其纪年。为避后周锋芒，李璟迁都洪州，称南昌府，自此后唐国力大损，不复昔日强盛。

公元961年李璟去世，因其长子李弘冀已亡，其六子李煜继位，复都金陵。此时南唐国内政治、社会矛盾积重难返。经济上，自淮南战败后，南唐每年要向中原缴纳高额贡奉；之前南唐地跨长江南北，出产丰富，经济互补。失去淮南以后，南唐失去了重要的产盐之地，每年要花巨资向中原政权买盐，财政因之日益窘迫，南唐政权不得不加重赋税，以致民怨四起，南唐后期的政治也日益混乱。随着新主登基，朝廷内部开始新一轮党争。当宋军从周围步步紧逼时，南唐仍陷于周而复始的内争之中，人心涣散。而后主李煜善文词，工书画，知音律，但不通晓政治，治国无术，用人失察，国政更乱。公元974年九月，志在统一中国的北宋赵匡胤，以李煜拒命不朝为辞，发兵10余万三路并进攻南唐。次年十一月二十七日，宋军破南唐都城，李煜奉表投降，南唐亡。

1. 烈祖李昪

公元 937 年十月五日，南吴睿帝杨溥禅位于权臣齐王徐知诰，徐知诰建立齐国，国号大齐，改元升元。公元 939 年，徐知诰恢复李姓，改名为昪，自称为唐宪宗子建王李恪四世孙，即改国号为唐，史称南唐。

李昪为徐州彭城（今江苏省徐州市）人，生于公元 889 年，小字彭奴，父亲李荣，母亲刘氏。李昪出身微贱，六岁时父亲在战乱中失踪，由伯父李球带到濠州。不久母亲刘氏去世，小彭奴浪迹濠州。公元 895 年南吴太祖杨行密攻下濠州，得到彭奴，收其为养子，后因与诸子不合，遂转手于身边大将徐温抚养，徐温给其取名徐知诰。

徐知诰天资聪颖，侍奉徐温夫妇如父母，徐温夫妇也很喜爱徐知诰。徐温重病卧床不起时，徐知诰衣不解带伺候身旁，很让徐温感动，认为徐知诰比六个亲生子还孝顺。从此，徐温让徐知诰主持家业，负责征收采邑收入，发放家人月钱和奴仆薪水，把管家的任务交给了徐知诰。徐知诰在有条不紊管理家政之余，勤读诗书，练习骑射，遇事沉着，智勇双全，杨行密认为众将儿子中，没有人能够比得上徐知诰。

公元 907 年，徐温发动兵变软禁吴王杨渥，从此控制了吴国政权，安排亲子徐知训主持广陵事务，意在加快培养长子徐知训的执政能力，以便日后接班，徐温自己则居于金陵（今南京）遥控指挥。杨隆演虽无实权，但是其毕竟为南吴之主，杨行密在扬州经营多年，根基不浅。徐温知道扬州不是自己地盘，于是想创建一块属于自己的根据地。公元909年，徐温见升州（今江苏南京）富庶，也为减弱杨氏家族的影响力，便遥领升州刺史，任命徐知诰为升州防遏使兼楼船副使，次年任升州副使，知州事。公元911年，徐温在升州建造水师，交由徐知诰率领。公元912年，徐知诰攻打宣州（今安徽宣城）李遇，因功升任升州刺史。徐知诰勤俭好学，重视儒生，宽仁为政，得到升州民众赞誉。

公元917年，徐温将镇海军治所迁至升州。而这时，对于十分能干的养子徐知诰，也不得不多留一手。于是，在公元914年，任命徐知诰为润州（今江苏镇江）团练使。因为润州在金陵和广陵之间，这样，徐知诰就处在了徐温父子的直接监督控制之下。然而，让徐温万万没有想到的是，这一安排反而成全了徐知诰。公元918年，为非作歹骄横无理的徐知训，被大将朱瑾杀死。润州和广陵仅一江之隔，徐知诰很快得到报告，便立刻带兵进入广陵。等徐温得到消息时，徐知诰已经全面控制了广陵局势，这让徐温一下子处在了被动地位。这时，仍旧为傀儡的吴国高祖杨隆演，任徐知诰为淮南节度行军副使、内外马步都军副使。从此，徐知诰基本掌握了南吴朝政。

公元919年二月，徐温强迫杨隆演称帝。虽然杨隆演对当皇帝毫无兴趣，但终究拗不过徐温，便于同年四月改元武义，封徐温为东海郡王，尊父亲杨行密为太祖武王。成为吴王十多年的杨隆演，始终木偶一样没有掌握实权，郁闷成疾，于公元

920 年五月病逝。按顺序，杨行密三子杨濛当立，但在徐温眼中，软弱无能的幼子杨溥更容易控制。于是，徐温立杨溥为吴王。公元 927 年，徐温派次子徐知询到广陵，以代替徐知诰执掌朝政。同年十一月，徐温再一次强迫杨溥称帝，但还没有等到结果，徐温便因病去世，徐知询接任金陵节度使、诸道副都统，多次与徐知诰争权。公元 929 年十一月，徐知诰以吴王杨溥的名义，召徐知询来扬州朝见。徐知询不知是计，一到扬州就被徐知诰褫夺兵权，留任为左统军，改任对自己比较友善的徐温六子徐知谔去镇金陵。如此一来，吴国的军政大权完全落到徐知诰的手中。徐知诰继续逼迫杨溥当皇帝，杨溥只好自称大吴皇帝，改元乾贞，任命徐知诰为太尉、中书令、都督中外诸军事，封为豫章公。

徐知诰执政后，宽缓刑法，推广恩信，还建造延宾亭，用以接待四方之士。宋齐丘、骆知祥、王令谋等人，都成为徐知诰的重要谋士，其他凡流落在其境内的士人，徐知诰都加以任用，还经常派官吏到民间了解疾苦，遇有百姓婚丧匮乏者，便设法予以周济，因此赢得了百姓的好感。

公元 931 年十一月，徐知诰上奏皇帝杨溥，言说要回金陵养老，杨溥任徐知诰为镇海、宁国节度使，出镇金陵；任命徐知诰子徐景通（李璟）为司徒、同平章事、知中外左右诸军事，留广陵辅理朝政。其实，此时的徐知诰，亦仿效义父徐温，坐镇金陵遥控淮南，安排宋齐丘等协助亲子监视杨溥，然后指使吴帝继续为满足自己篡位条件加封授爵。接下来，杨溥于公元 934 年封徐知诰为东海王；第二年加封徐知诰为尚父、太师、大丞相、大元帅，晋封为齐王，并将升州、润州等十州之地划给徐知诰；公元 936 年十一月，杨溥下诏徐知诰在金陵建齐都。至此，徐知诰认为时机已经成熟，便于公元 937 年十月让南吴皇帝杨溥逊位，自己在金陵（今江苏南京）称帝，国号大齐，尊义父徐温为太祖武皇帝。

徐知诰做了大齐皇帝以后，认为自己本来姓李，父亲有姓有名，现在应该恢复李姓。于是，便将这一想法传给徐温小儿子徐知证和徐知谔。两人为讨好徐知诰，带领众臣请求皇帝恢复李姓。于是，徐知诰于公元 939 年正月复李姓，改名为昪，自称是唐宪宗后裔，便将国号改为唐，史称南唐。紧接着，为唐高祖、唐太宗立庙，追尊父祖四代为皇帝，改奉徐温为义祖，并大加封赏徐氏子弟。

李昪代吴建立南唐以后，知恩图报，铭记杨行密和徐温两位养父的恩情，悉心照顾和优待养父的后世了孙，即使当年欺负过自己的杨行密儿子，也保证他们颐养天年，善始善终。李昪敢于澄清吏治，不用外戚辅政，不准宦官干政。称帝后仍然保持艰苦朴素作风，脚穿蒲履，身着麻布衣服；不用金器、银器和玉器；宫殿不加扩建，侍候宫女少而又少。

为了在乱世中扩充实力，保境安民，李昪更加励精图治，兴利除弊，宽刑轻罚，轻徭薄赋，安置流民，开设延宾亭，招揽四方有用之才，对外坚持弭兵休战；由于连年征战，中原一带大量难民流落江淮，李昪妥善安置，下诏鼓励包括流民在内的农民开荒种地，规定每个劳动力开荒八十亩，政府则给其两万钱奖励，并免收五年租税。这一非常实惠的优惠政策，有力推动了南唐经济发展。公元942年，吴越国发生特大火灾，宫室府库被焚毁，兵器铠甲几乎被烧尽。这时，大臣纷纷提出乘此良机发兵灭掉吴越，李昇却派出使者，送去大量救济物资，从此两国恩怨尽消，结为友邻。经过李昇精心治理，南唐境内户口大增，国库充盈，百姓安居乐业，江淮呈现一派繁荣景象，成为十国中经济文化最为先进的地区。

李昇青年时期就以文艺自好，当政后非常重视征集文献图集，政府收藏各地征集的三千多卷图书。李昇重视教育，在秦淮河畔设国子监，兴办太学、小学，培养国子博士和四门博士；在庐山五老峰下白鹿洞建置学馆，号曰庐山国学，吸引和培养高层次学者。李昇自己也勤学不辍，有《咏灯》一诗收录于《全唐诗》《恤农诏》《举用儒吏诏》《旌张义方直言诏》等六篇文收录于《全唐文》。

李昇晚年崇尚道术，因服用丹药中毒，性格也变得暴躁易怒，后来因丹药生病。公元943年二月李昇病情恶化，于当月二十二日在升元殿去世。李昇在位7年，终年56岁。

2. 元宗李璟

南唐烈祖李昇去世以后，太子李璟于公元943年三月一日即位。李璟为李昇长子，生于公元916年，母亲宋氏。

李璟初任驾部郎中，后升迁至诸卫大将军。李昇养父徐温去世后，李昪专政，以李璟为兵部尚书、参知政事。公元935年，李昪受封齐王，立李璟为王太子。公元936年，李昪镇守金陵（今南京），以李璟为司徒、同平章事，留在广陵辅佐南吴睿帝杨溥。李昪受禅之前，召李璟回到金陵为副都统。公元937年，李昪废黜杨溥自立为帝，建立南唐，封李璟为吴王，后改封为齐王。公元940年八月，李璟被立为皇太子。公元943年李昪去世，李璟继位，改年号保大。

李璟登上帝位时，正值南唐国强民富。李璟不满足如此富庶的南唐只统治江东地区，便开始谋划，跃跃欲试要吞并周边弱小邻国。李璟登基第二年，南唐东南邻国闽发生内乱，闽主王延曦昏聩无能，沉溺酒色，致使国事日衰。公元944年二月，闽国连重遇、朱文进弑杀王延曦，朱文进自立为君。这时，王延曦弟王延政也在建州自立，国号殷。王氏兄弟互相征伐，连年用兵，导致闽国大乱，李璟乘乱派查文徽及待诏臧循发兵攻打建州。查文徽屯兵建阳，福州守将李仁达杀王继昌自称留后，泉州守将留从效也杀刺史黄绍颇。公元946年八月，查文徽乘胜攻克建、汀、泉、漳四州，王延政战败，闽国灭亡。李璟以延平、剑浦、富沙三县设置剑州，迁王延政家族到金陵，以王延政为饶州节度使、李仁达为福州节度使、留从效为清源军节度使。

李璟虽灭闽国，但并未完全统治闽地。李璟以陈觉为宣谕使，召李仁达到金陵朝见，李仁达拒不从命。陈觉发汀、建、信、抚州军队进攻李仁达，当时安抚漳、泉二州的魏岑听说陈觉起兵，也发兵会合陈觉，李璟又以王崇文为招讨使、王建封为副使，增兵会合陈觉、魏岑。李仁达送钱物给吴越，吴越以兵三万响应李仁达。陈觉等人争功，进退不相呼应，冯延鲁与吴越军队先战，大败而逃，南唐各军溃败。李仁达将福州献给吴越王钱弘佐，恼怒的李璟眼睁睁看着嘴边的肥肉被别人霸去。

李璟在福建失利，湖南楚地却传来好消息。原来楚王马希广被兄弟马希萼杀死，马希萼自称楚王，并主动向李璟称臣。公元 951 年八月，李璟派将军边镐到湖南去收编。而这时，大将徐威废楚王马希萼，立马希萼弟马希崇为楚王，南楚大乱。李璟派信州刺史边镐攻破南楚都城潭州（今湖南长沙），南楚灭亡。李璟将马氏家族全部迁到金陵，并以马希萼为洪州节度使，马希崇为舒州节度使，以边镐为湖南节度使。而边镐率大军入驻潭州（今湖南长沙），对当地烧杀抢掠，名声极坏。辰州（今湖南阮陵）刺史刘言抓住机会，发兵攻潭州城。边镐只顾在潭州享乐，不久被刘言撵出潭州，李璟又一次吃了哑巴亏。

李璟对外出师不利，对内治国无方。自登基以来，以兴趣相投、专事谄媚的冯延巳、常梦锡为翰林学士，冯延鲁为中书舍人，陈觉为枢密使，魏岑、查文徽为副使。常梦锡值班宣政殿，专门掌管密令，而冯延巳等人奸佞专权，南唐人称之为五鬼。此五人擅长写诗填词，对政治一知半解。李璟因为欣赏他们才华而给予重用，同时将宋齐丘等一干有能力辅政的老臣放在一旁。冯延巳等一帮小人得势，喜欢搬弄是非，将南唐内政搞得混乱不堪。

公元 956 年春，后周皇帝柴荣率领水陆两路大军南下攻南唐。李璟深知自己国力不弱，但也绝不是后周王朝的对手。于是，召集众臣商议对付柴荣的办法。众臣一时也无良方，李璟便先派神武统军刘彦贞率三万大军迎战，结果吃了大败仗，刘彦贞战死。柴荣兵临寿州城下，刘仁赡泣励三军，固城死守。柴荣一时未能拿下寿春，便围点打援。自小养尊处优的李璟极为害怕，派泗州牙将王知朗到徐州，称南唐皇帝愿意献出贡赋诚意归附，并以兄长之礼对柴荣进行侍奉，柴荣对此不屑一顾。这时，南唐内部也发生了混乱，许多刺史、留守纷纷弃城而走，东都副留守冯延鲁弃城之后，逃到寺院削发为僧，被后周军擒获；舒州刺史周祚、泰州刺史方讷等都弃城而逃，不知所踪；蕲州神将李福竟然杀掉刺史王承隽向后周投降。眼见战事节节失利，更加担心的李璟急忙修书向后周称臣；同时为避后周信祖郭璟名讳，而将自己的名字改为李景；同时向后周进献牛五百头、酒两千石，以及金银罗绮犒赏后周军队；还向后周割让寿、濠、泗、楚、光、海六州城池，以求后周撤兵。柴荣对此仍不理睬，并分兵攻下扬州和泰州。无法可想的李璟，派人身藏蜡丸书信到辽国求救，被后周守边将士抓获。

李璟万般无奈，又派司空孙晟、礼部尚书王崇质奉表，向柴荣求降，其言辞谦卑而驯服，柴荣仍旧不予答复。李璟心一横，挑选军中精锐，由弟李景达、监军陈觉率领，北上收复失地。号称贤王的李景达只是名义上的主帅，军政大权尽在监军陈觉。陈觉不懂带兵打仗，但李璟又不希望李景达控制军权，致使军令不一，结果使李景达率领的五万精锐被柴荣包围歼灭在紫金山（安徽八公山）。随后柴荣再次带兵出征，李璟派陈觉奉表后周，请求传位给长子李弘冀而听命于后周。

起初，李璟自恃水战，以为后周不是对手。当周军屡败李璟军队，获得水战士卒，于是造战舰数百艘，让投降士卒教周军水战，命王环率领下淮河。李璟水军多次失败，淮河战船尽为周军所得，又造齐云船数百艘，到楚州北神堰后，开凿老鹳河连通，后周船舰浩浩荡荡开进长江，场面极为壮观，让奉命出使的陈觉目瞪口呆，于是请求回国取李璟降表，奉献江北各州，柴荣勉强同意。

公元 958 年五月，在后周强大攻势下，李璟呈表投降。为表投降诚意，答应割让十四州求和，其中包括极为重要的庐州、舒州、黄州和蕲州；两国以长江为界，南唐岁贡称臣，每年进贡后周银十万缗、绢十万匹、钱十万贯、茶叶五十万斤、米粮十万石；李璟去帝号，改称国主，去南唐年号，用后周纪年。如此这般以后，柴荣点头签字。至此，后周与南唐长达三年的淮南争夺战，最终以南唐称臣、献地纳贡的结局落下帷幕。

柴荣撤军以后，李璟接连罢免了冯延巳、陈觉等人，对曾做过后周俘虏的冯延鲁、边镐等人也弃之不用。公元 959 年九月，太子李弘冀去世，李璟封第六子李从嘉（李煜）为吴王，居住东宫，不久立为太子。李璟计划迁都洪州，于是升洪州为南昌府，建南都。

李璟好读书，多才艺，擅长书法，更写得一手好词，而且都有不凡的成就。曾经常与宠臣韩熙载、冯延巳等饮宴赋诗，于是适用于歌筵舞榭的词，便在南唐获得了发展的机会。李璟的词，感情真挚，风格清新，语言不事雕琢，对南唐及后世词坛产生过一定的影响。李璟流传至今的词虽然不多，但都是名篇。"细雨梦回鸡塞远，小楼吹彻玉笙寒"更是千古名句。

南唐向后周称臣，丢掉大片土地、人口以及物产，彻底打破了尘封不动数十年的南北势力格局，并且重新划分了版图。南唐国势的急剧衰退，加之长子李弘冀的去世，致使李璟忧郁成疾。公元960年，后周殿前都点检赵匡胤发动陈桥兵变，建立宋朝。公元961年，李璟留太子李从嘉监国，李璟迁往南都。但洪州狭窄，宫府营廨不能容纳，群臣日夜思念重回金陵，李璟后悔愤怒不已，使病情日趋加重。公元961年六月李璟去世，其在位19年，终年46岁。

3. 后主李煜

公元961年六月，中主李璟去世，太子李煜即位。李煜生于公元937年，为中主李璟第六子，母亲钟氏。李煜初封安定郡公，累迁诸卫大将军、副元帅，封郑王。

李璟共生六子，李煜五位兄长中，除长兄李弘冀外，四个早年去世。李弘冀很有政治才能，但疑心重，手段狠。一次李弘冀犯错，李璟操起木棍，边打边说不如传位于李弘冀三叔。原本一句气话，却让李弘冀更加防范李景遂。在洪州任上的李景遂，杀了都押衙袁从范为非作歹的儿子，袁从范忌恨在心。李弘冀抓住机会，派人给袁从范送去毒药，指使袁从范毒死李景遂。之后，李弘冀将下一个目标锁定为李煜。不太关心政治的李煜看出了太子的意思，为打消李弘冀的疑虑，李煜一边经常写保证书，一边表现得更加不关心朝政，这样才使李弘冀逐渐安下心来。

然而，公元959年七月，19岁的李弘冀突然身患大病，而且卧床两个月后离世。国势大衰，太子弃世，让李璟陷入悲哀之中。公元960年正月，得知后周灭亡，赵匡胤建立宋朝。为试探赵匡胤，李璟于公元961年迁都南昌，并立吴王李煜为皇太子，命其留守金陵。不久，父亲李璟去世，作为太子的李煜登上帝位。就这样，一直沉浸在艺术海洋而不关心政治的李煜，被安排在了政治舞台的中心。

李煜生性仁厚，即位后，由于李璟时期战事连绵，南唐国库空虚。但李煜还是诏令减免税收，免除徭役，与民生息；取消李璟时设置的诸路屯田使，将各郡屯田划归州县管辖，将屯田所获租税的十分之一作为官员俸禄，既增加了赋税，又使百姓安心耕作。南唐时期土地买卖十分频繁，以致土地兼并日趋严重。李煜继位后，任用李平掌管司农寺，恢复井田制，创设民籍和牛籍，劝农耕桑，希望借此缓解国难。

　　李煜即位之初，由于淮南战败和中主去世，南唐朝野充斥着一种悲观颓丧的气氛。为重振人心，确立威信，李煜重用旧臣，稳定高层重心。何敬洙军功累累，被授予右卫上将军之衔，封芮国公。对于在淮南战事中弃扬州化装逃跑的冯延鲁，李煜也重新给予礼遇。同时，起用在杨吴时代就投奔江南的韩熙载、闽将林仁肇、皇甫赟之子皇甫继勋等人。李煜重视人才选拔，坚持开科取士，公元964年，命吏部侍郎韩熙载主持贡举，录取进士王崇古等九人；又命徐铉复试，并亲自命题考核。公元972年二月，命内史舍人张佖主持礼部贡举，录取进士杨遂等人；直至南唐亡国的公元975年二月，李煜还举行科举考试，录取进士张确等三十人。李煜也曾想励精图治，曾下令国中四品以下、九品以上官员，每天轮流等候召见，商议强国之策。

　　这些措施，虽然在一定程度上提振了朝野信心，但在强大的北宋面前，并不能改变南唐国势日下的态势。因此，李煜继续采取父亲李璟的策略，寄希望于向宋纳贡以保全基业。李煜在位期间，殷勤侍奉宋朝，除岁贡以外，每逢宋廷用兵或有重大活动，及时进奉以示支持和祝贺，并多次派遣使者陈述臣服之意。李煜登基后沿用北宋年号，每次会见北宋使者都换龙袍为紫袍；公元971年，李煜改称江南国主，以示对宋朝的尊奉。

　　李煜尽力侍奉北宋，也不忘奢华享受。李煜崇信佛事，建摩天佛塔，巧夺天工；宠爱美人，建宫殿亭苑，日夜与美人风花雪月。宫中有一嫔妃官娘，天生丽质，尤善歌舞，李煜诏令以黄金铸就六尺莲台，饰以珍宝，让官娘在金莲中曼舞，极尽奢华。

当李煜还在纵情声色、纸醉金迷的时候，宋太祖赵匡胤先南后北，经过 10 余年的战争，已经接连统一了南方的后蜀、南汉等割据政权，置南唐于三面夹击之中。公元 974 年，赵匡胤遣使要求李煜前往汴京觐见。李煜担心一去不返，便以疾为由，拒绝入朝。赵匡胤于是以此为借口，准备南下灭唐，并屯兵汉阳。李煜非常恐惧，给吴越王钱弘俶写信，邀请吴越一起对抗大宋，钱弘俶将信直接转交给赵匡胤。赵匡胤立即以偏强不朝为名，任命大将曹彬为统帅，潘美为先锋，率军 10 万进攻南唐。南唐国势垂危，李煜寄望于遣使求和，被赵匡胤回绝，即遣颍州团练使曹翰兵出江陵，又命宣徽南院使曹彬等加快出师，水陆并进。李煜亦筑城聚粮，大举备战。闰十月，宋军攻下池州，李煜下令全城戒严，并停止沿用北宋年号。时吴越乘机进犯常州、润州，李煜遣使质问，述以唇亡齿寒之理，吴越王不答。北宋攻陷芜湖和雄远军，沿采石矶搭建浮桥，渡江南进。李煜招募兵卒，委任皇甫继勋统领兵马，全力御敌。因强弱悬殊，皇甫继勋兵败如山倒，内殿传诏徐元瑀、刁衎阻隔战败消息，宋已经屯兵金陵城南十里，李煜尚不知情。

公元 975 年二月，宋师攻克金陵关城。三月，吴越进逼常州，诛杀皇甫继勋，权知州事禹万诚献城投降。六月，宋军与吴越军会师，进发润州，留后刘澄投降。洪州节度使朱令赟率兵十五万前往救援，行至皖口，遭遇宋军。朱令赟下令焚烧宋船，不料北风大作，反而烧及自身，朱令赟与战棹都虞候王晖皆被擒。公元 975 年十一月，宋军渡过长江，包围金陵，先礼后兵，派人给李煜下最后通牒。金陵城边，南唐将帅组成敢死队，与宋军决一死战，终被宋军歼灭。曹彬带军入金陵城，并与军队约法三章，不妄杀一人，不抢掠民众，为大宋收复南唐赢得民心。李煜两次派遣徐铉出使北宋，进奉大批钱物，求宋缓兵，太祖以卧榻之侧岂容他人鼾睡作答。十二月，金陵失守，守将呙彦、马承信、马承俊等力战而死，右内史侍郎陈乔自缢，李煜奉表投降，南唐灭亡。

如果放下李煜帝王一面不表，李煜的艺术成就非常人能及。李煜喜好读书，精通音律，善于绘画，长于书法，工于诗词，而且均能自成一家，尤以词的成就最高。

李煜时期，填词过人者必为音律行家。而一代名曲《霓裳羽衣曲》，乐调优美、构思精妙，曾随盛唐盛行一时。之后随着唐王朝的衰落，《霓裳羽衣曲》逐渐失传。李煜会同大周后，将所得残篇依谱寻声，补缀成曲，整理排演，才得以流传后世。

李煜书法挥毫泼墨，淋漓刚劲，颤笔樛曲，遒劲如寒松霜竹；作大字卷帛而书，如意潇洒；李煜书法作品《春草赋》《八师经》《智藏道师真赞》等皆为佳品。李煜绘画神形兼精，所画人物、林石、飞鸟远过常流，《自在观音像》《写生鹌鹑图》等被视为画中珍品。

　　李煜词继承晚唐以来温庭筠、韦庄等花间派词人传统，又受李璟、冯延巳的影响，语言明快，形象生动，用情真挚，风格鲜明，尤其亡国以后的词作，更是题材广阔，含义深沉，在晚唐五代词中别树一帜，对后世词坛影响深远。李煜词存世三十余首，内容以亡国降宋为界，分为前后两个阶段。前期词主要反映宫廷生活和男女情爱，风格绮丽柔靡，不脱花间派习气，但在人物、场景描写方面有更大的艺术概括力量；后期词反映亡国之痛，哀婉凄凉，意境深远，极富艺术感染力；李煜扩大了词的表现领域，使词摆脱了花间尊前曼声吟唱的传统风格，成为诗人言怀述志的新诗体；李煜善于用白描手法抒写生活感受，用贴切比喻将抽象的感情形象化，语言自然精练而富有表现力。其《虞美人》《浪淘沙》《乌夜啼》等词堪称杰作，使其在中国文学史上占有一席之地。

　　公元 976 年正月，李煜被俘送到京师，宋太祖封其为违命侯，拜左千牛卫将军。同年，宋太宗即位，改封李煜为陇西公。公元 978 年七夕，李煜亡于北宋京师。李煜在位 15 年，终年 42 岁。

十、北　汉

（951 年—979 年）

北汉是五代十国时期，十国中最后建立和灭亡的政权，也是十国中唯一割据在北方的政权。公元 951 年正月，后汉河东节度使刘崇自立为帝，仍沿用后汉年号，史称北汉。北汉国土仅河东十二州，大约有今山西省中部和北部。刘崇建国后，步后晋石敬瑭后尘依附契丹，只是将石敬瑭自称的儿皇帝改为侄皇帝。北汉传 4 帝，历 28 年，都晋阳（今山西省太原市），公元 979 年五月灭于北宋。

沙陀人刘崇，为后汉高祖刘知远弟。刘崇自幼家境贫寒，少时不学无术，专在市井浪迹，而且嗜酒嗜赌如命，穷困潦倒，后来投军为兵卒。公元 936 年，石敬瑭割让幽云十六州给契丹，在契丹的扶持下建立后晋，任命心腹大将刘知远为河东节度使。公元 941 年，刘知远推荐刘崇为河东步军都指挥。后来，后晋第二任皇帝石重贵想摆脱契丹控制，结果被属下大将配合契丹所灭。契丹覆灭后晋占据中原以后，大肆烧杀抢掠，引起中原强烈反抗，契丹仓皇北撤。时后晋河东节度使、刘崇兄刘知远抓住时机，于公元 947 年在太原称帝建立后汉。在刘知远南下抢占开封时，让弟刘崇镇守太原。之后，又以刘崇为河东节度使，加同平章事。

公元 948 年刘知远去世，其次子刘承祐即位。因为刘承祐年龄小，后汉大权便落到郭威等辅佐大臣手中。郭威与刘崇同为刘知远属下大将，但两人一向不和。见后汉大权被郭威等掌控，刘崇很是着急，便问计判官郑珙。郑珙献策以十二州赋税为给养，依托晋阳强壮兵马、险固地形待观时变。刘崇便不再向北汉朝廷上缴赋税，并广泛收罗人才，招兵买马，壮大实力，随时准备反叛。

公元 950 年，刘承祐听信谗言诛杀权臣杨邠与史弘肇等人，并猜忌大将郭威，竟然趁郭威外出平叛之机，将郭威留在开封的家人灭门，然后派人刺杀在外带兵作战的郭威，结果将郭威逼反。公元 950 年，手握大权的郭威率兵突袭后汉都城开封。就在这次战乱中，刘承祐被杀。郭威本想借此称帝，由于担心后汉大臣不服，尤其是刘崇手中握有重兵。于是，便入朝先请李太后垂帘听政，再请李太后立河东节度使刘崇子刘赟为帝，并立即派宰相冯道，前往徐州迎接时任武宁节度使的刘赟。这时，刘崇觉得自己儿子要做皇帝，便停止讨伐郭威的行动。刘崇属下太原少尹李骧劝刘崇抓紧时机陈兵于汴，以观时局。刘崇竟认为李骧离间他们父子关系，遂命左右将李骧拉出去杀掉，并且派人告诉郭威，以表达自己坦荡之心。

这时突然辽兵入寇，李太后令郭威率大军渡河抗击辽兵。

郭威率兵到澶州，将士一呼百应，裂黄旗披在郭威身上，拥郭威做了皇帝。这时，进京要当皇帝的刘赟已经抵达宋州（今商丘市），早已在宋州等候的郭威心腹将刘赟拘押，并以太后名义废其为湘阴公，不久又将刘赟杀害。就这样，郭威代后汉建立了后周。至此，惊醒过来的刘崇悔恨莫及，便据河东十二州称帝建立北汉，与郭威的后周势不两立。

刘崇所据之河东，自古为著名的龙兴之地。山西的地理优势非常显著，境内山岭峡谷纵横交错，从北至南分布着大同、太原、运城等七大盆地，尤其是山西中部的太原盆地，为山西之根本，而且北面有长城与阴山大漠相连，南面以黄河、中条山与河南为界，西面有黄河峡谷，东面有重峦叠嶂地势险峻的太行山。优越的地理形势，使太原自古就为中国北方重要的军事重镇。史书记载河东山川险固，风俗尚武，静则勤稼穑，动则习军旅，为霸王之资。所以，割据河东的刘崇一开始就要做第二个刘知远。自诩继承后汉法统的刘崇，在称帝后的当月，便率兵进攻后周的晋州和隰州，被后周击退，使北汉损失惨重。

同年四月，刘崇遣使前往辽朝，自称"侄皇帝致书于叔天授皇帝"，请求册立。六月，辽派燕王述轧等，册刘崇为大汉神武皇帝，刘崇从此改名刘旻。九月，北汉联合辽兵再攻后周晋州，连续攻城50余日仍无成果，年底后周援兵到来，北汉与契丹联军纷纷逃亡，北汉再败。

公元954年，后周太祖郭威去世，世宗柴荣继位后不久，北汉再次与契丹联兵南下，打算乘后周内部还不稳定之时给予毁灭性打击。辽派武定节度使、政事令杨衮率领万余骑兵和北汉会师晋阳，刘旻亲自统率三万人马，和契丹合兵南下。后周昭宁节度使李筠派部将穆令均率领两千人马迎击北汉军队，自己率领主力在后面扎营。北汉前锋都指挥使武宁节度使张元徽设下埋伏，自己佯败诱敌，结果穆令均中伏被杀，后周折损上千士卒。

　　柴荣决定亲征，于是从大梁统帅禁军出发。刘旻见潞州城墙坚固，一时难以攻取，便越过潞州南攻泽州（今晋城），直取大梁。北汉兵的前锋与后周军在泽州高平县以南相遇，被周军击退。柴荣加紧前进，刘旻在巴公原排开阵势，亲自率领中军，张元徽率军在东，杨衮率契丹骑兵在西，准备迎击柴荣。后周禁军将领赵匡胤招呼将士冲锋，又请张永德率军从左翼出击，自己率军从右翼出击。赵匡胤身先士卒，迎敌血战，主将奋勇，士卒更是拼死力战，无不以一当百，北汉兵抵挡不住，骁将张元徽被斩阵前，北汉军士气低落，后周军乘着越来越大的南风猛烈进攻，北汉军大败。刘旻亲自挥旗激励将士，也制止不住北汉军的溃逃。后周军一路追杀到高平，北汉兵尸体遍布山谷，另有数千投降。刘旻仅率百余骑兵狼狈脱逃，后周军大获全胜。柴荣乘胜追击，攻陷北汉近半州县，一直打到太原城下，围困太原一月有余。后来，后周撤兵时，裹胁迁走北汉臣民十余万人，严重削弱了北汉的兵源和粮食种植，将北汉置于更加困难的境地。历史上称为"高平之战"的这场战役，使刘崇精神遭受沉重打击，便于公元 954 年十一月去世。

刘崇去世以后，其子刘承钧即位，改名刘钧。刘钧奉辽帝为父皇帝。公元 968 年七月，刘均因宋军压境、国势日窘忧愤而亡，其养子刘继恩即位。同年九月，刘继恩被供奉官侯霸荣杀死，刘均另一养子刘继元成为北汉皇帝。刘继元登基后性情大变，心狠手辣，对朝臣对百姓杀戮盘剥。北汉宰相月俸不到百缗，节度使仅 30 缗，其余官员略有津贴。如此低薪，加之皇帝寡恩，大多数官吏贪污公款、勒索百姓。而北汉建立后，战事频繁，兵役繁重，统治者强征十七岁以上男子为兵；又滥征赋税贡奉辽朝，百姓被迫逃亡以避苛敛和战乱，致使北汉更加困顿。

宋朝建立以后，宋太祖赵匡胤为铲除全国的割据政权，完成统一大业，攻下并统一西蜀，拿下吴越、南唐以后，借北汉新皇帝刘继恩即位 60 天被杀一事，亲率大军北伐，欲利用北汉内部矛盾彻底消灭这·割据势力。而北汉新即位皇帝刘继元，却亲临一线率军死守太原城，导致攻城宋军损失惨重，又逢连日大雨，宋军暴发疫病，宋太祖于是撤军。之后，宋太祖听从薛华光建议，采取小股部队不断袭扰，使北汉边民不能按照农时耕种，并以授田的方式吸引北汉百姓，造成北汉人口大量流失，国家赋税和粮食大减，北汉实力更加羸弱。

宋太祖之后，宋太宗赵光义亲率大军，于公元 979 年讨伐北汉。宋军先击溃支援北汉的辽军，而后猛攻太原，北汉皇帝刘继元被迫投降，北汉灭亡。至此，五代十国乱世结束。

1. 世祖刘旻

公元 951 年正月十六日，后汉高祖刘知远弟、河东节度使刘崇在晋阳称帝，国号汉，史称北汉。刘崇为沙陀人，生于公元 895 年，父亲刘王典，母亲安氏。

刘崇家世贫寒，不学无术，长年穿梭市井之间，嗜酒如命，又好赌博，品行无赖，窘迫无状。弱冠之年到河东军从军，后升迁为虢州（今河南灵宝）军校。公元 941 年，其兄刘知远为北京（太原）留守、河东节度使时，推荐刘崇做河东步军都指挥。公元 942 年，刘崇改任麟州（今陕西神木北）刺史。不久，刘崇再次担任河东马步军都指挥使兼三城巡检使，并遥领泗州（今安徽泗县）防御使。

公元 947 年刘知远在太原称帝，建立后汉，任命刘崇为特进、检校太尉、行太原尹。不久，刘知远率部南下，夺取汴梁（今河南开封），任命刘崇为北京（太原）留守。不久，刘知远又加刘崇为河东节度使、同平章事，镇守河东地区。公元 948 年刘知远病逝，其子刘承祐继位，任命刘崇为检校太师、兼侍中；公元 949 年，刘崇又兼任中书令。

刘承祐年少即位，朝政掌握在顾命大臣手中。刘崇因与顾命大臣中的郭威有旧怨，心中非常不安。后来，刘崇在判官郑珙的建议下，以防备契丹为名，招募亡命之徒，修缮兵甲战具，充实府库，并断绝给朝廷的贡赋。同时，拒不奉行朝廷命令。

　　后汉隐帝杀戮忠臣，并杀郭威全家老小，激起郭威不满。公元 950 年，郭威在邺都（今河北大名东北）起兵，突袭后汉都城开封。城破之日，隐帝为乱兵所杀。刘崇积极备战，准备讨伐郭威。然而，没过多久，开封传来消息，言郭威与众大臣秉承太后旨意，要立刘崇长子刘赟为帝。刘崇闻讯，随即罢兵。

　　同年十二月，郭威被拥立为帝，建立后周，刘赟被废为湘阴公，后被杀。刘崇闻讯，大梦初醒，恼羞成怒，便于次年在晋阳称帝建国，国号仍沿用汉，史称北汉。刘崇按照朝政传统，设置百官，分掌众职。刘崇自知北汉地小民贫，便效法后晋皇帝石敬瑭，向辽国乞援，与辽约为叔侄之国，刘崇自称辽帝为叔，自己为侄皇帝；而契丹也要利用北汉与后周之间的矛盾，从中渔利，便于同年七月册封刘崇为大汉神武皇帝，刘崇遂改名为旻。

　　河东地狭人少，刘旻所控地区不过｜数州而已。财政收入匮乏，百官俸禄少之又少。而北汉既要供养军队，又要对契丹进贡，只能向百姓增收赋税，导致民不聊生，很多百姓逃往后周，北汉贫困雪上加霜。

　　不久，辽帝耶律阮被害，耶律璟继位。刘旻遣枢密直学士王得中出使契丹，向耶律璟借兵。耶律璟命萧禹厥率五万兵马帮助刘旻。同年九月，刘旻与契丹军兵出阴地关（今山西霍邑北），攻打晋州（今山西临汾）。在后周枢密使王峻的抵挡下，两军相持六十余日，刘旻被迫撤兵。时天降大雪，北汉士卒缺衣少粮，死伤惨重。次年，刘崇又领兵出战，被后周再次打败。

公元 954 年正月郭威病逝，养子柴荣继位。刘旻遣使再向契丹借兵，契丹大将杨衮率兵马十万前来援助。刘旻以张元徽为先锋，自己率兵三万攻打潞州（今山西长治）。张元徽在太平驿（今襄垣西）击败潞州军，进围潞州。柴荣闻听刘旻入寇，力排众议，率军亲征。刘旻不知柴荣亲征，绕过潞州，率兵南下，驻军于泽州（治今山西晋城）的高平城（今山西高平）。两军摆好阵势，刘旻见周军兵少，命张元徽进兵，攻打周军樊爱能、何徽部。两军刚一交战，樊爱能、何徽便弃阵而逃，其部下士兵纷纷投降北汉。柴荣大惊，亲临战场冲杀，赵匡胤等将领也领兵拼死搏杀。后周军见皇帝出阵，舍命力战。刘旻见柴荣亲自出阵，便命张元徽乘胜进兵。张元徽奋勇向前，结果马失前蹄，被周军斩杀。张元徽一死，北汉士气大挫。此时，南风更加强盛，北汉军大败，杨衮也不施救援，率军退走。不久，后周大将刘词率后军赶到，乘胜追击。刘旻再次大败，辎重、车驾等都被周军缴获。混乱中，刘旻头戴斗笠，化装逃回晋阳。同年五月，后周大军包围晋阳城。周军军容强盛，旌旗蔽日，刘旻困守孤城，忧心忡忡，寝食难安。柴荣围困太原两月，未能破城，后因粮草不济班师离去。

高平兵败，太原被围，刘旻忧愤成疾，托国事于次子刘承钧，命其监国。公元 954 年十一月，刘旻去世，其在位 4 年，终年 60 岁。

2. 睿宗刘钧

北汉世祖刘旻去世，刘承钧继位。刘承钧为刘旻次子，生于公元 926 年，母亲不详。刘承钧即位后，改名刘钧。

公元 951 年，刘旻登基称帝后，任刘承钧为太原尹。刘钧即位后，即联合辽兵进攻后周，结果同其父一样大败而归。次年，后周世宗柴荣北伐契丹，攻克益津关、瓦桥关、淤口关三关，辽国求救北汉，刘钧正要发兵时，柴荣已经班师回朝。自此以后，刘钧自知即使依靠辽朝也难以取胜后周，于是转而罢战休兵，集中治理内部。刘钧勤政爱民，礼敬士大夫，任用郭无为为相，澄清吏治，与民休养生息，境内略为安定。

可是，北宋代周以后，国力日益强大，赵匡胤虽然采取先南后北的统一策略，一时对北汉没有采取大的军事行动，但刘钧依旧感受到中原王朝咄咄逼人的气势，于是更加依赖辽朝，尊辽主为父皇帝。

就这样，刘钧整天愁眉不展，甚至愁出病来。而当时北汉的内外形势，刘钧也不得不愁。首先，北汉太穷。北汉虽为十国之一，但疆域狭小，土地贫瘠，农作物产量极低，赵匡胤又经常派兵侵扰，边境百姓不能正常耕种，而且赵匡胤专门针对北汉农民制定吸引政策，许多边民投奔北宋，让北汉粮食更加缺乏，刘钧愁眉不展也无计可施。其次，要花钱的地方多而能收钱的地方少。北汉建立就与后周和北宋打仗，战争一直不断，国家要养兵，还要养契丹。每当北汉受到军事打击，都要请求契丹出兵援助，北汉要拿出兵费用；逢年过节或契丹王室贵族生日婚嫁及各种庆典，北汉要派使者贡奉，大量礼品礼金数目不小；政府运转就得养官，虽然宰相月薪只有百缗，节度使仅三十缗。刘钧登基后，官员俸禄更是减半，导致北汉官员成群结队叛汉归宋，影响到了政府的正常运转。

而最让刘钧发愁的，是杀枢密使段常而引起契丹主的震怒。一直亲媚契丹的段常，被刘钧于公元963年处死。契丹主耶律璟听说以后，派使者斥责刘钧。刘钧慌忙派遣官员前往辽国告罪，被耶律璟一通冷言冷语。后来，刘钧又多次遣使告罪，均被耶律璟扣留。"父皇帝"的发怒与内忧外患叠加，让刘钧忧虑成病。公元968年七月，刘钧重病不起，托孤于宰相郭无为后不久病逝。刘钧在位15年，终年43岁。

3. 少主刘继恩

公元968年七月，刘钧去世，刘继恩嗣位。刘继恩生于公元935年，为睿宗刘钧养子，也是外甥。

刘继恩本姓薛，父亲薛钊因不被岳父刘崇所用，又与妻子刘氏聚少离多，结果一天酒醉将刘氏刺伤，后畏罪自杀。此时，刘继恩年纪尚小，刘崇将刘继恩过继给刘承钧。刘承钧继位后，曾令刘继恩做太原尹，但刘继恩在政治上毫无建树。刘承钧对此十分焦虑，常在臣下郭无为面前，抱怨刘继恩缺乏治国之才。

刘承钧病逝，继位的刘继恩一直怨恨郭无为，认为在刘承钧抱怨自己时，郭无为不为自己多讲好话，又顾忌郭无为大权在握，因此将郭无为架空，并要伺机将其除掉。公元968年九月，登基称帝后的刘继恩设宴款待群臣，意图擒杀郭无为。然而，郭无为却以生病为由告假。刘继恩酒宴结束后，在勤政阁休息。先行下手的郭无为，安排供奉官侯霸荣带领十余人冲进去，直接杀死了刘继恩。刘继恩在位两个月，终年34岁。

4. 英武帝刘继元

刘继恩遇刺，宰相郭无为拥刘钧另一养子刘继元嗣位。刘继元本姓何，母亲为刘崇女。刘崇女先嫁薛钊，生长子。薛钊死后，刘钧将其长子收养，取名刘继恩。后刘崇女改嫁何氏，又生次子。不久姓何之人病逝，刘钧又将其次子收养，取名刘继元。

刘继元长相俊美，极有口才，精通禅理，常与僧人探讨佛学，一副儒雅君子形象，被多数朝臣看好；加之刘继元的老师，是宰相郭无为的至交好友，就这样，刘继元顺利继承了帝位。

然而，当刘继元坐上皇位，一改过去温文尔雅的风度，变得暴戾无常，经常大开杀戒。刘继元即位当月，因怀疑养母皇太后郭氏毒害皇后段氏，便命心腹范超在刘钧灵前将郭氏绞杀。其后，为了防止刘氏宗亲抢夺皇位，将刘崇十几个儿子以及近亲子孙全部杀光。朝中大臣稍有冒犯，轻则充军下狱，重则杀头夷族。

当时北汉已经危在旦夕，但内部倾轧有增无减。刘继元即位不久，听信马峰谗言杀死大将郑进，又宠信宦官卫德贵，解除吐浑军统帅卫俦的军职，调任为辽州刺史。数千吐浑军人不服，请求收回成命，刘继元拒之不理。后来，有人说卫俦背地牢骚满腹，刘继元担心卫俦兵变，派人将卫俦杀死。大将李隐为卫俦抱不平，卫德贵便鼓动刘继元将李隐灭掉。吐浑军是北汉军队的主力，统帅被杀，军心瓦解，刘继元自毁长城。

公元969年春，宋太祖亲自率兵下河东（今山西太原）攻北汉，击退契丹援兵。由于久攻不下，便修筑长堤，引汾水灌晋阳城（今太原南郊古城营一带）。北汉坚守危城，至闰五月，晋阳南城被水冲坏，大水涌进城内。晋阳形势危急，宰相郭无为有意纳土降宋，被刘继元处死。北汉军民终于设障堵住水口。当时天热多雨，宋军住在野地，士兵多患腹泻，赵匡胤只得撤兵。

宋军退兵以后，刘继元不顾满目疮痍，只顾奢侈享乐。刘继元喜爱女人，沉湎声色，致使朝政日益荒疏。为防止朝中再次出现主张降宋之臣，刘继元严密监视，但有可疑者，一律处死，甚至株连九族。有人进言说，大将张崇训、卫传等人谋反，刘继元便将张崇训等人诛杀。又听说宰相张昭敏、枢密使高仲曦等人有通宋之嫌，刘继元二话不说，就将张昭敏等人处死。至于其他被杀的大臣，更是不可胜数。在刘继元的残暴统治下，北汉更加摇摇欲坠。

公元976年，宋太祖赵匡胤去世，其弟赵光义即位。在统一南方之后，宋太宗赵光义于公元 979 年御驾亲征，发兵 10 万分四路进攻北汉。刘继元再次向辽国求援。但不久，辽军被宋将击败。刘继元困守孤城，形势十分严峻。四月，宋太宗亲自到太原城下督战。宋军士气大振，发起猛攻，晋阳岌岌可危。北汉朝臣范超、郭万超先后降宋。宋太宗见时机成熟，便亲自起草招降书，劝谕刘继元投降。刘继元无奈，只得派人献上降表。同年五月六日，宋太宗率领诸将，在太原城上举行受降仪式。在北汉帝位 12 年的刘继元，率领百官，身着缟素，俯伏投降。至此，存在 28 年的北汉政权宣告覆灭。

灭亡北汉以后，宋太宗赵光义将刘继元及其家属全部迁往汴京，封刘继元为特进、检校太师、右卫上将军、彭城郡公，赐给京师住宅一处，每年优加赏赐。公元 991 年十二月十八日，刘继元去世，生年不详。